대치동 독서법

초중고로 이어지는
입시독서의 모든 것

대치동 독서법

박노성, 여성오 지음

일상이상

독서를 안 하니
수능이 어려울 수밖에

그럼에도, 독서

인생은 수많은 선택의 결과로 이루어져 있습니다. 초등학교 때는 '그럼에도' 선택하는 게 많습니다. 운동이 싫지만, 그럼에도 체력을 키우려고 태권도장을 다니는가 하면, 음악에 재주가 없지만, 그럼에도 언제 배우랴 싶어 피아노 학원에 등록합니다. 중·고등학교 때는 '그래서' 하는 게 많아집니다. 성적을 올려야 해서 학원을 다니거나 어학연수를 떠나고, 친구들과 어울리기 위해서 게임이나 운동을 합니다.

저 역시 초등학교 때 '그럼에도' 하는 선택이 많았습니다. 어린 시절 집안 사정이 악화되자 어머니는 만화가게를 시작하셨고, 맏아들이었던 저는 더 열심히 어머니를 도왔습니다. 공부를 잘하진 못했지만 그럼에도, 고생하시는 어머니를 두고 소홀히 할 수도 없었습니다.

아마 처음으로 '그래서' 한 선택은 독서인 것 같습니다. 하이틴 로맨스가 인기를 끌면서 일반 단행본 서적을 찾는 손님이 늘자 어머니는 베스트셀러를 상당히 구비해 두셨습니다. 만화가 싫증나면 정비석, 이문열, 김

4

용옥, 조지 오웰, 잭 웰치, 애거서 크리스티 등의 책을 읽었습니다. 그래서 시작한 독서의 힘으로 창의력이 필요하다는 광고와 마케팅을 해왔고 어느덧 독서교육 전문가가 되었습니다.

결과적으로 저는 '그래서' 독서를 시작했지만 책을 읽지 않는 아이들을 교육 현장에서 바라보면서 '그럼에도' 독서를 해야 한다고 주장합니다. 과거 생활기록부의 취미란에나 적었던 독서가 '2015년 개정교육과정' 이후 창의융합교육이 대두되면서 그 중요성이 커졌기 때문입니다.

오히려, 독서

입시 관련 지식이 해박한 씨앤에이논술 대치본원 여성오 원장의 도움으로 '오히려' 책을 많이 읽는 학생이 우등생이 되는 구체적인 근거를 밝힐 수 있었습니다. 독서를 비롯해 글쓰기, 말하기 등은 혼자서 무언가를 해야 합니다. 수학과 영어처럼 학원 강사 의존도가 높은 과목에 비해 독서는 혼자 해야 합니다. 읽지 않고 읽은 척하면 아무것도 얻을 수 없습니다. 글쓰기나 말하기로 넘어가는 것도 불가능합니다. 어쩌면 공부라는 것은 혼자 해야 한다는 점에서 애초에 독서의 다른 이름입니다.

공부가 어려운 이유는 독서를 하지 않거나 정직한 독서를 하지 않았기 때문입니다. 많은 학생들이 정직한 독서 없이도 당장 성적만 잘 나오면 기뻐합니다. 그것은 잘못된 태도입니다. 깊이 있는 독서 없이도 성적이 좋았다면 그저 운이 좋았을 뿐이라고 생각해야 합니다. 입시뿐만 아니라 진로, 승진, 사업 등에서 좋은 성과를 거두려면 결국 독서력이 필요하기 때문입니다.

그래서, 독서

이 책은 독서에 관한 모든 것을 기초부터 심화까지 깊이 있게 다루고 있습니다. 유아나 초등학생 자녀를 둔 부모님을 위해서는 발달단계에 따른 독서법을, 중학생이나 수험생을 둔 부모님을 위해서는 각종 입시와 수능에 대비하기 위한 창의융합독서법을 담았습니다. 특히 뇌과학 이론을 기반으로 한 창의융합독서법은 대학생이나 성인들이 독서의 방향을 잡는 데에도 유용합니다. 세부적인 구성은 다음과 같습니다.

'제1부 입시의 향방을 가르는 독서, 대책은 무엇인가?'는 총 6장으로 구성되어 있습니다. 1장 '왜 1등과 2등이 국어 때문에 갈릴까?'는 국어가 결정적인 변수로 떠오른 수능시험을 외부요인과 내부요인으로 나누어 분석합니다. 2장 '수시를 준비했는데 정시를 선택해야 할까?'는 갈수록 정시 비중이 확대됨에 따라 정시 수능이 어려워지는 입시 트렌드를 소개하면서, 수시와 정시의 대비법을 제시합니다. 3장 '왜 소문난 독서법이 우리 아이에게는 안 통할까?'는 아이의 수준을 고려하지 않는 천편일률적인 독서법의 문제점을 지적합니다. 자녀의 독서력을 점검하는 체크 리스트를 제공하고 수준에 맞는 개인맞춤형 독서법을 소개합니다. 4장 '책이라면 거들떠보지도 않는 우리 아이, 어떻게 읽혀야 할까?'는 책을 좋아하는 아이로 만드는 방법을 뇌의 학습 원리를 토대로 살펴봅니다. 이 과정을 통해 개정교육과정의 방향성도 읽을 수 있습니다. 5장 '많이 읽는데도 국어도 못하고 서술형 시험에도 약한 아이, 무엇이 문제일까?'는 학습의 불균형을 진단하고 그 대안을 알아봅니다. 6장 '어릴 때부터 읽은 책이 수능 지문으로 출제되었는데, 왜 어렵게만 느껴질까?'는 어릴 때 읽은 책을 지속시키는 방법과 그것을 방해하는 요소 그리고 해결방법 3가지를 소개합니다.

'제2부 유아·초등학생을 위한 발달단계별 독서법'은 총 4장으로 구성되어 있습니다. 7장 '공부 뿌리를 심는 발달단계별 독서법'은 달라진 입시 정책을 고려한 발달단계별 독서법을 개략적으로 살펴봅니다. 8장 '유아를 위한 독서법'은 유아를 위한 구체적인 독서법과 다양한 추천도서를 소개합니다. 9장 '초등 저학년을 위한 독서법'은 2030년 대입 입시를 대비해야 하는 초등 저학년을 위한 독서법을 소개합니다. 1, 2, 3학년을 위한 독서법을 세분화하여 추천도서도 함께 소개합니다. 10장 '초등 고학년을 위한 독서법'은 초등 고학년을 위한 독서법을 세분화하여 추천도서와 함께 소개합니다.

'제3부 중·고등학생을 위한 창의융합독서법'은 총 3장으로 구성되어 있습니다. 11장 '독서력 업그레이드를 위한 창의융합독서법'에서는 뇌과학을 기반으로 한 창의융합독서법의 기초를 살펴봅니다. 12장 '구조를 파악하는 창작도서 읽기'는 구조를 파악하는 다섯 가지 독서법을 소개하고 『위대한 개츠비』와 『오셀로』를 중심으로 창의융합독서법을 연습합니다. 13장 '저자와 소통하는 정보도서 읽기'는 『역사란 무엇인가』를 예로 들어 네 가지 독서법을 소개하고 창의융합독서법으로 실제 시험을 어떻게 대비할 수 있는지를 살펴봅니다.

'제4부 수능 지문이 만만해지는 첨삭지도'는 총 2장으로 구성되어 있습니다. 14장 '어떤 책들이 수능 지문으로 자주 출제될까?'에서는 2020학년도 수능 국어의 지문을 통해 수능에 대비하는 독서법을 살펴봅니다. 15장 '수능 지문이 만만해지는 추천도서'는 다양한 추천도서를 시리즈로 엮어 설명합니다.

오로지, 독서

영화 〈스파이더맨 : 파 프롬 홈〉에는 아이언맨이 사라진 뒤 홀로서기 하는 스파이더맨이 등장합니다. 토니 스타크는 죽기 전, 피터 파커에게 최첨단 장비 '이지스'를 남겨줍니다. 평범한 학생으로 돌아가고 싶던 피터 파커는 미스테리오에게 속아 토니 스타크가 남긴 장비를 모두 넘겨주고 맙니다. 슈트도 망가지고 첨단 무기도 없어진 피터 파커는 맨몸으로 적에게 맞섭니다. 상대를 제압하기는커녕 맞설 무기 하나 없는 절체절명의 순간, 오히려 스파이더맨 특유의 감각인 '피터 찌리릿'만으로 적을 물리칩니다.

오랜 세월 교육업계에서 몸담아 오면서 독서야말로 '피터 찌리릿' 같다는 생각이 듭니다. 다양한 첨단 슈트와 장비를 가지고도 이길 수 없던 적을 '오로지' 자신만의 감각 하나로 물리치듯, 학원에서 배우는 다른 어떤 수업보다 올바른 독서법과 제대로 읽은 한 권의 책이야말로 수능은 물론 인생의 성공을 좌우하는 든든한 기초가 되기 때문입니다.

대한민국 사교육 1번지 대치동에서 실제로 이루어지는 독서 교육의 이론과 실전을 총망라한 이 책을 통해, 자녀에게 적합한 독서의 방법을 깨닫고, 독서의 깊이를 가늠하고, 독서의 범위를 정할 수 있기를 진심으로 바랍니다.

지은이 박노성

대치동 독서밥

차례

차례

차례

입시의 향방을 가르는 독서, 대책은 무엇인가?

독서는
모든 공부의
본질입니다.
그리고
독서의 기본인
읽기능력을
평가한다는 측면에서
독서는 필시
국어 공부와
결을 함께합니다.

1.
왜 1등과 2등이
국어 때문에 갈릴까?

"국어 점수는 집을 팔아도 안 나온다."

"의대에 가려면 수학을 잘해야 하지만 명문의대와 일반의대는 국어 실력으로 갈린다."

"합격은 수학, 대학은 국어가 정한다!"

대치동에서 유행하는 속어입니다. 말 그대로 1등과 2등, 합격과 불합격이 국어 때문에 갈리는 것이죠. 국어가 중요하다는 말은 그다지 새롭지 않지만, 예전보다 더 중요해지고 있는 것이 사실입니다. 수능 지문이 갈수록 더 어려워지고 있으니 학생들과 학부모님들을 고민하게 만듭니다. "하나의 정답을 고르기 위한 논리와 분석에 기반한 시험은 더 이상 의미 없다." 대니얼 핑크Daniel H. Pink가 한 말입니다. 세상은 더 이상 지식이 많은 사람에게 관심 없다는 것이죠. 이 책을 읽는 학부모 여러분의 부모님 세대는 땀 흘리며 열심히 일했습니다. 그리하여 괄목할 만한 경제 성장으로 이어졌습니다.

이제는 열심히 한다고 통하지는 않습니다. 2000년대 이후 우리 기업은 글로벌기업이 되었습니다. 삼성은 소니를 넘어 애플과 어깨를 나란히 하고, 현대자동차는 세계적인 자동차 메이커들과 경쟁하고 있습니다. 이제는 따라잡아야 할 대상이 없습니다. 정신없이 뛰다 보니 어느덧 우리가 맨 앞줄에 섰습니다. 정상에 오른 리더는 새로운 것을 만들어야 합니다. BTS가 그렇고 봉준호 감독이 그렇습니다. 더 이상 따라갈 길이 없으니 새로운 길을 만들어야 합니다. 창의적이어야 합니다. 우리 아이들이 맞이할 세상은 하나의 답으로 해결되지 않습니다. 끊임없이 변화합니다. 이미 생산된 지식의 결과가 아니라 지식 생산 과정을 배워야 합니다. 학생을 선발하는 대학 입장에서 지식 생산의 도구인 국어가 점점 더 중요해질 수밖에 없는 것이죠.

국어가 결정적인 변수로
떠오른 수능 시험

국어가 중요하다는 것은 최근 수능시험을 살펴보면 알 수 있습니다. 불수능으로 충격을 준 2019학년도 수능 국어 영역 만점자 수는 148명에 불과합니다. 수학 가형 만점자 655명, 수학 나형 만점자 810명과 비교하면 국어가 가장 어려웠습니다. 2020학년도 수능 국어 영역은 '최고 난이도'로 논란을 빚었던 2019학년도만큼은 아니지만 여전히 어려웠습니다. 현 수능 체제인 2005학년도 이후 역대 2번째로 문제가 어렵게 출제되었습니다.

그렇다면 영어는 어떨까요? 절대평가 시험인 영어 영역은 2019년도에 비해 쉬웠습니다. 90점 이상인 1등급 학생의 비율이 2019학년도 5.30%에서 2020년 7.43%로 2.13% 높아졌기 때문입니다. 입시전문가들은 영어의 난이도를 적정 수준으로 평가했습니다. 수능에서 영어의 변별력이 크게 작용하지 않게 된 것이죠. 대신 2020학년도 수능에서는 문과의 경우 수학 나형이, 이과의 경우 국어 영역에서 어떤 점수를 받았느냐가 당락을 결정하는 변수가 되었습니다.

수능 만점자 비율

영역		2017학년도	2018학년도	2019학년도
국어		0.23%(1,277명)	0.61%(3,214명)	0.03%(148명)
수학	가형	0.07%(133명)	0.10%(165명)	0.39%(655명)
	나형	0.15%(534명)	0.11%(362명)	0.24%(810명)
영어 1등급 비율		7.8%(4만 2,867명)	10.03%(5만 2,983명)	5.30%(2만 7,942명)

공부의
기본과 핵심

학창시절 홍성대 선생님의 『수학의 정석』을 한 번쯤은 읽으셨을 겁니다. 지금도 수학 참고서 시장에서 높은 점유율을 자랑하는 『수학의 정석』과 달리 영어 참고서 시장은 『성문 종합영어』와 『맨투맨 종합영어』로

양분되었습니다.

저는 한글 설명이 자세하게 되어 있는 『맨투맨 종합영어』라는 책을 선택했습니다. 『맨투맨 기초영어』와 경쟁하기 위해 송성문 선생님은 『성문 기초영어』, 『성문 기본영어』 등의 시리즈를 출간했습니다. 이에 맨투맨도 『맨투맨 기초영어』에 이어 『맨투맨 기본영어』를 출간하여 투톱 체제 굳히기에 들어갑니다. 당시 입문서 격인 『성문 기초영어』나 『맨투맨 기초영어』는 중학생들이 보는 책이었습니다. '기본영어'는 종합영어의 기본 개념을 익히기 위한 연결고리와 같은 책으로 목차는 동일하되 어휘가 쉽고 예제가 적었습니다.

그런데 갑자기 송성문 선생님이 『성문 핵심영어』라는 책을 내놓습니다. 종합영어를 본 학생들을 대상으로 한 책이었나 봅니다. 책 뒷날개에는 '기본→종합→핵심'의 순으로 그려 있었거든요. 그 어려운 '종합영어'를 공부한 학생들이 '핵심영어'까지 봐야 할까요? 저는 '기본'과 '핵심'의 차이가 참으로 궁금했습니다. 맨투맨에는 없고 성문영어에만 있는 '핵심'은 과연 무엇일까요? 그리고 '기본'과는 무엇이 다를까요?

기본은 변하지 않지만 핵심은 변한다

게임을 좋아하는 한 학생이 저에게 이런 말을 한 적이 있습니다. "선생님, 게임하다 보면 밥 먹을 시간도 까먹어요. 저는 게임이 기본 같은데요." 흥미로운 대답입니다. 그렇다면 먹지 않고 얼마나 버틸 수 있을까

대치동 독식맨

요? 우리나라에서 가장 오래 버틴 사람은 충남 청양군 구봉광산의 지하 125미터의 갱 속에 갇혔던 양창선 씨로, 15일 9시간이 최고기록이라고 합니다. 기네스 북의 세계적인 기록도 18일에 불과하다고 하니, 먹지 않고 버틸 수 있는 인간의 한계는 20일이 채 안 됩니다.

버티기 세계 챔피언으로 28년 2개월 10일을 무인도에서 맨손으로 지낸 로빈슨 크루소Robinson Crusoe를 빼놓으면 섭섭합니다. 일확천금과 모험을 위해 배를 탄 로빈슨 크루소는 폭풍을 만나 아무도 없는 무인도에서 혼자 살아남습니다. 주변에 아무런 생명체가 없고, 동료들이 모두 죽은 것을 알게 되자 좌절합니다. 그토록 갈망하던 돈을 바닷속에 던지며 이렇게 외치죠.

"오, 이런! 너희를 무엇에 쓰겠느냐? 내겐 아무런 가치도 없구나. 굴러다녀도 주울 필요조차 느껴지지 않는다. 칼 한 자루가 너희 전부를 합친 것만큼 가치가 있다. 너희는 내게 아무런 쓸모가 없다. 지금 있는 그대로, 구할 가치가 없는 생물처럼 바다 깊숙이 가라앉아버려라."

기본을 갖추지 않는다면 그 소중하다는 돈조차 아무 가치가 없는 것이지요. 좌절 속에서 로빈슨 크루소는 야자수 열매로 배를 채웁니다. 다가올 밤에 대비하기 위해 옷과 잠자리를 만듭니다. 아무것도 없는 무인도에서는 돈보다 칼이 필요하고 명예보다 손재주가 더 값어치 있습니다. 로빈슨 크루소처럼 생사를 넘나드는 극단적인 상황이 아니더라도, 무엇을 하기 위해 필요한 최소한의 것을 '기본'이라 하겠습니다.

반면, 외부와의 관계에 근거하는 '핵심'은 상황에 따라 바뀝니다. 아니, 적절하게 핵심을 바꾸면서 대응해야 기본이 흔들리지 않는 경우도 많습니다. 미국 메이저리그에서 시속 160km 이상의 강속구를 주무기로 수많은 삼진을 잡아냈던 박찬호 선수를 생각해 볼까요? 전성기가 지난 후 국내로 돌아와서는 여러 구질을 배우고 보완하면서 투구 패턴을 바꾸어 성공적인 선수생활을 이어갔죠. 전성기를 넘긴 강속구 투수가 구속에 자신이 없다면 주무기를 바꾸어야 합니다. 핵심을 변화시켜야 합니다. 시속 130~140km대의 직구나 투심 패스트볼보다 슬라이더나 커브를 배우고 제구력을 연마해야 합니다.

이제 기본과 핵심을 구분해 보겠습니다. 기본은 쉽사리 변하지 않으며, 핵심은 상황에 따라 변합니다. 무언가를 유지하기 위한 것은 '기본'입니다. 유지된 무언가가 세상과 관계하면서 바뀌는 것은 '핵심'입니다. 송성문 선생님은 그래서 '기본-종합-핵심'으로 영어 참고서의 수준을 구분했나 봅니다.

하루에 세끼를 먹고 잠은 집에서 자는 것과 마찬가지로 기본은 쉽게 바뀔 수 없습니다. 반면 핵심은 상황과 관계의 변화에 따라 바뀔 수 있습니다. 과거에는 대부분의 사람들이 농사를 지었습니다. 공장이 지어지면서 노동자가 늘더니 지금은 사무직이 많습니다. 핵심이 변하는 것이죠.

국어 공부의 본질은 무엇인가

기본과 핵심을 나름대로 구분해 보았으니 이제 '본질'에 대해 알아볼 준비는 된 셈입니다. 장 폴 사르트르Jean-Paul Sartre는 『실존주의는 인문주의일까』라는 강연집에서 "실존은 본질에 선행한다"라는 유명한 말을 남겼습니다. 가령 인간에게 존재하는 성질은 의미로 규정을 지어야 본질이 된다는 말이죠. 의미는 사람이 만들지만 본질은 실제로 존재해야 한다는 뜻입니다. 따라서 쉽게 변할 수 없는 것이 기본, 쉽게 변할 수도 있는 것이 핵심이라면, 아예 변하지 않는 실존에 가까운 것이 바로 본질입니다.

이제 국어 공부에 대해 생각해 봅시다. 국어 공부의 기본과 핵심 그리고 본질은 무엇일까요? 눈에 보이는 '현상'이 있다면, 그 현상을 나타나게 만든 이유가 '본질'입니다. 국어 공부의 '기본'은 읽기능력입니다. 형광펜과 책상, 의자와 건강한 허리 등은 학습을 돕는 도구들이고, 이것 없이는 공부가 존재할 수 없습니다. 또 국어 공부의 '핵심'은 성찰 또는 지적욕구입니다. 그때그때 학습을 통해 우리는 교과서의 지식과 소통을 하며 학생 신분이나 인간성의 기본을 유지시킵니다. 이는 독서의 본질과도 맥이 닿습니다. 영원히 변하지 않을 독서의 '본질'은 '읽는 것'이죠. 제프 베조스Jeff Bezos가 킨들로 종이 없는 세상을 꿈꾼다 하더라도, 독서의 본질은 읽는 것입니다. 아이패드와 갤럭시 패드, 이북e-book은 본질을 담기 위한 그릇일 뿐입니다.

독서는 국어뿐 아니라 모든 공부의 본질입니다. 공부의 '기본'은 읽기능력이고, 독서의 '본질'은 '읽는 것'이기 때문입니다. 공부의 기본인 읽기능력을 평가한다는 측면에서 독서는 필시 국어 공부와 결을 함께합니다.

국어가
어려워진 이유

그런데 공부 잘하기로 소문난 대치동 아이들도 "국어가 갈수록 어려워지고 있다!"고 하소연합니다. 왜 그럴까요? 국어가 어려워진 이유는 크게 외부 요인과 내부 요인으로 나눌 수 있습니다.

첫째, 외부 요인 1. 수능 과목 변화

"단군 이래 최소 과목이지만, 학생들에게는 여전히 부담스럽다."

수능 영어 영역은 2018학년도 수능에서부터 9등급제 절대평가로 전환되었습니다. 100점이든 91점이든, 절대평가 기준 점수인 90점만 넘으면 수능 성적표에는 등급만 '1'이라고 표시됩니다. 2020학년도 수능 전 과목 만점 학생은 15명에 불과하다는 기사가 발표되었습니다. 실제로는 절대평가 과목으로 등급만 성적표에 명시되는 영어나 한국사에서 원점수 만점이 아니어도 '수능 전 과목 만점 학생'이 됩니다.

결국 수능 원점수로만 따지면, 국어 100점, 수학 100점, 탐구 2과목 50점+50점=100점으로 300점 만점 시험이 되어버린 셈입니다. 정시에서 수능 영어 반영 비율이 높지 않다 보니, 상대적으로 수능 국어 영역이 어려워져야 변별력이 확보될 수 있습니다.

2018학년도 94점이었던 수능 국어 1등급 기준 점수는 2019학년도 84점으로 급락하고, 2020학년도에는 91점으로 추정됩니다. 2011학년도까지는 수능 탐구 영역에서 4과목을 선택해야 했는데, 2012학년도부터는 3과목, 2014학년도부터는 2과목만 선택하고 있습니다. 영어는 등

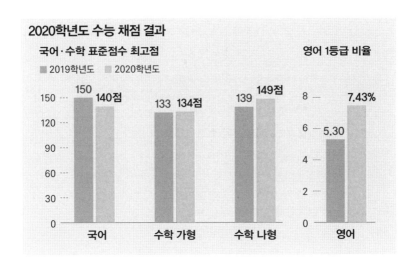

2020학년도 수능 채점 결과

국어·수학 표준점수 최고점　　　　　　　영어 1등급 비율

급제입니다. 수학은 더 어려워지면 '폭동'이 일어납니다. 갈수록 국어가 어려워질 수밖에 없는 이유입니다.

둘째, 외부 요인 2. 내신과 수능의 문제 유형 차이

"내신 문제와 수능 국어 시험 문제가 너무 다르다."

　다음 페이지의 문제는 분당 모 고등학교에서 논란이 되어 공개된 중간고사 내신문제입니다. 어근과 접사로 쓰인 경우는 ①, ③, ④번이지만, 순서대로(!) 쓰인 경우는 ④번뿐이므로 ④번이 정답이었습니다. 주어진 보기에서 '각각이'라고만 되어 있고, "㉠'어근'과 ㉡'접사'로 쓰였는지를 잘 구별해야 한다"고만 되어 있을 뿐, 예문에서도 "㉠'어근'과 ㉡'접사'로 쓰였는지"는 명시되어 있지 않아 알 수가 없습니다. 다만, 출제자의 의도(!)대로 윗줄 예문에서는 어근, 아랫줄 예문에서는 접사로 쓰였는지를 찾아야만 했습니다.

12. <보기>의 ㉠, ㉡에 대한 사례로 가장 적절한 것은? [3.6점]
───────── < 보기 > ─────────
단어를 구성하는 부분의 형태가 같을 경우에는 각각이 ㉠□어근□으로 쓰였는지 ㉡ □접사□로 쓰였는지를 잘 구별해야 한다.

① 하늘이 새파랗게 드높아 가을의 정취를 더해 준다.
　과오를 반성한 그는 새사람이 되고자 노력했다.
② 형은 어머니의 걱정에도 불구하고 자꾸 엇나가기만 했다.
　그들은 약속한 곳 근처에서 그만 엇갈리고 말았다.
③ 인생을 어떠한 계획도 없이 막살아서야 되겠니?
　죄로 인해 인간과 신의 사이에 담이 막혔다.
④ 땅바닥에 들붙은 접착제를 제거하는 게 쉽지 않았다.
　거짓과 위선의 행동이 온 나라를 들쑤셔 놓았다.
⑤ 하루 동안 많은 생각이 내 머릿속에 맴돌았다.
　나뭇잎이 공중에 휘돌다가 마당에 떨어졌다.

10. <보기>의 밑줄 친 부분에 해당하지 않는 것은?
───────── < 보기 > ─────────
□엄□가□의□엄마,□먹다□의□먹-□과같이실질적인뜻을나타내는부분을 어근이라고 하고, 어근과 어근이 결합한 단어를 합성어라고 한다. 합성어의 의미를 살펴보면 각각의 어근이 지닌 원래 의미가 유지되는 경우, 일부 어근의 의미만 유지되는 경우, 제3의 새로운 의미가 되는 경우가 있다.

① 점심으로 오징어 덮밥을 먹었다.
② 늦봄의 따가운 햇볕이 내리쪼였다.
③ 동생이 돌다리를 건너 집으로 왔다.
④ 안개비가 연기가 깔리듯 자욱이 내리기 시작했다.
⑤ 대형 마트가 생기면서 구멍가게가 사라지고 있다.

또 다른 고등학교의 문제는 보기에서 합성어의 의미를 전제해 줍니다. 이를 토대로 이론을 예문에 적용할 줄 아는 능력을 평가합니다. 하지만 실제 수능에서는 또 다릅니다. 소위 좋은 학교일수록 내신 공부가 수능 공부와 직결된다고는 하지만, 여전히 학교 내신 수업과 시험 문제들은 수능만큼의 수준을 갖추지 못합니다. 갈수록 수시보다 정시 비중이 확대되면서 수능에 대한 관심이 커지고 있는데, 실제 수능 국어 공부는 학교 수업 외에 학생이 온전하게 책임져야 할 영역이 되었습니다. 다른 과목과 달리 국어 공부는 학생 스스로 해야 합니다. 국어 실력은 읽기능력이 좌우하는데, 책을 다른 사람이 대신 읽어줄 수는 없으니까요.

셋째, 내부 요인 1. **국어 공부 부족**

"고등학교 3년 동안 제대로 국어 공부를 하지 못한다."

우리 학생들에게는 심각한 문제가 있습니다. 먼저, 국어 공부가 부족합니다. 고등학교 3년 동안 제대로 국어 공부를 하지 못한다는 이야기입니다. 이감국어교육연구소에서 분석한 2020학년도 수능 국어오답률 TOP10을 분야별로 살펴보면 독서 8문항, 화법·작문·문법 2문항이 포함되어 있습니다. 국어 영역에서 그만큼 독서 관련 문제가 어렵다는 말입니다. 독서 관련 문제 중 문학 분야에서는 오답률 TOP10에 포함되는 문항이 없었습니다. 반면에 법과 경제 분야가 융합된 지문 37번~42번 문제에 속하는 4문항이 오답률 TOP10에 포함되었습니다.

화법·작문·문법 영역에서 2문항이 오답률 TOP10에 포함되었다는 결과도 눈여겨볼 대목입니다. 수험생 입장에서는 화법·작문·문법 영역을 특히 문법 영역을 더 이상 '깔고 가는' 문제로 여겨서는 곤란할 것입니다.

여기서 잠깐, 수학 이야기를 해보겠습니다. 2020학년도 수능부터

2022학년도 수능까지 해마다 가장 많이 바뀌는 과목은 단연 수학입니다. 특히, 2015년 개정교육과정에 따른 자유수강제 관련 수학 선택 과목까지 고려한다면 더욱 복잡해집니다. 2020학년도 대입 수능에서 수학 가형의 범위는 미적분Ⅱ, 확률과 통계, 기하와 벡터이고, 수학 나형의 범위는 수학Ⅱ, 미적분Ⅰ, 확률과 통계입니다. 2021학년도 대입 수능에서는 수학 가형의 경우 수학Ⅰ, 미적분, 확률과 통계를, 수학 나형의 경우에는 수학Ⅰ, 수학Ⅱ, 확률과 통계를 출제 범위로 하였습니다. 2022학년도 대입 수능 수학 시험범위는 공통 과목과 선택 과목으로 나뉘게 됩니다. 또한 차례의 변화를 맞이하게 되는 것입니다. 물론, 이 학생들은 2015년 개정교육과정에 맞추어 첫 수능을 치르게 되는 세대입니다. 공통 과목을 수학Ⅰ, 수학Ⅱ로 결정했고, 선택 과목으로 확률과 통계, 미적분, 기하와 벡터 중에서 선택해야 합니다. 수학Ⅰ에는 삼각함수, 수열, 지수와 로그 등이 포진해 있고, 수학Ⅱ에는 다항함수, 미적분 등이 포함되어 있습니다. 수능 수학은 크게 보았을 때 2020학년도부터 2022학년까지 3년에 걸쳐 3단 변신을 하게 되는 셈입니다.

과정(학년)	과목명	단원명
고1 과정	고등수학상	다항식, 방정식과 부등식, 도형의 방정식
	고등수학하	집합과 명제, 함수, 경우의 수
고2, 3 과정 수능 출제범위	수학Ⅰ	지수와 로그, 지수로그함수, 삼각함수, 수열
	수학Ⅱ	함수의 극한, 다항함수의 미분법, 다항함수의 적분법
	확률과 통계	경우의 수, 확률, 통계
	미적분	수열의 극한, 미분법, 적분법
	기하	이차곡선, 평면벡터, 공간도형과 공간좌표

하지만 수능 수학은 출제 과목과 단원명을 명확히 이해하고 준비할 수 있으니, 수능 국어에 비해 양호한 편입니다. 수능 국어 영역의 경우 많은 학생들이 국어 공부가 부족하다고 생각하지만 무엇이 부족한지조차 모르고 있으니, 상황이 심각합니다. 국어 공부의 당사자인 학생들이 자신이 국어 영역에서 무엇이 부족한지를 구체적으로 모르기 때문에 국어 공부의 토대부터 흔들리게 됩니다.

넷째, 내부 요인 2. 국어 기초 부족

"고등학교 입학 전에 제대로 된 독서를 하지 못했다."

독서(비문학) 영역 오답률 TOP 10

순위	문항 번호	배점	오답률(%)
1	40번	3	75.8
2	14번	2	71.3
3	29번	2	69.3
4	41번	2	65.7
5	26번	2	65.0
6	19번	3	56.6
7	27번	2	56.3
8	12번	3	56.0
9	39번	2	53.5
10	42번	2	53.2

2020학년도 수능 국어오답률 TOP10에서 독서 관련 문제가 8문항이라고 말씀드렸습니다. 법과 경제 분야가 융합된 지문37번~42번 문제에 속하는 4문항이 오답률 TOP10에 포함되었습니다. 40번 문항의 경우 오답률이 75.8%에 달합니다. 정답률이 24.2% 수준이라면, 5지 선다 객관식

문제를 '찍기'로 푼 결과와 크게 다르지 않습니다. 2019년 화제의 책 『팩트풀니스』의 저자 한스 로슬링의 표현대로 '침팬지 수준의 결과'라고 해도 과언이 아닙니다.

일부 전문가들은 수능 국어에서 독서 영역이 불필요하게 높은 난이도로 출제된다고 비판합니다. "작년보다 쉬웠다는 올해 수능 국어, 기자가 직접 풀어보니 '70점'"이라는 자극적인 기사도 넘칩니다. 국어교사모임에 따르면 2016학년도 수능에서 독서 영역은 4개 제시문에 총 5,672자가 제시되었으며, 1개 제시문당 길이는 1,147~1,589자였습니다. 2017학년도부터는 제시문이 3개로 줄었으나 제시문당 길이는 평균 2,000자에 육박했습니다. 2019학년도 수능에서는 3개 제시문에서 공백을 포함해 총 6,232자가 시험지에 담겼습니다. 1개의 지문으로 4~5개 문항이 출제되다 보니 각 제시문에 등장하는 개념이 많아 더욱 이해하기가 어려워졌습니다. "비문학 독해에서 특히 과학과 경제 관련 지문들은 국어 영역이라고 하기에는 난이도가 과하다"는 인터뷰 기사도 등장합니다. 이처럼 고등학교 단계에서 소화하기 어려운 지문과 문항들이 나오면서, "학생들이 문제풀이식 교육과 사교육에 의존할 수밖에 없다"는 우려도 나타났습니다.

다시 말하지만 국어 공부는 사교육으로는 한계가 있습니다. 지문과 문항을 이해하려면 읽기능력부터 키워야 합니다. 앞서 말했듯이 국어 공부의 '기본'은 읽기능력입니다. 읽는 것, 즉 독서는 학생 스스로 해야 합니다. 학원 강사 등이 독서를 학생 대신 해줄 수는 없으니까요. 책을 읽지 않으면 토론도 논술도 할 수 없고, 결과적으로 수능 국어 영역도 어려울 수밖에 없습니다.

대치동 독서법

정시를 확대하는데
수능이 쉬워질 수 있을까?

교육부는 2019년 11월 28일 서울 소재 16개 대학에 "2023학년도까지 수능 위주 정시전형 선발비율을 40% 이상으로 확대하도록 권고한다"고 밝혔습니다. 이에 대해 일부 전문가들은 다음과 같이 비판합니다. "공교육만으로 대비하기 힘든 현재 수준의 수능은 그대로 둔 채 정시선발 비율을 늘리는 것으로 공정성이 확보될 것이라는 것은 장밋빛 청사진에 불과하다." 과연 어느 장단에 맞춰야 할지 모를 일입니다. 정시는 확대하고 수능은 쉽게 출제하라는 요구는 모순입니다. 정시가 확대되는 만큼 수능이 어려워질 수밖에 없는데, 특히 국어 영역이 어려워질 것입니다. 수능 국어를 효과적으로 대비할 수 있는 해법을 찾아보겠습니다.

첫째, 외부 요인 1. 수능 과목 변화

"단군 이래 최소 과목이지만, 학생들에게는 여전히 부담스럽다."

◐ 입시제도 및 수능 과목 변화는 변수이자 상수입니다. 국어가 수학만큼 중요하다면, 수학만큼 공부해야 합니다. 영어처럼 "중학교에서 끝"낼 수 없다면, 고등학교에서도 국어 공부를 해야 합니다. 부족한 세부 영역에 대해 자기 점검을 철저히 하고, 공부 시간과 양을 기준으로 꾸준하고 완성도 있는 국어 공부를 계획 및 실천해야 합니다.

둘째, 외부 요인 2. **입시제도 변화**

"내신 문제와 수능 국어 시험 문제가 너무 다르다."

◉ 내신은 학교 수업 수용 정도에 대한 평가입니다. 학교는 내신 문제 유형을 수능 유형으로 개선해야 할 책임이 있습니다. 다만, 시험 문제 유형을 변화시키기 위해서는 수업 형식과 내용을 변화시켜야 합니다. 화법은 말하기, 작문은 글쓰기 수업이 전제되어야 합니다. 중세 문법의 맥락적 이해나 문학 작품의 복합적 이해에서 나아가 독서를 바탕으로 하는 다양한 미디어 읽기가 필요합니다.

셋째, 내부 요인 1. **국어 공부 부족**

"고등학교 3년 동안 제대로 국어 공부를 하지 못한다."

◉ 학원 커리큘럼이 학생 공부 계획이 되어서는 안 됩니다. 중3에서 고1로 가는 예비고1 시기는 부족한 세부 영역에 대한 자기 점검을 냉정하게 해야 하는 기점입니다. 다른 과목에 비해 수능 국어는 유독 고1과 고2 모의고사에 비해 고3 모의고사 및 평가원 문제의 난이도가 높습니다. 소중한 기출문제를 허투루 푸는 방식에서 벗어나, 화법/작문/문법의 기초 다지기, 고전과 현대, 운문과 산문의 문학적 소양 쌓기, 인문/사회/과학/기술/예술 전반에 걸친 독서의 토대가 마련되어야 합니다.

넷째, 내부 요인 2. **국어 기초 부족**

"고등학교 입학 전에 제대로 된 독서를 하지 못했다."

◉ 단군 이래 최소 과목인 수능이지만, 단군 이래 최소 독서 세대가 수능 국어 문제를 풀게 됩니다. 초등 독서가 중등 독서와 고등 독서로 이

어져야 하는데, 영어와 수학을 공부하느라 정작 중요한 독서를 하지 않습니다. 학원에 상담하러 찾아온 학생들 중에는 중등 고학년에서 가장 중요하게 진행되어야 할 고등 독서의 토대가 허물어진 경우가 많습니다. 학원이 문제가 아닙니다. 독서가 문제입니다. 4차 산업혁명 시대에 인공지능이 대신해 줄 수 없는 인간 고유의 영역이자 능력인 독서력을 키워야 합니다. 수능 국어 영역의 '독서' 문제를 독서 없이 풀 수 있다고 말하는 학원은 단언컨대, 사이비입니다.

2.
수시를 준비했는데
정시를 선택해야 할까?

　서울대가 정시 비율을 확대하겠다고 발표했습니다. 2022학년도 정시 모집 비율을 30%로 상향하기로 결정한 것이지요. 뿐만 아니라 교육부는 2019년 11월 28일 서울 소재 16개 대학에 대해 2023학년도까지 수능 위주 정시전형 선발비율을 40% 이상으로 확대하도록 권고한다고 밝혔습니다.

　이에 대해 교육현장의 목소리는 격려와 우려가 혼재되어 있습니다. 한국 사회에서 대학 입시제도가 차지하는 비중과 위상은 상당합니다. 교육에 투입하는 예산이 국방비보다 높은 것은 물론이고 행정, 복지비용 등을 제외한 단일 항목으로는 가장 높은 수준입니다. 그러다보니 대학 입시의 역사 속에서 입시제도가 논란이 되지 않은 경우는 드뭅니다.

　어느 사회에서나 '제도' 자체는 변화되고 발전합니다. 하지만 얼마 전까지 "정시 비중이 높으니 수시를 늘리자"고 했는데, "수시 비중이 높으니 정시를 늘리자"고 돌변한 것이 문제입니다. 이는 "아들 딸 구별 말고

둘만 낳아 잘 살자"에서 "OECD 국가 중 저출산 1위이니 문제를 해결하자"고 말을 바꾸는 근시안적 태도와 닮아도 너무 닮았습니다.

정시 확대는 공정성이라는 화두에서 출발했습니다. 하지만 정시 확대는 교육 환경을 과거로 되돌리게 합니다. 레트로가 인기를 끄는 복고풍 시대라고는 하지만 기성세대들에게조차 반갑지 않은 소식입니다. 제5공화국 전두환 정권 시절의 과외 금지와 학력고사 제도가 떠오르기 때문입니다. 저는 92학번 학력고사 세대입니다. 선지원 후시험이라서 지원 대학에서 시험을 보았죠. 지원 대학에서 떨어지면 후기로 넘어갑니다. 후기 경쟁률은 어마어마했습니다. 떨어지면 재수, 삼수 이외에는 대안이 없어서 그물 없이 줄타기 서커스를 하는 느낌이었죠. 스릴 넘치던 그 시절이 다시 떠오르는 요즘입니다.

대학 입시제도의
불편한 현실

대입제도의 쟁점과 개선 방향을 다루기 위해서는 대학 입시제도의 현실부터 살펴봐야 합니다. 학창시절에 교육의 본질적 가치는 '전인교육'이라고 배웠습니다. 동의하지 않는 사람도 있을 수 있겠지만 딱히 이의를 제기하는 사람도 저는 보지 못했습니다. 2015년 개정교육과정에서는 이 가치를 조금 더 구체화시킵니다. '인격 도야와 자주적 생활능력, 민주시민으로서 필요자질을 갖춰 인간다운 삶을 누리고 국가 및 인류발전에 기여하는 것'이라고 말이지요. 그렇다면 대학 입시는 어떨까요. 대학 입시

제도는 대학에 진학할 자격을 갖춘 사람을 선발하기 위한 절차 또는 과정을 말합니다. 당연히 교육의 본질적 가치에 부합해야겠죠.

대학 입시를 준비하는 고등학교 등 교육 현장을 살펴보면 교육의 원론적 가치는 뒷전으로 밀린 지 오랩니다. '학력 경쟁'이라는 비교육적 가치가 횡행하고 있는 현실을 부정할 수 없습니다.

가장 큰 이유로 유례없는 고속성장 과정에서 형성된 '학벌사회'라는 한국적 특징 때문이라고 지적하는 전문가들이 많습니다. 서열화된 대학과 학과를 중심으로 형성된 한국의 학벌 사회 구조는 어느 대학, 무슨과를 가느냐에 따라 한 사람의 사회적 지위와 신분이 평생에 걸쳐 확정되곤 합니다.

결국 대다수 국민들은 계층 상승을 목표로 입시에 전력투구합니다. 부유층 역시 계층 유지를 위해 입시에 주력하죠. 드라마 〈스카이캐슬〉은 이런 우리 사회의 불편한 속내를 여실히 드러냅니다. 대학 졸업장은 '일생 동안 퇴화하지 않는 능력의 대리 지표'가 되어버렸습니다. 결과적으로 입시 제도는 거의 모든 국민의 일상생활을 지배할 정도로 영향력이 큽니다. '학력을 위한 학력 경쟁'이 상시적으로 발생합니다. 고등학교는 물론 중학교 및 초등학교, 심지어 유치원에서도 학력 경쟁이 광범위하게 확산되고 있습니다. 서울 강남 집값이 전국에서 가장 비싼 이유도 소위 '강남 8학군' 때문이라는 점을 부인하기 어렵습니다. 학원 등 사교육업계가 비대해진 것도 이러한 입시 제도의 강력한 영향력 때문입니다.

대학이 일자리를
좌우한다

대학 졸업 후 노동시장 유입 흐름을 살펴보면 대학 입시의 막강한 영향력을 좀 더 절실히 느낄 수 있습니다. 초등학생 때부터 치열한 학력 경쟁에서 살아남은 고등학생이 대학 입시를 통해 소위 일류대학 진학에 성공하면 졸업 후 1차 노동시장에 진입할 확률이 절대적으로 높습니다. 기타 대학에 진학한 학생은 2차 노동시장에 진입하게 되는 것이죠.

대학 입시와 노동시장 유입 흐름도

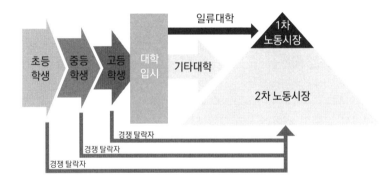

이 그림에서 1차 노동시장은 대기업 정규직을 말하며, 2차 노동시장은 비정규직 또는 중소기업 노동자를 말합니다. 1차 노동시장의 규모는 전체 취업자의 11%에 불과하며, 1차와 2차 노동시장은 임금 격차 등 노동조건 격차가 매우 큽니다. 임금의 경우 중소기업 정규직은 대기업 정규직의 66% 수준의 임금을 받고 있습니다.[1]

일류대 졸업생의 임금은 고등학교 졸업생보다 많고 일반 4년제 대학 졸업생보다도 많습니다. 2008년 기준 일류대 졸업생은 고졸에 비해 54.1% 많은 임금을 받았고, 4년제 대졸자와 비교하면 28.9% 더 많이 받았습니다.

구분	1999년	2002년	2005년	2008년
4년제 대학	0.205***	0.146***	0.180***	0.252***
일류 4년제 대학	0.251**	0.270**	0.417**	0.541**

주) 회귀분석의 준거집단은 고졸임. *p<05 **p<01 ***p<001
자료: 고은미. 1999~2008년 한국에서 대졸자 간 임금격차의 변화(2011)

정시 비중이 확대되는 대입제도

정권이 교체될 때마다 대통령과 정부는 '공교육 정상화'와 '사교육비 절감'을 개혁과제로 천명하면서 대입제도에 변화를 꾀했습니다. 그러나 '학벌사회 진입창구'로 전락한 대입제도의 근본적 문제는 개선하지 못했기에 교육개혁은 매번 성공하지 못했습니다. 학교 현장과 학부모들에게 혼란과 좌절만 안겨주었던 것입니다. 결국 입시제도는 바뀌었지만 사실상 아무것도 바뀐 것이 없었죠.

현행 대입제도의 기본 방향도 역대 정부와 다르지 않습니다. '고교 교육 정상화'와 '사교육비 절감'에 맞춰져 있습니다. 고교 교육 정상화를 위해서는 수준별 수능의 점진적 폐지, 한국사 필수과목 도입, 영어

절대평가 실시₍₂₀₁₈.₎ 등이 지속적으로 추진되고 있습니다. 사교육비 절감을 위해서는 대입전형의 간소화, 수능 안정화, 대입 전형 사전예고제를 실시하고 있기도 합니다. 그러나 현 정부 역시 '학벌사회'라는 강력한 힘이 작동하고 있는 대입제도의 근본적 문제를 개혁하기보다 학생들의 성적평가 방법, 특히 성적표기 방법에 집중하고 있어 교육의 가치를 실현하는 데 한계가 있습니다. 대입제도를 제도적으로 개선하여 고등학교 교육 정상화와 대학의 본래 기능 회복을 목표하고 있지만 학벌사회라는 외부적 힘을 과소평가할 수는 없습니다.

현행 대학입학 전형제도의 골격을 살펴보면 다음과 같습니다.

전형 유형	전형 요소		세부 설명
수시	학생부 위주	〈학생부 교과〉 교과 중심	▶ 학교생활기록부 교과 성적을 중심으로 평가하는 전형
		〈학생부 종합〉 비교과, 교과, 면접 등 (자기소개서, 추천서)	▶ 입학사정관 등이 참여하여 학교생활기록부 비교과를 중심으로 교과 및 자기소개서, 교사추천서, 면접 등을 통해 학생을 종합 평가하는 전형
	논술 위주	논술 등	▶ 논술을 주된 전형요소로 반영하는 전형 유형
	실기 위주	실기 등 (특기 등 증빙자료 활용 가능)	▶ 실기를 주된 전형요소로 반영하며 '특기자 전형' 포함 ※특기자 전형: 특정분야(언어, 수학, 과학 등)에 탁월한 능력을 소유한 학생을 선발하는 전형
정시	수능 위주	수능 등	▶ 수학능력시험 성적을 주된 전형요소로 반영
	실기 위주	실기 등 (특기 등 증빙자료 활용 가능)	▶ 실기를 주된 전형요소로 반영하며 '특기자 전형' 포함 ※특기자 전형: 특정분야(언어, 수학, 과학 등)에 탁월한 능력을 소유한 학생을 선발하는 전형

그동안 교육 현장에서는 객관식 선다형 중심의 시험 방식에 대한 문제점이 끊임없이 제기되어 왔습니다. 주어진 지식에 대한 무조건적인 암기와 반복적인 문제풀이식 학습을 유도하기 때문입니다. 또 학생 개개인의 잠재력과 다양한 능력을 개발하기 위해서는 고등학교 교육과정을 다양화해야 한다는 지적도 많았습니다. 이 점을 고려해 현행 대입제도는 수시 전형을 지속적으로 확대해 왔습니다.

연도별 수시·정시 비율 추이를 구체적으로 살펴보겠습니다. 2007학년도에 수시와 정시의 비율이 역전되었네요. 문재인 정부 출범 이후인 2018학년도부터 수시 비율이 70%선을 넘었습니다. 문재인 정부 이전인 2017학년도 수시 전형 비중 역시 69.9%로 높은 편이었으나 2020학년도에는 수시 전형 비중이 77.3%까지 확대됩니다.

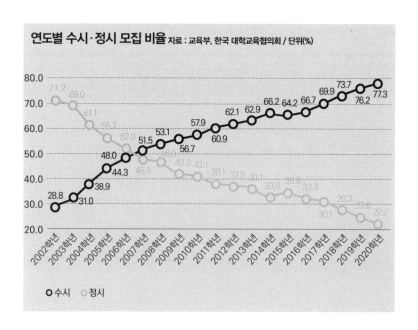

연도별 수시·정시 모집 비율 자료 : 교육부, 한국 대학교육협의회 / 단위(%)

수시 비중이 급격하게 확대되자 '공정성'에 대한 논란이 점차 확산되기 시작했습니다. 특히 '학생부 종합전형'에 대한 불만이 급증하게 됩니다. 학생부 종합전형은 학생의 성장·발달 과정을 기록하는 학생부의 영향력이 커지면서 학생 위주의 수업이 가능합니다. 비교과 활동을 권장하는 등 교육적 가치를 실현하므로 긍정적 측면도 있습니다. 그러나 학생부 기재의 객관성·신뢰성에 대한 의문이 계속되어 왔습니다. 입학사정관 전형의 불투명성 때문에 '블랙박스 전형', '부모 찬스'라는 비판도 받았습니다. 수시 제도를 운영하는 대학 역시 총체적 평가를 지향한다는 명분을 내세워 구체적인 전형 기준을 공개하지 않았습니다. 따라서 과정과 결과에 불확실성이 크다는 비판이 따랐습니다.

결국 교육부는 2019년 11월 28일 서울 소재 16개 대학에 대해 2023학년도까지 수능 위주 정시전형 선발비율을 40% 이상으로 확대하도록 권고한다고 밝혔습니다. 수시에서 정시로 이월되는 인원을 고려하면, 45:55 또는 50:50으로 수시:정시 비율이 조정됩니다. 2025학년도에는 외고와 자사고가 폐지되고, 2028학년도에는 대입제도가 개선되는데, 그 전까지는 수시와 정시를 종합적으로 대비해야 합니다.

	처음 도입하는 제도	개선·보완하는 제도
학생중심 재도전 기회, 부담 완화, 선택권 확대	▶ 수능위주전형 비율 30% 이상 확대 권고 ▶ 수능 국어·수학·직업탐구에 공통+선택형 구조 도입 ▶ 수능 수학·사회·과학 과목에 문과·이과 구분 폐지 ▶ 수능 제2외국어/한문 절대평가	

공정 투명	▶ 출신고교 블라인드 면접 도입 유도 ▶ 다수 입학사정관 평가 의무화 및 　입학사정관 회피·제척 의무화 ▶ 대입공정성 위원회 외부위원 참여 ▶ 자기소개서 대필·허위작성시 　의무적 탈락·입학취소 조치 ▶ 입시부정 제재 근거법규정 신설 ▶ 대입전형별 학생 지역정보 공시	▶ 학교 내 정규교육과정 활동 중심 　학생부 기재 ▶ 학생부 대입 제공 수상경력 및 　자율동아리 기재 개수 제한 ▶ 학생부 소논문(R&E) 기재 금지 ▶ 학생부 기재 분량 감축 및 　도움자료 확대 보급 ▶ 학생부 성적조작·시험지 유출 등 　부정행위 처벌 강화 ▶ 평가기준 공개 강화(부정사례 등)
단순화	▶ 교사추천서 폐지 ▶ 수시 적성고사 폐지	▶ 대입 전형명칭 표준화 ▶ 자기소개서 문항 통합 및 분량 감축 ▶ 학생부 기반의 맞춤형 확인 면접 　원칙(구술고사 최소화 유도) ▶ 논술전형 단계적 폐지 유도

수시와 정시를 종합적으로
대비하기 위해

그동안 수시를 꾸준히 확대해 온 이유는 예측이 불가능할 만큼 급변하는 시대상황에서 능동적인 인재가 필요했기 때문입니다. 어린 시절을 한 번 떠올려보겠습니다. 엄마가 직접 밥을 먹여주는 시기가 지나면 아이는 스스로 숟가락을 쥐려고 합니다. 깨달음의 순간이 온 것입니다. 스스로 식사할 수 있게 되는 순간 아이는 어른들이 먹여주려는 행동에 저항하기 시작합니다. 가만히 있으면 음식을 훨씬 쉽게 입에 넣을 수 있지만 끝내 자신의 손으로 숟가락을 쥐고야 말죠.[2] 정시의 문제점으로 지적되어 온 수동적 암기식 교육이 인간 발달에 역행한다는 사실을 보여주는 증거입니다.

아이가 성장하면 스스로 상황을 통제하고 있다는 능동성을 입증하고 싶어 합니다. 가장 쉬운 방법은 의사 결정권을 행사하는 것입니다. 편의점에서 음료수를 살 때 저희 아들은 항상 코카콜라를 고집합니다. 2+1 행사를 하는 펩시콜라가 저렴해도 비싼 코카콜라만 집는 아들의 취향을 볼 때마다 선택의 자유를 원하는 인간의 심리를 엿보곤 합니다. 아무런 이득이 없더라도 본인이 원하는 것을 꼭 사야 하는 심리 말이죠. 이런 현상이 나타나는 이유는 선택권을 행사할 때마다 지배와 자기 효능감에 대한 인식이 강화되기 때문입니다.

컬럼비아대학교 심리학자들은 2010년 국제 학술지『인지 과학의 경험』에 발표한 논문에서 "지배 욕구는 생존에 필요한 생물학적인 욕구"라고 말했습니다.[3] 통제권을 쥐고 있다고 느낄 때 더 열심히 일하고 노력한다는 겁니다. 자신감도 강해지고 난관에 봉착해도 쉽게 이겨낸다는 겁니다.[4] 또 오래 살 확률도 훨씬 높다고 합니다.[5] 이런 지배 본능이 중심적인 위치를 차지하는 것은 다름 아닌 우리의 뇌 때문입니다.

그러니 수시축소와 정시확대로 입시제도가 혼란스러운 지금이야말로 학생들에게 자기주도적 학습능력이 꼭 필요합니다. 타고난 머리와 암기력에 의존하는 것이 기존의 공부법이라면 학생 스스로 생각을 키우는 후천적인 노력과 독서법이 바로 자기주도적 학습능력입니다. 통제하고 지배하려는 뇌의 본능은 훈련과 피드백의 방법에 따라 영향을 받기 때문입니다. 한 실험에서 초등학교 5학년 학생 128명에게 까다로운 문제를 풀게 했습니다.[6] 모든 학생들에게 성적이 좋았다고 말해 주면서, 그중 절반에게는 "너희는 문제를 참 열심히 풀었더구나"라고 칭찬해 주었습니

43
제1부

다. 한편 나머지 절반에게는 "너희는 머리가 좋은 게 분명하다"라고 칭찬했습니다. 차이점은 여기서 발생합니다. 노력했다는 칭찬과 머리가 좋다는 칭찬은 전혀 다른 학습결과를 만들어냅니다. '머리가 좋다'는 것은 자기주도적인 내적 통제가 아니라 '타고난' 외적 통제에 의존하게 되는 것이죠.

얼마 후 모든 학생에게 난이도가 다른 3개의 문제를 더 풀게 했습니다. 머리가 좋다고 칭찬받은 학생들은 쉬운 문제를 찾아서 먼저 풀었습니다. 까다로운 문제에 도전하려는 의욕은 거의 보이지 않았습니다. 반면에 노력했다고 칭찬받은 학생들의 상당수는 까다로운 문제에 도전했습니다. 더 오랫동안 끈질기게 풀었습니다. 성적이 더 좋았음은 물론이구요. 아이들은 문제 푸는 것을 무척이나 재미있어 했습니다.

"대부분은 어린 시절에 자기주도력을 깨닫게 됩니다. 하지만 성장 과정을 거치면서 억제당하고 주변을 의식하며 스스로 억누르고 살아갑니다. 인간의 본능 속에 내재된 통제력이 다시 일깨워진다면 스스로 통제할 수 있다고 확신하게 됩니다. 그런 확신이 반복되면 스스로 결정할 수 있다는 자신감도 되찾게 되지요." 연구를 진행한 스탠퍼드대학교의 심리학자 캐롤 드웩Carol Dweck의 말입니다. 내적 통제력, 자기주도 학습능력이 중요하다는 뜻입니다.

대치동에서 자기주도 학습을 실천하고 있는 한 독서지도사는 학생들이 스스로 선택하고 결정하는 방향으로 수업을 재설계하면 기억에 오래 남는다고 말합니다. 숟가락을 쥐려는 어린아이의 고집을 생각해 보세요. 스스로 찾아서 읽는 과정을 통해 학생 스스로 상황을 장악하는 짜릿한 기분, 모든 것을 자신이 책임질 때의 설렘을 맛보게 됩니다. 짜릿하고 설렘을 느끼는 순간을 데이비드 콜브David Colb 박사는 '융합 과정'이라고 말합니다. 이 개념은 '4장 책이라면 거들떠보지도 않는 우리 아이, 어떻게 읽혀야 할까?'에서 자세히 다루도록 하겠습니다. 읽기의 즐거움을 알게 되면 교과서 밖의 어떠한 문장이 등장해도 끄떡없습니다. 이쯤 되면 국어를 위해 시작한 독서가 사회, 과학, 윤리, 논술, 구술 등에까지 영향력이 확대됩니다. 이처럼 폭넓고 능동적인 독서로 무장한 학생에게는 정시와 수시가 두렵지 않습니다.

3.
왜 소문난 독서법이
우리 아이에게는 안 통할까?

"밤 11시, 깜깜했고 교정에는 비바람이 휘몰아쳤습니다."

미식축구 선수 출신 기업가 데이먼 던Damon Dunn은 스탠퍼드대학 시절 골프 연습장에서 혼자 공을 치는 어떤 학생을 보았던 장면을 이렇게 회상합니다. 그 학생은 기계적인 동작으로 쉬지 않고 공을 쳤습니다. 그러려니 하고 그는 파티장으로 향했습니다. 네 시간이 지난 새벽 3시, 기숙사로 돌아가려고 했는데 그 학생은 아직도 그 자리에서 계속 연습하고 있었습니다. 데이먼은 그 학생에게 다가갔습니다.

"야, 타이거, 비 오는데 새벽 3시까지 계속 이렇게 공을 치고 있는 거야?" 타이거 우즈Tiger Woods라는 그 학생은 이렇게 대답했습니다. "캘리포니아에는 비가 안 오잖아. 비올 때를 대비한 연습을 이때 아니면 언제 하겠냐?"[7]

이 학생은 나중에 골프 역사상 가장 위대한 선수가 됩니다. 성공하는 운동선수라면 모두 그처럼 열심히 연습한다고 생각할 수 있습니다. 그러나 차이가 있습니다. 바로 열심히 하는 것이 '무엇'인가입니다. 데이먼에 의하면 그날 우즈는 4시간 동안 비를 맞으면서 한 가지 연습만 했습니다. 같은 자리에서 같은 동작으로 계속 공을 멀리 날리는 연습이었죠. 퍼팅 연습이나 모래 벙커 탈출 연습이 아닌 필요한 기술 하나만을 완벽한 수준으로 다듬겠다는 목표를 가지고 같은 동작을 수없이 반복한 것입니다.

잘못된 방법으로 꾸준히 하는 것이 문제

"소문난 독서법으로 열심히 책을 읽는데, 우리 아이는 왜 달라진 게 없을까요?" 대치동 학원에 찾아온 학부모들에게 자주 받는 질문입니다. 플로리다주립대학의 안데르스 에릭슨K. Anders Ericsson 교수는 전문가가 되는 것은 얼마나 많은 시간을 학습에 투여하는가가 아니라 그 시간을 어떻게 보내는가에 달려 있다는 사실을 발견했습니다. 그는 운동선수든 의사든 심지어 철자법 맞추기 대회의 우승자든 한 분야에 통달한 사람은 거의 예외 없이 평범한 사람들과는 전혀 다른 방법으로 학습에 임한다는 사실을 알아냈습니다.

전혀 다른 방법이란 동작 혹은 활동을 작은 단위로 쪼개고 그 하나하나에 집중해 반복을 거듭하는 것입니다. 비가 올 때 몇 시간씩 비를 맞으면서 동일한 스윙을 연습한 우즈처럼 말이죠. 그리고 연습할 때마다 어떤 일이 일어나는지 관찰하면서 거의 알아차릴 수 없을 정도로 미세하게 조금씩 개선해 나갑니다. 이처럼 작은 동작이나 훈련을 의도적으로 수없이 반복하면서 평가하고 교정하는 훈련을 '의도적인 연습deliberate practice'이라고 부릅니다.

저는 사회인 야구를 오래했습니다. 한 달에 한두 번 장비를 챙겨 일산에 있는 에이스볼파크 야구장에 시합을 갑니다. 스트레칭을 가볍게 하고 간단히 캐치볼을 하거나 배트를 휘두르며 몸을 풉니다. 이어서 3시간 정도 유니폼이 흙먼지로 뒤범벅될 때까지 열정적으로 시합을 한 뒤 녹초가 되어 집으로 돌아옵니다. 이따금 실내 연습장에서 스윙 연습을 하거나 투구 자세를 교정받기도 하지만 야구와 관련해 보내는 시간의 대부분은 한 달에 한두 번 치르는 시합에 할애합니다. 시합을 하는 것이 가장 즐겁기 때문입니다. 시합하는 시간이 쌓여 제 실력이 향상된다고 생각합니다. 하지만 이는 착각일 뿐입니다.

존 헤이스John Hayes는 작곡가 76명을 대상으로 이들이 언제 처음으로 성공작을 써넣는지 조사했습니다. 500곡 이상을 살펴보았는데, 76명 모두 처음 작곡을 시작하고 나서 10년이 지난 후에야 성공작을 내놓았다는 사실을 알아냈습니다. 이른바 '10년의 법칙'입니다. 그러나 제 실력은 10년 전이나 지금이나 별반 다르지 않습니다. 저는 단 한 번도 에릭슨이 말한 '의도적인 연습'을 경험하지 못했습니다. 그럭저럭 사회인 야구에는 참여하지만 결승타를 날리거나 중심 타선에 들어선 적은 한 번도 없습니다. 만일 에릭슨이 제 옆에 있었다면 무슨 문제가 있는지 지적했을 텐데 말입니다. '1만 시간의 법칙'과 '10년의 법칙' 등의 이론을 누구나 알지만 결과가 다른 이유는 바로 '의도적인 연습'을 하느냐 못하느냐에 달렸습니다.

의도적인 연습이
실력을 향상시킨다

'의도적인 연습'에 대해 좀 더 살펴보겠습니다. 제가 워낙에 축구를 못해서 저희 아들에게 일찍부터 축구를 가르쳤습니다. 마침 동네 유소년 축구팀에 자리가 나서 슬쩍 밀어 넣었죠. 주말마다 아이를 데리고 유소년 축구팀 훈련장에 데려다 주었습니다. 한 시간의 연습시간 동안 30분은 명랑운동회 같은 놀이 활동을 하고 30분은 팀을 나눠서 골대에 골을 넣기를 했습니다. 실력도 고만고만했습니다.

초등학교에 올라가면서 반이 해체되어 축구선수 출신 선생님이 운영하는 축구교실로 옮겼습니다. 그런데 축구교실로 옮기고 아이의 기량이 눈에 띄게 향상되었습니다. 하루는 어떻게 가르치나 살펴보았는데, 선생님은 아이들에게 한 달에 한 가지 기술만 가르쳤습니다. 선생님이 가르쳐주신 기술은 공 세우기였습니다. 어떤 자세로 어떻게 세우는지만 가르쳤습니다. 빨리 달리다가 갑자기 공을 멈추게 하기도 하고, 패스를 받은 뒤에 공을 세우기도 합니다. 그 말도 안 되는 단순한 동작을 계속 반복했습니다. 아이들은 사방에 붙은 거울을 보며 정확한 자세로 공을 멈춘 후 다리가 'ㄱ'자를 정확하게 하고 있는지 점검했습니다. 하나의 공으로 7명의 아이들이 순서대로 했습니다. 다음 단계가 되자 선생님은 공을 한가득 담은 통을 옆에 두고 적당한 속도로 공을 굴리면 똑같은 발 부위로 때리는 연습만 했습니다. 각도가 잘못되면 반복했습니다. 그런 식으로 슈팅을 익힌 아들은 초등학교 3학년에 학교 대항 축구대회에 출전해서 결승골을 기록했습니다.

안데르스 에릭슨이 말한 의도적인 연습이란 바로 이런 것입니다. 실력을 향상시키기 위해 특별하게 설계된 활동으로, 수없이 반복할 수 있으며, 전문가의 도움을 필요로 하는 활동입니다. 이것은 보통 사람들이 생각하는 연습과 다릅니다. 제가 하던 사회인 야구나 저희 아이가 친구들과 놀았던 유소년 축구는 의도적인 연습이 아닙니다. 반면에 축구교실에서 같은 동작을 반복하며 자세를 교정했던 것은 의도적인 연습입니다. 저는 야구 배트에 링을 끼우고 수백 번씩 휘두르며 스윙 자세를 교정하거나 굴러오는 공을 받으며 흙바닥에서 뒹구는 시간을 늘려야 했습니다. 시간에 비례해서, 아니 그 이상으로 실력이 좋아졌을 겁니다.

실력은 자신의 부족한 부분을 반복적으로 교정할 때 향상됩니다. 의도적인 연습은 두 가지 특징이 있습니다. 첫째, 실력 향상을 목적으로 계획된 구체적인 활동입니다. 자신의 부족한 점이 무엇인지 파악하고, 그 부분을 향상시키기 위해서는 계획이 꼭 필요합니다. 달리기가 건강에 좋다고는 하지만 마라톤 연습을 하는 사람에게는 우람한 근육이 아니라 달리기의 흐름을 유지할 수 있는 페이스메이커가 필요합니다.

둘째, 수없이 반복할 수 있는 단순한 활동입니다. 저는 광고회사에서 일할 때 광고주를 응대하는 방법을 배운 적이 있습니다. 강사로 나선 선배들은 우리에게 "본론으로 들어가기 전에 분위기를 띄워라, 상대가 먼저 말하도록 해라, 질문은 다섯 번 이상해서 의도를 파악하라" 등과 같은 몇 가지 원칙을 제공했습니다. 우리는 조를 나누어 두 명씩 실습했습니다. 그리고 한 팀씩 앞에 나와 대화연습을 하고 나머지는 관찰했습니다. 그런 다음 선배들은 우리가 했던 행동을 피드백했습니다. 우리는 '실습-관찰-피드백'이라는 단순한 과정을 계속해서 반복했습니다. 그 이후로 프레젠테이션 스킬이나 보고서 작성 방법 등 수많은 방법을 배웠지만 그때 반복했던 실습이 가장 효과적이었습니다.

책을 깊이 읽도록 만드는 의도적인 독서 연습

몇 년 전에 EBS 다큐프라임 팀의 요청으로 〈슬로리딩-생각을 키우는 힘〉이라는 다큐멘터리 제작에 참여한 적이 있습니다. 일본의 국어교사인 하시모토 다케시가 창안한 '의도적인 독서 연습'인 슬로리딩Slow Reading[8]을 실험해 보기 위해서였죠.

EBS 다큐멘터리 제작팀의 정영미 작가는 초등학교 5학년 3개 반을 섭외해 줄 것, 슬로리딩을 한 뒤 독서능력의 향상 여부를 검사해 줄 것을 요청했습니다. 우리는 학생들이 초등학생임을 감안해 박완서 선생님의 『그 많던 싱아는 누가 다 먹었을까』를 필독서로 선정하여 한 학기 동안 슬로리딩을 실험했습니다.[9]

발표하고, 다른 사람의 발표를 들으면서 자신의 의견과 어떻게 다른지를 이해하는 방식으로 수업이 진행되었습니다. 책에서 발견한 단어를 활용하여 글을 쓰고 영상을 만들며, 작품의 시대상황과 관련된 영화를 시청했습니다. 책에 나오는 음식을 요리해 보고, 책 속의 장소에 직접 다녀오는 체험학습을 했습니다. 스스로 찾아서 활동하자 아이들은 책에 등장하는 소재나 도구에 자발적으로 관심이 생겼습니다. 관심이 생기자 노래를 만들거나 영상을 제작하고, 만화를 그리는 등 적극적인 창작활동으로 이어지게 되었습니다.

그렇다면 이런 활동이 학생들의 독서력을 얼마나 변화시켰을까요. 정확한 검증을 위해 슬로리딩 수업 시작 전인 4월과 수업 후인 8월에 독서능력검사를 했습니다. 슬로리딩 수업을 마친 8월 검사에서 '우수'한 학생 수가 늘어났습니다.[10] 한 권의 책을 여러 번 깊이 읽으면서 학생 스스로 꼬리를 무는 생각을 발달시킨 결과입니다. 생각을 여는 교육은 정보를 스스로 다루는 자발성에서 비롯됩니다. 슬로리딩 수업을 지켜본 학부모들에게 어떤 점이 긍정적이었는지 물었습니다. 표현력이 향상되고 스스로 책을 찾아 읽는 점을 높이 평가했습니다. 예전과 달리 어려운 책에 흥미를 보이는 경우도 있었습니다. 수업을 진행한 교사들은 지루하게만 생각하던 국어 수업을 아이들이 좋아하게 되었다는 점에 가장 만족스러워했습니다. 토론하는 과정에서 자신의 의견을 적극적으로 표현하고 글쓰기에 자신감이 생겼다는 점도 눈에 띄는 변화로 꼽았습니다.

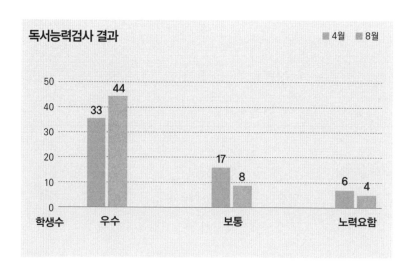

독서능력검사 결과 ■ 4월 ■ 8월

일반적인 독서와 슬로리딩의 가장 큰 차이점을 무엇일까요. 읽기 속도일까요? 아닙니다. 읽기의 깊이입니다. 이른바 '비틀어 읽기'죠. 비틀어 읽기를 시도하면 처음에는 애를 먹을 수 있습니다만 기억에 오래 남기 때문에 응용력이 생깁니다. 습득한 정보를 활용하는 방법을 스스로 알아냅니다. 당시 슬로리딩 실험에 참여한 용인 성서초등학교의 주예진 교사의 말을 들어보겠습니다.

"기존 수업은 매뉴얼도 있고 가르치기 위한 여러 모델이 정해져 있었지요. 슬로리딩은 매뉴얼 없이 이랬다저랬다 하는 수업이라서 미리 생각해 왔던 것대로 되진 않았어요. 교사의 판단이 무엇보다 중요한 실험이었습니다."[11]

슬로리딩으로 학생들의 독서력이 놀랍게 향상했습니다. 토론과 글쓰기 등 모든 면에서 실력이 늘었습니다. 이유는 교사들의 교육 방법 때문이 아니라, 아이들이 스스로 학습하는 과정을 교사들이 눈으로 보고 이해한 후 도왔기 때문입니다.

슬로리딩은 정독精讀 이 아니라 정다독精多讀

방송만 보신 분들은 한 권의 책을 오랫동안 꼼꼼히 읽는 것을 슬로리딩의 전부인 것으로 오해할 수 있습니다. 실제로 다독보다는 정독이 좋다는 실험결과에 많이 공감하십니다. 과연 정독만이 올바른 독서법일까요?

다큐멘터리 〈슬로리딩-생각을 키우는 힘〉에서 학생들이 연습한 것은 정독이었습니다. 한 권의 책만 집중해서 깊이 읽는 것이죠. 은수저 수업을 통해 하시모토 다케시 선생은 아이들이 체험한 적 없는 연 만들기와 연날리기를 경험시키거나 막과자를 먹어 보게 하였습니다. 실험에 참여한 성서초등학교 학생들 역시 『그 많던 싱아는 누가 다 먹었을까』의 내용을 꼼꼼히 읽고 상세하게 체험했습니다.

이렇게 독서의 효과를 입증한 슬로리딩에서 정독 못지않게 강조하는 것이 바로 다독입니다. 한 권으로 하는 독서 수업만으로는 다양한 삶의 모습을 깨달을 수 없기 때문이죠. 『은수저』라는 책 한 권으로 6년 동안 정독 수업을 '훈련'한 것은 맞지만, 하시모토 다케시 선생은 학생들에게 다양한 책을 읽혀 다독을 병행했습니다.

지정 도서는 학년과 수준에 맞게 선정했습니다. 일본 작가의 작품뿐 아니라 쥘 르나르Jules Renard의 『홍당무』 같은 외국 문학도 선택했습니다. 중학교 1학년은 나쓰메 소세끼의 『도련님』이나 아쿠타가와 류노스케의 『라쇼몽』처럼 읽기 쉬운 책을 읽게 했습니다. 학년이 올라갈수록 수준을 높여 『고사기』나 우에다 아키나리의 『우게쓰모노가타리』 같은 일본 고전을 읽혔습니다. 어려워하는 학생들이 적지 않았지만 하시모토 다케시 선생은 강행했습니다. 다양한 책을 접하는 다독이 중요하다고 생각했기 때문이었죠. 어떻게든 읽어두면 나중에 꼼꼼히 살펴야 할 때 도움이 됩니다. 어려운 책이더라도 이해할 수 있을 때까지 무조건 읽혔습니다.

필사 수업도 했습니다. 가령 『도연초』라는 일본의 고전문학을 수업할 때는 옛 고어로 된 부분을 정독하면서 본문에 나오는 단어 옆에 현대어 번역을 시켰습니다. 필요한 경우 단어 옆에 선을 그어 보충 단어를 적게 했습니다. 이런 과정을 통해 문장은 물론 단어 하나하나의 의미도 이해할 수 있게 되었던 것이죠.

고등학생 독서 수업에서는 번역본과 원서를 함께 읽혔습니다. 당시 상황을 하시모토 다케시 선생은 다음과 같이 회고합니다.

"고1부터 고3까지 3년간 『만엽집』을 공부시킨 적이 있어요. 그때도 '만엽가나'[12]를 프린트해서 아이들에게 나누어 주었습니다. 이와나미서점에서 나온 『영역 만엽집』까지 프린트해서 학생들에게 읽게 했지요. 참고서를 통해서는 맛볼 수 없는, 독서 수업에서만 맛볼 수 있는 재미를 아이들이 느낄 수 있도록 신경썼습니다."[13]

결국 하시모토 다케시 선생의 독서법은 '은수저식 정독법'과 '다독법' 그리고 '필사법'과 '원서읽기' 등이 혼재된 정다독법입니다.

넓고 깊은 독서가 필요한 수능시험

하시모토 다케시 선생의 독서법은 수능을 준비하는 학생들에게도 매우 유용합니다. 비문학 독서 영역인 정보도서는 간접적이거나 지엽적으로 이루어지는 양상을 띠는 경우가 대부분입니다. 특정 부분을 깊이 파고들어 정독해야 합니다. EBS 연계 교재로 공부해 거둘 수 있는 효과가 그다지 크지 않은 이유입니다. 수능 국어 첫 페이지에 만나게 되는 화법 문제로 2019학년도에 '로봇세'와 2020학년도에 '인공지능 활용 면접'이

출제된 바 있습니다. 『트렌드 코리아 2020』김난도 외과 같은 트렌드 독서
는 수험생에게도 필수입니다.

인문 분야에서 역사와 철학 관련 독서도 필요합니다. 『논리는 나의
힘』최훈 저 같은 책은 논리적 사고 훈련에 큰 도움이 됩니다. 사회 분야에
서 법과 경제는 자본주의 사회의 근간입니다. 『처음 읽는 헌법』조유진 저
도 좋고, 『판결과 정의』김영란 저도 좋습니다. 『17살 경제학 플러스』한진수
저만 읽어도 2020학년도에 최고 오답률을 기록한 문제인 BIS의 개념을
이해할 수 있습니다. 『신바젤 자본협약과 BIS 비율』Benton E. Gup 저까지
찾아 읽으라고는 하지 않겠습니다.

문학 영역은 EBS 연계 교재를 중심으로 학습하면서 작품 감상력을
키우는 데 주력하는 것이 중요하다고 전문가들은 말합니다. 옳은 말씀입
니다. 적어도 2021학년도 수능까지는 70% 이상 EBS 연계 출제라는 출
제 기조가 유지될 것이기 때문입니다. '수능특강'과 '수능완성'에 수록된
작품들을 충실히 학습하는 것도 필요합니다.

다만, "소설처럼 특정 부분만 발췌되어 수록될 경우 작품의 줄거리 정
도를 익혀 두는 것이 문제를 해결하는 데 도움을 준다"는 조언은 시간이
부족한 고3 수험생에게나 해당됩니다. 문학 작품의 이해와 감상은 평소
에 동일한 작품일지라도 '열린 가능성' 혹은 '합리적 해석의 가능성'이
라는 틀 안에서 다양한 방식으로 작품에 접근해야 하는데, 여러 강사의
강의만 들어서 과연 문제를 풀 수 있을까요.

고전 문학의 경우 한영외고는 『청소년을 위한 한국고전문학사』류대곤
외 저를 독서 경시 대회 선정도서로 학생들에게 강권합니다. 민사고의 경
우 수업 시간 부교재가 『살아 있는 고전문학 교과서』권순긍 외 저 1권과 3

권입니다.

현대시의 경우『신경림의 시인을 찾아서』신경림 저는 대원외고 필독서입니다. 중학생 때부터 고전시가와 현대시를, 다양한 소설 속 등장인물들을 역사와 문학의 가교인 책으로 만나야 합니다. 2020학년도 수능에 출제된『자전거도둑』은 김소진이든 박완서든, 영화든 텍스트든 보고 읽는 '공부'가 필요합니다.

또한 학생 수준을 고려하지 않는 천편일률적인 독서법은 피해야 합니다. 고3 수능까지 목표로 한다면 구체적이고 실제적인 독서법이 필요합니다. 이를 위해 먼저, 학생의 독서 수준부터 점검해 봅시다.

수능 국어 독서(비문학) 자기 점검

5대 영역	세부 분야	기출 주제	관련 독서
인문	언어	2009년 9월/ 언어의 친족 관계	책은 도끼다 (박웅현)
	역사	2019년 6월/ 서양 의학과 실학자의 인체관	역사의 역사 (유시민)
	철학	2020 수능/ 인식론과 베이즈주의자	처음 읽는 서양철학사 (안광복)
	논리	2019 수능/ 가능 세계의 개념과 성질	동양철학에세이 (김교빈 외)
사회	정치	2015년 9월/ 지방자치단체의 정책 결정	지적 대화를 위한 넓고 얕은 지식 (채사장)
	법	2019 수능/ 계약 개념과 법률 효과	처음 읽는 헌법 (조유진)
	경제	2020 수능/ 바젤위원회와 BIS	식탁 위의 경제학자들 (조원경)
	사회	2019년 9월/ 채권과 CDS 프리미엄	사회과학 명저 재발견 (유근배 외)

과학	물리	2019 수능/ 서양과 동양의 천문 이론	관계의 과학 (김범준)
	화학	2015년 9월/ 불포화 지방산의 산패 원리	과학은 그 책을 고전이라 한다 (강양구 외)
	생물	2020 수능/ 장기 이식과 레트로바이러스	다윈의 서재 (장대익)
	지학	2016년 7월/ 기후의 역습	과학용어도감 (미즈타니 준)
기술	기초	2018 수능/ 디지털 데이터의 부호화	4차 산업혁명, 당신이 놓치는 12가지 질문(남충현 외)
	응용	2019년 6월/ LFIA 키트의 원리와 특성	포노 사피엔스 (최재붕)
	실용	2019년 9월/ 주사 터널링 현미경(STM)	과학의 품격 (강양구)
	심화	2020년 9월/ 스마트폰 위치 추적 기술	뻔하지만 뻔하지 않은 과학지식 101(조엘레비)
예술	음악	2017년 6월/ 음악의 아름다움	예술에 대한 일곱 가지 답변의 역사(김진엽)
	미술	2015년 9월/ 추사 김정희의 묵란화	클릭, 서양미술사 (캐롤 스트릭랜드)
	건축	2019년 9월/ 근대 도시의 삶의 양식	오주석의 한국의 미 특강 (오주석)
	공연	2018년 9월/ 하이퍼리얼리즘	건축, 사유의 기호 (승효상)

이 표는 독서력을 점검하는 체크 리스트입니다. 무엇보다, 학년별 기준으로 토대를 점검해 보는 것이 중요합니다. 예비고1 단계에서 문학 창작도서과 비문학 정보도서 독서량의 균형을 점검하고, 비문학 5대 영역인 인문, 사회, 과학, 기술, 예술의 세부 분야별로 누락 지점이 없는지 자기점검 후 보충해 나가야 합니다. 점검이 끝나면 제3부의 창의융합독서법을 꼼꼼히 살펴보신 후 12장의 〈중·고등학생을 위한 창작도서 필독 20권 해설〉

을 활용하여 문학작품을 읽습니다.

예비고1 학생들의 독서 리스트를 점검해 보면 대체로 비문학 독서량이 매우 부족합니다. 책을 읽은 권수가 부족한 것도 문제이지만, 5대 영역의 불균형과 세부 분야별 누락 지점이 바로 드러납니다. 독서를 편식하듯 하기 때문입니다. 언어, 역사, 철학, 논리로 대표되는 인문 영역 독서는 수능 국어 독서 문제를 풀기 위한 출발입니다. 광의의 철학자로 대표되는 동서양 인물들을 폭넓게 알아 두어야 합니다. 특히, 사회탐구 과목을 선택하지 않는 자연계 진학 학생들일수록 최소한의 인문 독서가 필수입니다. 사회 영역 독서는 더욱 심각합니다. 사회탐구 과목을 선택하는 학생들조차, 생활과윤리와 사회문화 과목에 비해 정치와 법, 경제와 사회에 대한 독서가 부족합니다. 기본적인 법 개념들과 경제사상사를 이해해야 합니다.

상대적으로 과학탐구 과목을 선택하지 않는 인문계 진학 학생들의 경우 고1 국민공통교육과정인 통합과학을 공부하기 위해서라도 과학기술 관련 독서를 해야 합니다. 물리와 화학, 생명과학과 지구과학 분야의 독서를 점검해 볼 필요가 있습니다. 기초와 응용, 실용과 심화 단계로 나누어 과학기술 분야의 독서 수준을 높여야 합니다. 전공 분야가 아니더라도 예술 영역의 세부 분야들에 대한 점검도 필요합니다. 음악, 미술, 건축, 공연 등 다양한 예술 분야들에 대한 기본적인 독서를 위해서는 13장의 〈중·고등학생을 위한 정보도서 필독 20권 해설〉을 활용하면 좋겠습니다. 고등학교 입학 이후에는 국영수사과 학생부 독서 기재를 위한 과목별 독서로 연결해 나가면 금상첨화입니다.

4.
책이라면 거들떠보지도 않는
우리 아이, 어떻게 읽혀야 할까?

'책 좋아하는 아이는 타고난다'고 생각하는 부모님들이 계십니다. 그런 아이가 없을 수는 없겠지만, 경험상 우리 아이가 그렇지 않을 확률은 90% 이상입니다. 타고난 대로 성장한다면, 스스로 깨우치거나 발견한다면 학교는 필요없을지도 모릅니다. 인류는 물려받은 지적 유산을 지렛대 삼아 발전해 왔습니다. 아이들은 불의 원리와 자동차의 구조를 학교에서 배웁니다. 모든 과학기술은 뉴턴이 말한 거인의 어깨 위에 이미 서 있습니다. 시청률 30%를 훌쩍 넘길 정도로 큰 인기를 끌었던 인기 오디션 프로그램 〈미스터 트롯〉을 보면 예술 역시 전통의 틀 안에 존재하거나 전통과 공존하면서 존재하는 것 같습니다. 어른들에게 언어를 배우려는 아기의 노력은 지적 유산과의 접촉을 시도하는 것입니다. 텔레비전을 보기 위해 전원 플러그를 꼽는 것과 같은 행위입니다. 전기를 통해 텔레비전에 신호가 입력되듯 언어를 통해 뇌 속에 지적 유산이 입력됩니다. 다른 동물들과 달리 인간의 아이는 어른에게 의존하는 기간이 필요합니다. 아이는 스스로의 탐험뿐만 아니라 어른들로부터 배워서 지식을 습득합니다. 어른과 아이 사이에 이뤄지는 교육의 정도와 강도는 나라와 문화마다 다르지만, 대부분의 국가에서 어른은 아이에게 무언가를 가르칩니다. 이때 가르침의 시작은 아이들의 질문입니다.

지적 호기심을 일깨워야 책이 좋아진다

저희 아이들이 유치원에 다니던 시절에 했던 질문은 주로 이렇습니다.

- 시간이 뭐예요?
- 똥은 왜 싸는 거예요?
- 아빠는 전에 원숭이였다면서요? 꼬리는 어디 갔어요?
- 왜 그림자는 안 떨어져요?

하버드대학의 교육학 교수 폴 해리스Paul L. Harris는 두 살에서 다섯 살 사이에 아이들은 총 4만 건 정도의 질문을 한다고 추산했습니다. 질문이 심오할 수도 있고 어처구니없을 수도 있습니다. 통찰력이 있을 수도 있고 말이 안 될 수도 있습니다. 감정이나 생각을 불러일으킬 수도 있고 그냥 웃기기만 할 수도 있습니다.

'질문'은 매우 복잡하고 정교한 정신 활동을 요합니다. 통찰을 끌어내기 위해 사용하는 기술입니다. 구부정해서 땔감으로 쓸 수 없는 나무도 그늘을 만들어주는 쓸모가 있듯, 모든 질문은 미래를 위한 투자입니다. 아이들은 당장 쓸모없는 정보라도 나중에 유용할 수 있다는 것을 본능적으로 파악합니다. 어떤 질문은 막다른 골목으로 갑니다. 더 혼란스러워집니다. 부모에게 핀잔도 듣습니다. 하지만 쌓이면 지식이 됩니다. 더 많은 지식이 축적되면서 아이들은 성장합니다. 성장하는 것을 느낍니다. 키가 자라듯 머리도 자랍니다. 내년에는 올해보다 키가 크리라는 믿음만큼 똑똑해질 것도 확신합니다.

모든 것이 스스로 이루어지지는 않습니다. 어른이 전해 주는 지식이 필요합니다. 자연적인 호기심만으로는 학습에 한계가 있습니다. 지적 호기심이 있다면 '배울 준비가 된' 상태입니다. 준비가 됐는데 지식 공급이 없으면 한여름의 아이스크림이 녹듯 금방 사라집니다. 지식을 공급받지 못한 채 혼자 배우려는 아이는 금방 혼란에 빠지고 의욕을 잃습니다. 혹은 엉뚱한 정보를 얻어 차라리 안 하니만 못하게 되는 경우도 있습니다.

얼마 전 저희 아이들이 유튜브를 통해 진화론을 접한 적이 있습니다. 그러더니 진화론을 사탄 숭배자들의 계략이라고 생각하더군요. 찰스 다윈Charles Robert Darwin을 사탄의 앞잡이라고까지 말하는 것보고 깜짝 놀랐습니다. 아이들에게 찰스 다윈의 업적을 설명하는 데 꽤 오랜 시간이 필요했습니다. 문제는 여전히 다윈을 싫어한다는 거죠. 물론 제대로 된 정보를 배우는 아이들도 많습니다. 하지만 노력이 필요합니다. 네이트 실버Nate Silver는 노력이 필요한 이유는 신호와 소음 때문이라고 말합니다. 터무니없는 주장과 타당한 근거를 바탕으로 한 주장을 구별하느라 막대한 시간을 낭비해야 합니다. 스스로 하는 학습은 훌륭한 목표가 될 수는 있지만 기준이 되기는 어렵습니다. 스스로 하는 학습만을 기준

삼으면 아이들은 출발점에서 멀리 나아가기 어렵습니다.

부모는 아이들에게 '무엇'을 읽을 것인지를 알려줘야 합니다. 아이들이 지루해하더라도 어른으로서 해야 일입니다. 부모가 아는 것에 국한될 필요는 없습니다. 어른이 보기에 아이들이 알아야 할 것들이면 됩니다.

흔히 아이들에게는 균형 있는 독서가 필요하다고 말합니다. 창작도서와 정보도서를 균형 있게 읽으라고 합니다. 우연히 만나는 정보가 어린 시절에는 큰 깨달음으로 이어질 수 있기 때문입니다. 아이는 자신이 흥미가 있는 줄도 몰랐던 영역에서 흥미를 느끼곤 합니다. 엄마가 모르는 분야에서 힌트를 얻기도 합니다. 부모 입장에서 지루하고 어렵게만 느껴지는 것들도 아이가 접할 수 있도록 도와야 합니다.

정보도서, 지식책만 찾는 아이들이 있습니다. 정보도서만 읽는 아이는 셰익스피어의 훌륭한 문장을 평생 접해 보지 못합니다. 물론 셰익스피어의 희곡을 읽어본 부모도 별로 없습니다. 하지만 읽을 가치가 있음을 알려주는 부모님이나 선생님이 있다면 아이의 삶은 윤택해질 수 있습니다. 비올리스트 리처드 용재 오닐에게 『프랑켄슈타인』메리 셸리 지음이 그랬고, 외과의사 이국종에게 『칼의 노래』김훈 지음가 그랬습니다. 부모라면 아이들에게 충분하고 넓은 선택지를 제공해야 합니다. 안내가 필요합니다. 그렇지 않으면 아이들은 자신이 모르는 분야에 대해 영원히 무관심한 채 살게 될지도 모릅니다.

독서광과 우등생은 부모가 만드는가?

그렇다면 책을 좋아하게 만드는 것, 우등생을 만드는 것, 자녀를 성공시키는 것은 부모의 힘일까요?

세계 최초로 샴쌍둥이 분리 수술에 성공한 의사 벤 카슨Ben Carson과 그의 어머니 소냐 카슨Sonya Carson 여사를 한번 살펴보죠. 벤이 8살 무렵에 부모님은 이혼했습니다. 벤에게는 형이 하나 있었습니다. 이름은 커티스Curtis입니다. 소냐는 가정부 생활을 하면서 혼자 아이 둘을 키웠습니다. 가정교육을 못 받았던 벤은 초등학교 4학년 때까지 내리 꼴찌를 했습니다. 아이의 미래가 걱정스럽던 소냐는 가정부 생활을 하면서 사회적으로 존경받는 집과 그렇지 못한 집을 관찰했습니다. 그리고 비결을 알아냈습니다. 바로 '독서'였습니다.

다음 날 소냐는 아이들에게 도서관에 가서 어떤 책이라도 상관없으니 일주일에 두 권씩 읽게 했습니다. 형제는 도서관에 갔지만 이해되는 책이 없었습니다. 어머니와 약속을 했지만 어떤 방식으로 어떤 책을 골라야 할지도 몰랐습니다. 형제는 도서관 사서에게 도움을 요청했습니다. 사서는 아이들 수준을 감안하여 그림이 많은 자연학습도감을 추천해 주었습니다. 형제는 책을 읽고 도감에서 보았던 돌의 이름을 맞히는 놀이를 하며 집에 오곤 했습니다.

그러던 어느 날 수업 시간에 선생님이 질문을 했습니다. "이 돌 3개가 무슨 암석인지 알아맞힐 사람 있을까?" 벤은 손을 번쩍 들어 암석들의 이름을 맞혔습니다. 어떻게 알았냐고 묻자 도서관에서 책을 보고 공부해서 알았다고 대답했습니다. 꼴찌 벤은 처음으로 선생님과 친구들에게 인정받은 것에 뿌듯했습니다. 독서의 중요성, 공부의 가치를 깨달은 것이죠. 그 후로 초등학교 1학년 교과서를 읽기 시작했고, 2학년, 3학년 교과서를 모두 읽었습니다. 수업 내용이 조금씩 이해되기 시작했습니다. 벤은 다음 해에 반에서 1등을 했고, 고등학교를 우수한 성적으로 졸업했습니다. 의대에 진학한 후 30대 초반에 존스홉킨스대학의 신경외과 과장이 되었지요. 벤 카슨은 세계 최초로 샴쌍둥이 분리 수술에 성공해서 '신의 손'이라는 별명을 얻을 정도로 성공했습니다. 공화당 대통령 후보로 나서서 한때 트럼프 후보를 앞서기도 했습니다.

여기까지 보면 소냐의 가정교육이 벤을 훌륭하게 만든 것 같습니다. 그런데 궁금한 게 있습니다. 책을 좋아하게 만들어야 책을 좋아한다면, 독서를 장려하는 가정교육이 그렇게 중요하다면, 그의 형 커티스 카슨은 왜 벤만큼 성공하지 못했을까요? 우리가 주목해야 할 것은 바로 이 부분입니다.

검색엔진 같은
뇌의 학습 원리

'위간불용즉모색지의 鳥間 不用則茅塞之矣'라는 말이 있습니다. 『맹자』 진심 편에 나오는 문장으로 '산에 난 길도 사람이 이용하지 않으면 곧 풀로 덮여 사라진다'는 뜻입니다. 책 읽는 아이로 만들기 위해 부모님이 길을 내주는 것도 중요하지만 아이 스스로 길을 걷지 않으면 아무 소용없습니다. 소냐가 내어준 길을 잘 걸었던 벤과 달리 커티스는 그렇지 못했습니다.

부모가 내어준 길에 풀이 자라지 않도록 갈고 닦는 것은 결국 아이의 몫입니다. '몫'이란 동기부여된 마음을 성과로 연결시키는 능력입니다. 성과로 연결시키는 능력은 뇌와 관련 있습니다. 타고난 뇌, 좋은 머리가 아니라 뇌를 활용하는 방법입니다. 같은 환경의 교실에서도 아이들은 저마다 다른 성과를 내는데, 뇌를 활용하는 능력이 다르기 때문입니다.

이해를 돕기 위해 뇌의 학습 원리를 잠깐 살펴보겠습니다. 뇌과학자들이 말하는 학습 원리는 뇌가 어떻게 움직이는지를 파악할 수 있는 일종의 알고리즘입니다. 알고리즘은 중국어로는 '삐쑤완算法'이라고 합니다. '연산'이라는 뜻이죠.

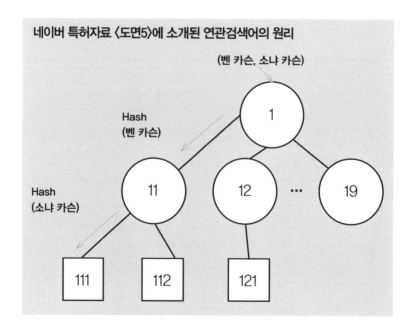

네이버 특허자료 〈도면5〉에 소개된 연관검색어의 원리

알고리즘 하면 구글이나 네이버와 같은 검색엔진이나 추천 영상을 보여주는 유튜브가 떠오릅니다. 검색의 연속성을 유지하고 더 빠른 검색결과를 보여주기 위해 검색 정보와 방문 주소를 저장하기도 합니다. 네이버는 검색에 대한 특허를 여러 가지 보유하고 있는데요, 특허자료에 따르면 이미 검색한 것을 숫자로 저장하면 검색 속도가 빨라진다고 합니다. 연관검색의 원리입니다.

우리 뇌에도 알고리즘이 존재합니다. 뇌로 들어온 정보가 일정한 프로세스를 거쳐서 뇌세포에 저장되는데, 이 프로세스가 알고리즘이죠. 이때 우리 뇌도 정보를 저장합니다. 검색결과에 빠르게 대응하기 위해서죠. 차이도 있습니다. 검색엔진 네이버는 정보를 '숫자'로 변환해서 기억하는 반면 우리 뇌는 뉴런Neuron이라는 신경세포로 변환해서 기억합니다. 뇌에는 무수히 많은 뉴런이 있습니다. 뉴런은 잔가지가 무성한 나뭇가지처럼 생겼습니다. 키워드 정보의 연관성이 높아지면 네이버에서 키워드마다 번호를 추가하여 정보를 업데이트하듯 뇌에 어떤 자극이 가해지면 뉴런의 모양도 업데이트됩니다. 나무처럼 가지의 끝이 길어지거나 중간에 새로운 가지가 돋아나기도 합니다. 이는 쥐의 뇌 실험을 통해 증명되었습니다. 캘리포니아대학의 신경과학자 로렌 프랭크Lauren Frank 교수는 2009년의 연구에서 "새로운 학습을 한 후 휴식을 취한 쥐의 뇌는 깨어있는 상태에서 새로운 학습 경험을 응고시켜 기억의 형태로 전환한다"는 것을 발견했습니다.

사람은 누구나 1,000억 개의 뉴런을 뇌 속에 가지고 태어납니다. 책읽고 공부하고 경험하면 정보가 뇌 속에 흘러들어와 뉴런을 채웁니다. 유용한 정보는 뇌 세포 속에 저장되고, 불필요한 정보나 집중하지 않은 정보는 흩어지기도 합니다. 무수한 슛을 시도해도 들어가는 골은 몇 안 되는 농구골대와 같습니다. 골대 밖으로 나가는 것은 단기기억이라 부르고, 골대 안으로 들어가 뉴런이 되는 것은 장기기억이라 부릅니다. 장기기억이 되면 비로소 뇌에 저장됩니다. 정보가 뉴런에 안착하기 위해서는 몇 가지 프로세스를 거쳐야 합니다. 프로세스를 거친 뉴런은 계속 배우면서 연장되고 연결됩니다.

검색창에 '유'라고 한번 쳐보겠습니다. '유튜브'가 제일 먼저 나옵니다. 그리고 유시민, 유승민, 유벤투스, 유키구라모토 등이 뜹니다. 이런 연관검색에는 사용빈도가 높은 순으로 노출됩니다. 뉴런에 저장된 기억도 사용빈도에 따라 다른 기억과 연결됩니다. 연관검색에 해당하는 것을 뇌에

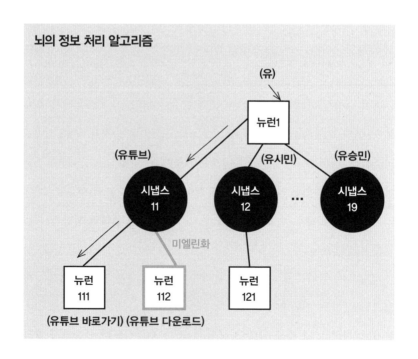

서는 시냅스Synapse라 부릅니다. 뇌가 책을 읽고 공부를 반복해서 뉴런에 정보가 추가되면 신호가 흐릅니다. 전기 신호와 같습니다. 신호가 자주 흐르면 그 뉴런은 커지거나 다른 뉴런과 통합되어 시냅스가 됩니다. 뉴런과 시냅스로 넓게 퍼지면 뇌세포는 100조 개 이상으로 확장됩니다.

뉴런이 연결되는 것이 시냅스라면, 뉴런이 커지는 것은 미엘린화myelination라고 합니다. 신호를 계속 받으면 뉴런의 외벽에는 미엘린myeline이라는 물질이 감싸게 됩니다. 전기선을 감싸고 있는 일종의 고무피복와 같은 물질입니다. 여러 겹의 지방질 껍데기입니다. 미엘린이 두꺼운 뉴런은 신호 전달 속도가 빠릅니다. 미엘린화는 뇌 부위마다 다릅니다. 가령 청각 신경은 태아가 임신 6개월째에 미엘린화되고 시각 신경은 태어난 지 6개월이 되어야 미엘린화됩니다. 행동신경학자 노먼 게슈윈드Norman Geschwind에 따르면 5살에서 7살 사이에는 미엘린화가 충분히 진행되지 않아서 글을 깨우치는 데 적합하지 않다고 합니다.

노력에 따라
발달 가능한 뇌

벤 카슨과 커티스 카슨은 왜 다르게 성장했을까요? 동생 벤은 프로세스에 따라 뇌를 활용해서 미엘린화된 뉴런을 많이 만들었고, 형 커티스는 그렇지 않았습니다. 프로세스를 충실하게 지키느냐 그렇지 않느냐가 두 사람의 성과를 가른 것입니다. 뇌의 학습 원리를 모른 채 책상에 오래 붙어 있는 것은 패턴도 모른 채 아빠의 잠긴 스마트폰을 열려는 아이의 행동과 같습니다.

　뇌 과학자들에 따르면 머릿속에 정보가 입력되어 외부로 표출되는 과정은 4단계를 거친다고 합니다. 감각피질, 측두통합피질, 전두통합피질, 운동피질입니다. 감각피질은 '이해'를 담당하며 베르니케 영역Wernicke's area이라 부르고, 운동피질은 '표현'을 담당하며 브로카 영역Broca's area이라 부릅니다. 베르니케 영역은 독일의 신경과 의사인 카를 베르니케Carl Wernicke의 이름에서 따왔습니다. 정보를 받아들이는 역할을 합니다. 브로카 영역은 프랑스의 신경해부학자인 폴 브로카Paul Pierre Broca의 이름에서 따왔습니다. 정보를 내보내는 역할을 합니다.

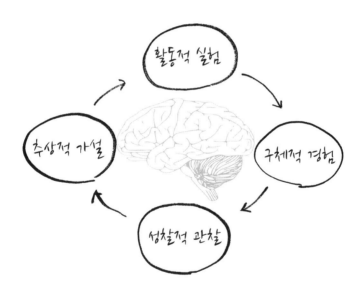

　뇌 과학자 데이비드 콜브David A. Kolb 박사는 감각피질, 측두통합피질, 전두통합피질, 운동피질을 바탕으로 정보의 입출력 과정을 4단계로 나

누었습니다. 그리고 구체적 경험, 성찰적 관찰, 추상적 가설, 활동적 실험 이라는 명칭을 부여했습니다. 각 부위의 명칭과 그에 따른 행동 특성은 다음과 같습니다.

① **감각피질(구체적 경험)**: 외부로부터 정보가 뇌로 들어오는 입구입니다. 시각, 청각, 후각, 촉각, 미각 등 다양합니다.

② **측두통합피질(성찰적 관찰)**: 받아들인 자료를 원래 자신이 가지고 있었던 정보들과 비교하며 외부의 자극이 가진 의미를 관찰합니다.

③ **전두통합피질(추상적 가설)**: 관찰한 정보를 바탕으로 행동으로 옮길 방법이나 계획을 세웁니다. 토론이 필요한 단계로 호기심이 생기고 주변 사람이나 교사 혹은 저자에게 질문도 하게 됩니다.

④ **운동피질(활동적 실험)**: 방법이나 계획을 행동으로 옮깁니다. 이 행동의 결과는 배경지식이 되어 뇌에 축적됩니다.

책을 읽거나 수업을 받거나 무언가를 배우는 순간, 정보는 순환하면서 뇌 속에 흐릅니다. 이 순환을 통해 뉴런이 자라고 시냅스가 만들어지게 됩니다. 물론 반드시 4단계를 모두 거치는 것은 아닙니다. 같은 내용을 배우고 같은 교실에 앉아 있어도 사람마다 받아들이는 내용은 차이가 있습니다. 저마다 사용하는 부위가 다른 것은 물론 한두 가지 단계만 사용하기도 합니다. 또한 이 4단계를 모두 거쳤다고 하더라도 단계별로 미엘린의 두께가 같지 않기 때문에 표출하는 결과물은 천차만별입니다.

가령 버스를 타거나 이를 닦는 등의 이미 능숙해져 있는 기술에는 거의 주의를 기울이지 않기 때문에 더 나은 능력을 발휘하지 않습니다.

그러나 중국어를 배우거나 용산 천문대에서 망원경으로 우주의 신비를 접하는 활동은 뇌의 처리속도를 높이고 시냅스로 확장되거나 두꺼운 미엘린을 만들어낼 가능성이 높습니다.

뇌의 발달 정도가
사람마다 다른 이유

동일한 상황에서 공부했지만 벤과 커티스의 성과가 달랐던 이유는 프로세스의 차이 때문이라고 말씀드렸습니다. 뇌과학 용어로 말하면 미엘린의 두께 차이입니다. 이런 차이를 증명하는 가장 강력한 이론은 다중지능입니다. 다중지능 이론을 만든 하워드 가드너Howard Gardner 박사는 인간의 뇌가 부위별로 다른 기능을 한다는 데이비드 콜브 박사의 의견에 동의합니다. 근거는 다음과 같습니다.

첫째, 하나의 정보는 독립된 하나의 지능이 해석하는 것이 훨씬 빠르고 쉽기 때문입니다. 집 안의 먼지를 깨끗이 닦기 위해서는 진공청소기를 돌려야 하겠지만 간단한 이물질이나 먼지를 제거하기 위해서라면 걸레로 슬쩍 미는 것이 편리한 것과 마찬가지죠.

둘째, 뇌의 일부가 손상되면 해당 부위의 능력만 상실된다는 연구결과 때문입니다. 이 연구에서 가드너 박사는 '의사소통능력과 관계된 언어지능만 부족해질 수 있구나! 그러면 언어지능은 다른 지능과는 독립적이겠구나!'라고 깨달았습니다.

가드너 박사에 따르면 사람은 다중지능 모두를 보유하고 있지만 발달

정도에는 차이가 있습니다. 바로 뉴런을 둘러싼 미엘린의 두께가 다르기 때문입니다. 가드너 박사는 다중지능을 언어지능, 논리수학지능, 음악지능, 신체운동지능, 공간지능, 인간친화지능, 자기성찰지능, 자연친화지능의 여덟 가지로 분류합니다. 다중지능 이론은 교육자들이 제공하는 교육 경험을 다양화하는 데 도움이 되어왔습니다. 개인의 학습 능력에 한계가 있다는 잘못된 생각을 심어줄 수 있는 학습 유형 이론과 달리 다중지능 이론은 우리의 타고난 능력을 더욱 다양하게 계발할 수 있다고 주장합니다.

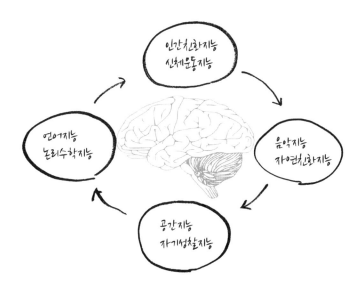

제임스 줄James E. Zull 교수는 가드너 박사의 다중지능 이론을 데이비드 콜브 박사의 학습 프로세스 4단계에 적용시켰습니다. 그리고 플레밍의 네 가지 학습방법인 청각, 시각, 읽기/쓰기, 운동감각을 혼합하여 '뇌의 학습 프로세스'를 만들었습니다.[14]

강연에서 뇌의 학습 프로세스를 설명하면 이런 질문을 하십니다. "그렇다면 뇌로 받아들이는 우리의 학습능력은 다 똑같은 거 아닌가요?" 궁금증을 풀기 위해 지금부터 레고 조립과정을 살펴보겠습니다. 레고 조립 과정을 보면 사람마다 학습능력이 다른 이유를 쉽게 이해할 수 있습니다.

레고 조립으로 알아보는
뇌의 학습 프로세스

지금 인터넷 쇼핑몰에서 주문한 〈레고 블록 클래식 세트〉가 도착했습니다. 이 레고는 〈닌자고〉나 〈레고 시티〉 같은 단일 제품이 아니라 뭐든

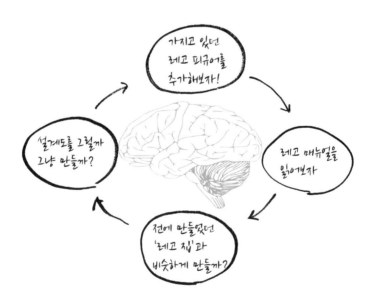

지 만들 수 있는 1,500피스짜리 기본 세트입니다. 실제로 만져보니 모니터로 봤을 때보다 훨씬 크고 푸짐하네요. 박스를 열어서 매뉴얼을 읽으면 '레고 만들기'라는 학습 프로세스가 시작됩니다.[15] 레고를 만들어보지 않은 사람, 아직 머릿속에 '레고 만들기'라는 뉴런이 없는 사람도 레고를 보거나 일단 조립을 시작하면 뇌 속에 관련 뉴런이 만들어집니다.

1. 감각피질(구체적 경험)

먼저 박스를 열어 매뉴얼을 읽습니다. 레고의 역사부터 조립 방법이 소개되어 있네요. 부품별 개수와 크기 및 색깔은 물론 제작 샘플이 소개되어 있습니다. 시각적 자극입니다. 전혀 레고를 모르는 사람에게는 생소하고, 레고를 경험해 본 사람에게는 익숙할 겁니다. 뇌의 학습 프로세스 중 첫 번째 단계인 구체적 경험입니다.

2. 측두통합피질(성찰적 관찰)

뇌는 기존 정보를 뒤지기 시작합니다. 예전에 만들었던 '레고 성'이나 아이와 함께 만들었던 '레고 자동차'가 떠오릅니다. 이미 해본 경험이나 알고 있던 내용을 관찰하는 과정이 성찰적 관찰입니다.

3. 전두통합피질(추상적 가설)

매뉴얼을 읽고 예전 기억도 떠올렸으니 행동에 옮길 차례입니다. 그전에 머릿속으로 이것저것을 그려봅니다. '대강의 설계도를 그리고 만들까? 그냥 만들까?', '블록을 뜯어 구분해 두는 게 좋을까? 만들면서 뜯는 게 좋을까?', '블록을 잘못 끼우면 어떻게 하지?' 이런 식으로 확인하고 구상하는 과정이 추상적 가설입니다. 아이가 묻습니다. "아빠, 이거 중국산 아니죠? 블록이 잘 안 맞던데." 이 역시 추상적 가설입니다.

4. 운동피질(활동적 실험)

마지막으로 머릿속에 이해한 대로 실행하는 단계입니다. 만들다 보면 구상했던 모양이나 준비했던 설계도와는 다른 결과가 나올 수 있습니다. 부품을 잘못 끼운 경우도 있고, 부품이 부족하면 다른 레고를 부숴야 할 수도 있습니다. 이렇게 활동적 실험을 거치면 레고가 만들어집니다. 레고 범선이 완성되었네요. 원래 가지고 있던 레고 사람을 추가하니 단란한 가족이 되었다면 다시 구체적 경험이 됩니다. 엉성한 완성도에 실망했다면 중국산 짝퉁은 피해야겠다는 성찰적 관찰도 생깁니다. '아크릴 케이스에 담아두면 보관이 용이하겠다'거나 다음번에는 '레고 마차'를 만들어봐야겠다는 추상적 가설을 세울 수도 있습니다. 이렇게 몇 차례 더 조립하면서 레고 조립 방법을 완전히 터득합니다. 그동안 뇌 속에는 '레고 만들기'를 담당하는 뉴런이 자랐고 시냅스가 연결되었습니다. '레고 만들기'를 뇌 속에 확실히 저장했다는 뜻입니다. 이 지식은 배경지식이 되어 다음 번 레고 만들기에 활용될 것입니다.

레고 만들기는 독서 과정과 똑같습니다. 책을 읽으면 구체적 경험이 발생합니다. 동시에 이미 알고 있는 지식을 바탕으로 이해하려고 애씁니다. 이 단계는 성찰적 관찰입니다. 아이들은 부모님이나 친구들과 이야기를 나누면서 '그 내용을 이런 식으로 적용하면 어떨까?'하고 가늠합니다. 이 단계가 추상적 가설입니다. 실제로 배운 내용을 적용하고 시간을 구성하고 목표를 관리합니다. 이것이 바로 활동적 실험입니다. 그리고 자신이 수행한 결과물에 대한 피드백을 실생활에 적용합니다. 다시 이어지는 구체적 경험입니다.

이렇게 학습 프로세스를 거치면서 정보가 머릿속에 저장되고 그 프로세스를 반복하면서 자기만의 새로운 각오나 목표가 만들어집니다. 1,500개의 레고 블록으로 똑같이 시작해도 만들어낸 결과물은 100명이면 100명 모두 다르게 나옵니다. 누구는 엉망으로 만든 결과물이 나오고, 누구는 상상을 초월할 만큼의 대작을 만들기도 합니다. 사람들마다 뉴런의 수나 시냅스의 수는 물론 미엘린의 두께가 다르기 때문입니다.

독서는 정리, 토론, 창의, 배경지식의 융합 과정이다

책을 읽고 온전히 머릿속에 받아들이는 과정은 레고 조립 과정과 같습니다. 흔히 책을 읽는 것이 독서의 전부라고 생각합니다. 그러나 책만 읽고 마는 것은 레고 포장을 뜯고 블록만 쳐다보는 것과 마찬가지입니다. 한국교육학술정보원의 〈독서교육 사고유형 분류표〉에 따르면 독서교육은 사실적 사고, 독해적 사고, 논리적 사고, 비판적 사고, 창의적 사고를 기르는 것을 그 목적으로 합니다. '읽는 것'은 그중에서 독해적 사고에만 국한된 활동입니다.

독서교육 사고유형 분류표

분류	소분류	설명	활동
사실적 사고	관찰하기	사물이나 현상 자세히 살피기	배경지식
	기억하기	과거의 경험 떠올리기	
	재인하기	책에서 읽은 내용 되살리기	
	비교하기	사물들의 차이점(공통점) 찾기	
독해적 사고	의미 이해	축어적 및 비유적 의미 이해하기	독서
	요점 파악	글 속의 핵심 주장 또는 중심 내용 파악	
	구조 개관	글의 전체구조와 흐름 파악	
	맥락 추론	글 전체 또는 전후 맥락 속에 숨어 있는 내용 추론하기	
논리적 사고	논증하기	생각의 근거를 제시하거나 결론 이끌어내기	정리
	인과 추론	원인과 결과 추론하기	
	예시하기	구체적 사례 제시하기	
	분류하기	종류 나누기, 특수한 것과 보편적인 것의 관계 찾기	
비판적 사고	문제제기	현실(제도, 정책, 관행 등)의 문제점 지적하기	토론
	비판하기	다른 사람의 주장이나 생각 반박하기	
	반성하기	자신과 주변의 모습을 보면서 비판적으로 되돌아보기	
	평가하기	사람이나 사물의 가치 판단하기	
창의적 사고	상상하기	과거나 현재에 없던 새로운 모습 떠올리기	창의
	종합하기	복잡한 요소들을 일정한 기준에 따라 재조직하기	
	적용하기	기존 지식이나 정보를 새로운 상황에 응용하기	
	해결하기	문제해결 또는 목적달성의 방법 모색하기	

사실적 사고는 배경지식이므로 반복의 결과입니다. 독해적 사고는 독서로 구체적 경험에 해당합니다. 논리적 사고는 정리로 성찰적 관찰에 해당합니다. 비판적 사고는 토론으로 추상적 가설에 해당합니다. 여기서 말하는 '토론'은 그룹 토론, 교사가 안내하는 토론, 저자와의 토론 등으로 폭넓게 해석합니다. 창의적 사고는 창의로 활동적 실험에 해당합니다.

〈독서교육 사고유형 분류표〉를 제임스 줄 교수가 정리한 뇌의 학습 프로세스에 대입시키면 다음과 같은 그림이 그려집니다.

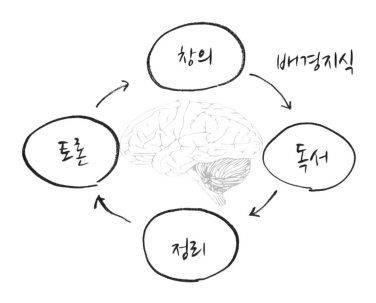

　"초등학교 때부터 거의 종일 책을 읽었습니다. 믿기지 않겠지만 시험 공부는 30여 분, 많아도 1시간가량 소설 읽듯이 훑어보고는 다했다고 하고 방에서 나오곤 했습니다. 다독　하다 보니 독파력과 이해력이 남달랐던 것 같습니다." BTS를 탄생시킨 방시혁 대표의 아버지 방극윤은 어린 시절의 그를 이렇게 회상합니다.

　여기서 말하는 독파력과 이해력이란 뇌의 학습 프로세스가 원활하게 진행되었다는 뜻입니다. 말하자면 책을 읽되 프로세스에 맞게 읽었다는 뜻입니다. 모두 똑같이 읽었지만 같은 결과를 내지 않는 것은 바로 프로세스를 충실히 따랐느냐 그렇지 않느냐에 달려 있습니다. 이 프로세스를 충실하게 따르는 것을 '융합과정'이라고 부릅니다. 이 융합과정은 머릿속에 정보가 들어온다고 자연적으로 움직이는 것은 아닙니다. 얼마간의 노력이 필요합니다.

무턱대고 읽는다고
독서력이 늘지 않는다

무하마드 알리Muhammad Ali는 역사상 최고의 복서라고 불립니다. 그러나 그는 재능을 타고난 선수는 아니었습니다. 권투에서 재능 있는 선수를 식별하는 데 쓰는 특정한 신체 측정 지수가 있습니다. 주먹의 크기, 팔의 길이, 가슴둘레 사이즈 등이지요. 알리는 이 기준에 미달되는 선수였습니다. 스피드는 대단했지만 위대한 권투선수로서의 신체조건에 못 미쳤습니다. 힘과 몸동작도 턱없이 부족했습니다. 그는 권투를 완전히 잘못 배운 선수였습니다. 상대의 펀치를 팔꿈치로 막지 않아 번번이 턱을 노출시켰습니다. 상체를 뒤로 젖히며 주먹을 피하기도 했습니다.

그런 알리를 세계적인 선수로 만든 경기가 있습니다. 모든 경기를 KO로 장식한 세계 챔피언 소니 리스턴Sonny Liston과의 경기였습니다. 소니 리스턴은 신체조건, 체력, 경험 등 모든 면에서 타고난 복서였습니다. 알리가 리스턴을 이긴다는 건 상상조차 할 수 없는 일이었습니다. 7:1로 리스턴의 압도적 우위가 점쳐지자 관객도 경기장 좌석의 절반밖에 차지 않았습니다. 하지만 알리는 탁월한 지능을 가지고 있었습니다. 체력의 한계를 지능으로 뛰어넘은 거죠. 적을 파악한 알리는 상대의 정신적 급소를 공격했습니다. 리스턴의 권투 스타일뿐 아니라 링 밖에서 그가 어떤 사람인지까지 면밀히 관찰했습니다. "나는 그가 인터뷰한 내용을 모두 읽었습니다. 그의 주변 사람들과 이야기를 나누고 침대에 누워서도 그에 관한 모든 걸 생각했지요. 그리고 그의 마음이 어떻게 움직일지 상상해봤습니다." 그리고 알리는 시합에서 리스턴의 허를 찔렀습니다.

알리는 시합 전에 상대를 도발적으로 자극했습니다. "리스턴은 내 입 외에는 아무것도 보이지 않았을 겁니다. 어쩌면 내가 미쳤다고 생각했을지도 모르죠. 하지만 그게 바로 내가 원한 거였습니다." 알리가 리스턴을 물리치자 한 전문가는 이렇게 평가합니다. "링 위에서 알리의 움직임은 완전히 잘못됐어요. 하지만 그의 두뇌는 완벽한 역할을 해냈죠. 그는 얼굴 가득 미소를 띠우고 우리에게 보여줬습니다. 승리는 주먹이 아니라 머리에서 나온다는 걸."

시간이 지나면 저절로 달라지기를 기대하며 독서하는 사람들이 있습니다. 무의식적인 반복으로 한 달에 수십 권을 읽었네, 일 년에 수백 권, 수천 권을 읽었네 하는 이야기도 적지 않습니다. 그런 사람들은 반복해서 책을 읽다 보면 마치 제비가 물어준 박으로 벼락부자가 된 흥부처럼 읽은 내용이 머릿속에서 저절로 깨달음을 줄 것이라고 생각합니다.

하지만 그런 기대는 소용없습니다. 독서는 그렇게 하면 안 됩니다. 그렇게 하는 독서가 아무 소용없다고 이야기하는 것은 아닙니다. 여가시간에 취미로 쉬엄쉬엄 책을 읽는 것이 좋다면 그렇게 해도 괜찮습니다. 하지만 만약 시험을 보든, 면접을 준비하든, 어떤 목적을 가지고 독서하고 있다면 그런 방식으로는 절대 성공할 수 없습니다.

최고의 인재는 생각하는 능력에 의해 길러집니다. 하워드 가드너, 플레밍, 데이비드 콜브, 제임스 줄 등의 세계적인 뇌과학 전문가들과 한국교육학술정보원은 정확하게 같은 방향을 가리키고 있습니다. 다중지능을 적절하게 활용할 수 있는 '융합교육'이 필요하다는 것이죠. 독서를 강조하는 것은 여기에 포함되는 문제라고 볼 수 있습니다.

2020년부터 적용되는 '2015년 개정 교육과정' 어떻게 달라지나

이제 이 석학들의 연구가 우리나라 개정교육과정에 어떻게 반영되었는지를 살펴볼 시간입니다. 2009년 개정교육과정이 '창의적인 인재 양성'을 목표로 한다면, 2015년 개정교육과정은 '창의융합형 인재 양성'이 목표입니다. 키워드는 '융합'입니다. 이를 위해 인문·사회·과학기술에 대한 기초 소양을 길러야 합니다. 교수 학습 및 평가 방법도 개선됩니다. 학문의 융복합을 강조하는 시대적 요구를 반영한 것입니다.

2015년 9월 교육부가 고시한 '2015년 개정교육과정'은 2020년부터 모든 학년에 적용됩니다. 문과와 이과로 나누지도 않습니다. 융합을 통해 모든 학생들이 인문·사회·과학기술에 대한 기초 소양을 함양하기 위해서입니다. 인문학적 상상력과 과학기술 창조력을 갖춘 창의융합형 인재로 성장할 수 있도록 교육의 근본적인 패러다임을 바꾼 것이죠.

<개정교육과정의 특징>

1. 문·이과 통합 교육
2. 학습량 최대 20%까지 감소
3. 참여형 수업 활성화
4. 서술형, 논술형 평가 강화

먼저 기초 소양 함양 교육이 초·중·고 교육 과정에서 전반적으로 강화됩니다. 특히 고등학교에서는 문·이과 구분 없이 모든 학생이 배우는 공통과목이 도입됩니다. 공통과목에는 국어와 영어, 수학뿐만 아니라 한국사와 통합 사회, 통합 과학, 과학 탐구 실험 등이 포함됩니다.

'융합' 외에도 교과별로 꼭 배워야 할 핵심 개념과 원리 중심으로 학습하고 최대 20%까지 학습량을 줄이도록 하는 선택과 집중 역시 이번 교육 과정의 목표입니다. 적은 양을 깊이 있게 가르쳐 심층적인 학습이 이루어지도록 하는 국제적인 교육 트렌드를 반영한 것입니다. 특히 앞으로 교수·학습은 단편적인 지식의 암기를 배제하고 핵심 개념과 일반화된 지식에 대해 깊이 있게 이해하는 데 중점이 맞춰지게 됩니다. 또한 실험, 관찰, 조사, 실측, 수집, 노작, 견학 등 학생들이 직접 체험하고 경험을 통해 지식을 터득할 수 있는 기회가 더욱 많아집니다.

이와 함께 교과 특성에 맞는 다양한 학생 참여형 수업을 활성화해 자기주도적 학습능력을 길러 학습의 즐거움을 경험하도록 하고, 평가에서도 결과보다는 과정을 중시하는 방향으로 바뀝니다. 평가는 교과의 특성에 맞게 서술형과 논술형 평가 및 수행 평가의 비중이 늘어날 것으로 전망됩니다. 따라서 독서가 더 중요해질 수밖에 없습니다.

1. 문·이과 통합 교육

(1) 문·이과 통합형 교육

현재도 공식적인 문, 이과 구분은 없습니다. 다만, 대학의 문과, 이과가 구분되어 있는 입시제도에 따라 학교에서 편의상 구분했던 것입니다. 이렇듯 모호했던 것을 2015년 개정교육과정에서는 문·이과 구분을 아예 없애겠다고 공언했습니다. 가장 눈에 띄는 것은 학생들에게 인문학적 상상력과 과학기술 창조력을 갖춘 교육을 제공하겠다는 것입니다. 인문·사회·과학기술의 기초를 배워 창의융합형 인재로 성장할 수 있도록 하는 것이죠. 학습방법도 개선됩니다. 단편 지식을 배우기보다 토의·토론 수업, 실험·실습 활동 등 학생들이 수업에 참여하는 비중을 높였습니다. 공통 과목이 신설된 것도 주목할 만합니다. 문과든 이과든 어느 영역으로 진로 진학을 결정하든 상관없이 인문·사회·과학기술에 관한 기초를 배우는 것이죠. 학생들은 공통 과목을 바탕으로 진로와 적성에 따라 다양한 선택 과목을 이수할 수 있습니다. 신설되는 공통 과목에는 국어, 수학, 영어, 사회, 과학, 한국사가 포함됩니다.

(2) 수능 시험과의 연계

'2015 문·이과 통합형 교육 과정'은 2018학년도 고등학교 1학년부터 적용되므로, 수능은 2021학년도부터 적용됩니다. 이 내용은 2015년 교육과정 고시와 함께 대입제도 개선 관련 정책 연구를 수행하여 2017년에 확정/발표되었습니다.

2. 학습량 최대 20%까지 감소

(1) 새 교육과정 적용

학습량이 줄어드는 대신 학생들이 활발하게 수업에 참여할 수 있도록 토론 학습, 협력 학습, 탐구 활동, 프로젝트 학습 등 교과 특성에 따라 다양한 교수/학습이 적용됩니다. 구체적으로 살펴보면 다음과 같습니다.

초등학교는 1~2학년의 수업을 1시간 늘려 체계적인 안전 의식 고취 및 재난 대비 기초 소양 함양 교육에 필요한 환경을 조성합니다. 누리 과정 이후 초등학교에 입학하는 학생들에게는 교과별 교육 과정을 연계합니다.

중학교는 자유학기제를 강화합니다. 경쟁 중심의 학교 교육에서 벗어나 함께 문제를 해결하고 자신의 꿈과 끼를 살린 다양한 교육 활동의 기틀이 마련됩니다. 학교는 과목별 특성에 따라 집중 이수제를 자율적으로 운영하게 됩니다. 학생들의 학습 경험의 질을 향상시키기 위해서입니다.

고등학교에서는 공통 과목 이수 후 진로와 적성에 따라 다양한 과목을 선택 이수합니다. 단순히 문과와 이과로 구분되는 기존 방식에서 탈피하여 자신의 진로에 따라 과목을 선택할 수 있게 됩니다. 교육부에서는 진로에 따른 과목 편성 안내서를 제공할 예정입니다.

(2) 자유학기제

학생들이 학습에 흥미를 느끼고 재미있는 학교생활이 될 수 있도록 자유학기제를 강화합니다. 이를 위해 국어, 수학, 사회, 과학, 영어 등 주요

교과의 학습 내용을 참여와 협력학습으로 조정합니다. 구체적으로 살펴 보면, 중학교 교육 과정 한 학기는 '자유학기'로 운영합니다. 자유학기 기 간 중에는 해당 학기에 배당된 교과 시간의 일부를 자유학기 취지에 맞 는 다양한 탐구 및 체험 활동을 위해 활용할 수 있습니다. 자유학기 기간 은 창의적 체험 활동과 연계하여 운영할 수도 있습니다. 자유학기 기간 중의 평가는 중간고사 및 기말고사 등의 지필고사는 실시하지 않습니다.

3. 참여형 수업 활성화

(1) 인문학적 소양 교육 과정

문학 교육을 이론식에서 감상식으로 전환합니다. 이른바 인문학적 요 소를 강화하겠다는 것입니다. 국어의 경우 인문 고전 읽기 교육을 강화 하고 토론 교육을 활성화합니다. 체육의 경우 단순히 스포츠를 배우던 방식에서 벗어나 스포츠가 인간과 문화에 미치는 영향 등을 배웁니다. 음악과 미술에서는 예술적 감수성과 심미안을 계발하는 감상형 실습형 교육으로 바뀝니다. 기술·가정의 경우도 체육과 마찬가지로 기술·가정 등의 기능을 이해하는 데 그치지 않고 인류에게 기능이 미치는 영향으 로 확대하여 배웁니다.

(2) 과학기술 소양 교육

기존에는 화학, 물리, 지구과학, 생물로 구분했던 과학이 대주제 중심 으로 융합/복합적 사고가 가능하도록 엮어서 배웁니다. 가령 고등학교에 서는 '통합 과학과 과학 탐구 실험' 과목을 개발하여 실험 중심 수업으로 운영하는 것이죠. 세계적인 추세에 발맞추어 소프트웨어 교육도 활성화합니다. 기존의 컴퓨터 교육이 아닌 코딩 중심의 교육입니다. 이공계 진로를 계획하는 학생들을 위해서는 일반 선택 및 진로 선택 과목을 보강할 계획입니다.

4. 서술형, 논술형 평가 강화

(1) 통합 사회

신설되는 통합 사회는 초등학교와 중학교 사회의 기본 개념과 탐구 방법을 바탕으로 지리, 일반 사회, 윤리, 역사의 기본적 내용을 대주제 중심으로 통합한 과목입니다. 사회 현상을 종합적으로 이해하는 것을 목적으로 합니다. 사회현상을 통합적으로 이해할 수 있는 대주제를 선정하여 사회 현상의 특징, 사회 문제의 발생 원인과 해결 방안, 자연과 인간 삶의 조화, 사회적 갈등 해결 방안 등을 도출하게 됩니다. 따라서 소주제 중심의 단답형 평가가 아닌 대주제 중심의 서술형, 논술형 평가가 예상됩니다.

대주제로는 인간 사회 세계를 바라보는 시각, 행복한 삶의 의미, 자연 환경과 인간의 삶의 관계, 정의와 사회 불평등, 시장 경제와 인간의 삶, 세계화와 인간 생활, 국제분쟁과 평화, 미래와 지속 가능한 삶 등입니다.

(2) 통합 과학

초등학교와 중학교 과학의 기본 개념과 탐구 방법을 바탕으로 현행 물리I, 화학I, 생명과학I, 지구과학I의 30% 정도의 내용과 난이도로 재구조화하여 자연 현상을 통합적으로 이해하는 과목입니다. 자연 현상과 관련된 통합 개념 이해와 미래 사회 대비 핵심 역량을 반영한 대주제를 융합형으로 교육합니다.

핵심 역량으로는 창의적/합리적 문제해결력, 통합적 창의적 사고력, 비판성/개방성/정직성/객관성/협동성, 의사소통능력이 있습니다.

대주제로는 에너지와 환경, 신소재와 광물 자원, 우주, 태양계와 지구, 생명의 진화, 인류의 건강과 과학기술 등이 있습니다. 에너지, 물질, 생명, 우주 등 현대 생활과 밀접한 융합 복합적 주제를 기술, 공학, 예술, 수학 등 다양한 교과와 연계해 이해함으로써 통합적 사고가 가능하도록 교육합니다. 따라서 소주제 중심의 단답형 평가가 아닌 대주제 중심의 서술형, 논술형 평가가 예상됩니다. 결국 국어뿐 아니라 모든 과목을 공부하기 위해 독서를 해야 합니다.

5.
많이 읽는데도 국어도 못하고 서술형 시험에도 약한 아이, 무엇이 문제일까?

　지역센터 사랑의 집에서 만난 재희라는 학생이 있습니다. 재희의 부모님은 둘 다 교사입니다. 맞벌이였기 때문에 엄마는 재희에게 학교가 끝난 후 집에 와서 봐야 할 교육방송의 프로그램과 도서목록을 정해 주었습니다. 부모를 닮아 모범생이었던 재희는 엄마가 추천한 프로그램과 책을 꼼꼼히 보았습니다. 학급 친구들이 드라마나 애니메이션 방송을 이야기할 때 재희는 언제나 다큐멘터리나 추천도서에 대해 이야기했습니다. 덕분에 지식도 쌓였습니다. 학업성적도 나쁘지 않았습니다. 그러던 어느 날 재희의 어머님은 담임선생님과 상담한 후 깜짝 놀랐습니다. 국어 성적이 너무 나쁜데다가 아이의 수행평가가 형편없다는 것입니다. 또한 객관식 시험에는 강한데 서술형 평가 점수가 지나치게 낮았습니다. 재희는 학습의 균형이 깨져 있는 상태였습니다. 정보를 스펀지처럼 빨아들이기는 했지만 그 정보를 활용하는 방법은 전혀 모르고 있었던 것이죠.

　다른 지역센터에는 이와 반대되는 정수라는 학생이 있습니다. 정수가 살던 지역에서는 최근까지도 스피치와 웅변학원이 유행했습니다. 정수는 웅변학원을 오래 다녀서 자세도 좋고 목소리도 훌륭합니다. 선생님이 질문을 하면 가장 먼저 손을 들고 발표를 합니다. 발음도 또렷해서 전달력과 호소력 또한 풍부했습니다. 그러던 어느 날 학교를 마친 정수가 의기소침한 상태로 집에 들어왔습니다. 엄마가 걱정스러운 마음으로 이유를 물어보니 담임선생님에게 수업 진행을 방해하지 말라는 지적을 받았다는 겁니다. 이 두 아이에게는 무엇이 문제인 걸까요.

학습의 불균형이 문제

"배움의 궁극적인 목적은 정보를 올바르게 습득하여 자기만의 방식으로 지식을 창조하는 것이다."

많은 선생님들이 대학시절에 배운 문장입니다. 교직원 연수를 하면서 선생님들에게 재희와 정수의 사례를 소개하면 대부분 정수와 같은 학생을 선호하십니다. 반 분위기를 밝게 하고 적극적이기 때문이죠. 그렇다면 재희만 문제가 있고 정수는 그렇지 않을까요?

재희와 정수는 둘 다 문제가 있습니다. 그것도 아주 심각한 문제죠. 재희의 경우를 '정보 습득형', 정수의 경우를 '생각 표출형'이라고 합니다. 두 학생 모두 '정보를 올바르게 습득'하는 것과 '지식을 창조'하는 과정 간에 연계가 이루어지지 않았습니다.

학습 태도

학습태도	정보 습득형	생각 표출형
현상	경험과 정보만 습득함	생각의 표현이 강함
문제점	•수동적임 •질문과 표현을 안 함	•적극적임 •질문과 내용에 핵심이 없음
진단	•감각과 기억을 담당하는 뇌만 사용 •정보는 있지만 지식을 만들지 않음	•아이디어와 운동피질과 관련 있는 뇌만 사용함 •아이디어는 많으나 견고하지 않음
해결 방안	**심화학습을 위한 융합과정 필요** •과거에서 미래로 전환 과정 필요 •외부에서 내부로 전환 과정 필요 •학습권의 전환 과정 필요	**학습 프로세스 훈련 필요** •정보를 수집하고 정리하는 훈련 과정 필요 •자신만의 생각을 정리하는 과정 필요

재희는 정보 습득, 즉 입력에 대한 방법은 배웠지만 생각 표출, 즉 출력에 대한 방법은 배우지 못했습니다. 정수는 무언가를 표출하려는 노력과 창의적인 의도는 있었지만 정보 습득에 대한 방법을 고민하지 않았습니다. 이런 것들이 문제로 느껴지지 않는 이유는 대게 한 반에는 한두 명의 똑똑한 학생들이 있기 때문입니다. 그런 학생들의 잘하는 모습만 보면 부족한 학생들의 문제점을 찾아내기 어려워집니다.

흔히 이런 차이를 성격 탓으로 돌립니다. 영어를 못하는 한국인을 보고 '아, 이 한국 사람은 참 내성적이구나'라고 생각하는 미국인처럼 말이죠. 내성적인 게 아닙니다. 영어를 몰라서 못하는 겁니다. 서양인들이 모두 외향적인 게 아니라 그저 영어에 능통한 것뿐입니다. 학교에서도 재희 같은 아이는 소극적인 아이로, 정수 같은 아이는 적극적인 아이로 생각하고 넘어갑니다.

그러나 이 두 학생은 학습의 균형이 깨진 상태입니다. 재희는 정보를 습득하는 '입력'이 학습이라고 생각했습니다. 정수는 생각을 표출하는 '출력'이 학습이라고 생각했습니다. 자신에게 편한 방법만 사용했던 것이죠. 재희와 정수의 뇌 속 활동을 들여다보기 위해 앞에서 소개했던 뇌의 학습 프로세스를 살펴보겠습니다.

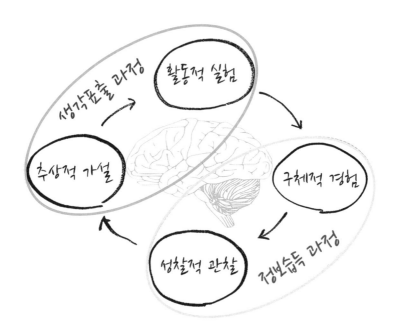

'구체적 경험'은 여행을 가거나 책을 읽거나 수업을 듣는 경우 시작됩니다. 배운 내용을 과거의 경험에 비추어보면 '성찰적 관찰'이 됩니다. '구체적 경험'과 성찰적 관찰'이 바로 정보습득 과정입니다. 글이나 말 같은 표현과 관련된 '추상적 가설'과 '활동적 실험'은 생각표출 과정입니다.

학생의 머릿속에는 정보를 받아들이고 지식을 생산하는 과정이 동시에 이루어집니다. 중간고사, 기말고사 등 학생의 평가에 급급한 현행 교육 체계에서 이 두 과정을 연계시키는 것은 매우 어렵습니다.

정보습득과 생각표출 과정이 단절되는 경우는 어떤 것이 있을까요? 교과서의 내용을 충분히 이해하지 못한 상태에서 문제집만 주구장창 풀고 중간고사와 기말고사를 보는 것입니다. 책을 읽지 않고 토론에 참여하는 경우도 마찬가집니다. 교과서를 열심히 읽고는 문제집을 풀지 않고 시험을 보거나 책만 열심히 읽고 글쓰기나 토론활동으로 정리하지 않는 경우도 정보습득과 생각표출 과정이 연결되지 않습니다.

재희의 뇌는 구체적 경험과 성찰적 관찰에 해당하는 '정보 습득' 과정만 진행했습니다. 정수의 뇌는 추상적 가설과 활동적 실험에 해당하는 '생각 표출' 과정만 진행했습니다.

뇌를 폭넓게 사용하는 융합 과정

뇌의 학습 프로세스는 다시 외부 프로세스와 내부 프로세스로 구분할 수 있습니다. 외부 프로세스는 '구체적 경험'과 '활동적 실험'을 말합니다. 구체적 경험은 외부로부터 정보를 받아들이는 것이고 활동적 실험은 배운 지식을 외부로 표출하는 과정입니다. 내부 프로세스는 '성찰적 관찰'과 '추상적 가설'을 말합니다. 배운 지식을 기존에 알고 있는 지식과 비교하거나 나름대로 생각을 정리하는 과정입니다.

뇌의 학습 프로세스를 〈독서교육 사고유형 분류표〉로 옮겨보겠습니다. 외부 프로세스는 '창의와 독서'이고, 내부 프로세스는 '정리와 토론'

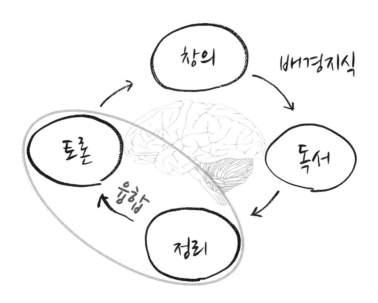

입니다. 창의를 독서로 연결하는 과정은 '배경지식'이고, 정리를 토론으로 연결하는 과정은 '융합'입니다.

어릴 때부터 읽은 책이 수능 지문으로 출제되었는데 어렵게만 느껴지는 이유는 이 융합 과정을 거치지 않았기 때문입니다. 저는 학창시절에 홍자성의 『채근담』이라는 책을 여러 번 읽었습니다. 책 내용이 좋아서 그랬다면 좋겠지만 안타깝게도 읽었는지를 몰라서 또 읽은 것이었습니다. 마지막 장에 가서야 '아, 이거 읽었던 책이네'라고 머리를 긁적이곤 했습니다. 정리해 두지 않고 눈으로만 슬쩍 읽은 책은 기억에 오래 남지 않습니다. 배우고 습득한 정보를 활용하기 위해서는 융합 과정이 반드시 필요합니다.

많은 학생들이 독서를 하고 나면, 정리까지는 합니다. 책에 한정된 정보만 기록하는 것입니다. '추상적 가설'은 정리한 것을 주변 생활이나 역사 혹은 다른 책과 연결하는 '토론' 과정에서 발생합니다. 이때의 '토론'은 그룹토론, 교사와의 토론 혹은 저자와의 토론을 말합니다. 이를 통해 문제제기, 비판하기, 반성하기, 평가하기 등의 융합 독서가 가능합니다. '성찰적 관찰_{참여}'에서 '추상적 가설_{이론}'로 연결하는 융합을 위해서는 다음의 세 가지 과정이 필요합니다.

과거에서 미래로 전환

첫 번째는 과거에서 미래로 전환 과정이 필요합니다. 외부로부터 들어오는 정보는 뇌의 입장에서는 과거 정보입니다. 과거의 정보가 미래로 전환되는 것은 뇌의 역할에 달렸습니다. 책을 읽으면 구체적 경험이 일어납니다. 이미 읽었던 다른 책과 비교하는 것은 성찰적 관찰입니다. 관찰을 통해 나의 생각을 정리하는 것이 추상적 가설입니다. 깊이 읽기, 슬로리딩 등의 정독을 할 때 뇌에서 일어나는 프로세스입니다. 요약집이나 줄거리 등을 읽는 주입식이나 암기식 수업만으로는 이 프로세스가 제대로 이루어지지 않습니다.

습득하는 새로운 지식과 경험은 아이디어를 만드는 재료가 됩니다. 칡뿌리를 캐내듯 한 권 한 권 집어 들면서 얼마든지 아이디어를 얻을 수 있습니다. 세상에는 호기심을 자극하는 대상이 한없이 많으므로 대상을 옮겨가며 호기심의 영역을 넓혀 갈 수도 있습니다. 공부하는 학생 입장에서 혼자서도 즐거움을 누릴 수도 있으니 독서는 장점을 가지고 있습니다. 야구나 농구를 하려면 팀이 필요합니다. 축구를 즐기려면 본인 외에 스물한 명까지는 아니라도 열댓 명, 적어도 서너 명은 모여야 합니다. 또 축구공과 골대도 필요하고, 경우에 따라서는 엄청나게 넓은 장소가 확보되지 않으면 제대로 즐기기 어렵습니다. 독서는 장비도 필요 없고, 어디로 나갈 필요도 없고, 누구와 상의할 필요도 없으며, 내키는 대로 언제 어디서나 가능합니다. 전자책e-book까지 있어서 요즘은 원하기만 하면 누구나 밤낮 없이 원하는 책을 읽을 수 있습니다.

더구나 체력도 거의 문제가 되지 않습니다. 남녀노소 누구나, 심지어 환자라도 대개는 책을 읽고 즐길 수 있습니다. 피곤하다면 쉽고 재미있는 책을 고르면 됩니다. 더구나 돈이 별로 들지도 않습니다. 책값이 비싸졌다고는 하지만 편의점 군것질만 며칠 참으면 어느 책이나 살 수 있습니다.

유튜브가 대세로 떠오르면서 영상 정보가 문자 정보를 몰아내는 시대가 왔다고 말하는 사람이 있습니다. 영상 정보란 시각적 정보입니다. 가령 친구의 얼굴 사진이나 동영상을 인스타그램에 올리는 것도 영상 정보입니다. 사람의 얼굴을 언어로 콕 집어 표현하는 것은 쉬운 일이 아닙니다. 반면 사진은 수백 단어, 아니 아마 수천, 수만 단어에 해당하는 정보를 단번에 전할 수 있다는 장점이 있습니다.

그러나 "어제는 스테이크를 먹었다, 내일은 햄버거를 먹을 것이다"라는 한 문장에 불과한 정보는 전하지는 못하죠. 사진이나 동영상은 인물의 현재 정보일 뿐 과거와 미래는 표현할 수 없습니다. 영상 정보와 언어를 통한 문자 정보는 서로를 보완하는 관계입니다. 몰아내거나 대신하는 대체물이 아니라는 말이죠. 문자 시대 뒤에 영상 시대가 온 것이 아니라 문자 정보에 영상 정보가 가세했을 뿐입니다. 양쪽 다 즐길 수 있는 능력을 갖추면 됩니다. 앞서 재희의 사례처럼 영상 정보에만 너무 의존하다 보면 문장을 써내려가거나 말을 조리 있게 해내는 표현력이 부족해집니다. 무분별한 정보는 융합을 일으키지 못합니다. "우리는 우리가 읽은 것으로 만들어진다"는 독일 작가 마틴 발저Martin Walser의 말처럼 습득한 정보를 자기 것으로 만드는 노력이 필요합니다.

외부에서
내부로 전환

두 번째는 외부에서 내부로 전환 과정이 필요합니다. 외부의 정보가 들어오면 내부로 균형 있게 전달해야 합니다. 정보의 수용자에서 표현하는 생산자로 바뀌는 것이죠. 이 과정은 노트에 글을 쓰는 것과 비슷합니다. 작가는 우리 자신입니다. 3D[16] 디자이너로 유명한 카이스트의 배상민 교수는 자신이 가진 창의력의 비결을 '기록'이라고 소개합니다. 평소에 생각을 정리해 두는 습관이 중요하다는 것이 배 교수의 생각입니다. 모든 고민에 대한 해결방법은 한순간에 떠오르지 않기 때문이죠.

『난중일기』나 『고흐의 편지』 등 위대한 사람들이 남겨놓은 편지나 일기들을 볼 때마다 흥미로운 것은 대부분이 큰 업적을 남기고 유명해지기 훨씬 전부터 자신의 삶에 대한 기록을 시작했다는 점입니다. 혹시 이렇게 날마다 기록을 남겼기에 성공할 수 있었던 것은 아닐까요. 어쨌거나 기록은 긍정적인 생각들을 오래 유지되도록 해주는 좋은 도구입니다.

초등학교 저학년 때부터 독서노트를 쓰기 시작했던 정민이는 5학년 때 읽은『우리들의 일그러진 영웅』이 워낙 강렬하게 기억에 남아서 더 꼼꼼히 기록했습니다. 한 교사의 사례 발표를 통해 그 아이의 노트를 본 적이 있는데, 엄석대를 자신 그리고 친구들과 구체적으로 비교했던 내용이 인상적이었습니다.

"나도 5학년 1학기에 엄석대처럼 우리 반 회장이었다. 나는 자신감도 용기도, 리더십도 없다. 그래서 내가 회장인데도 하는 일은 선생님 심부름이 전부였다. 엄석대는 게으른 선생님 덕분에 왕처럼 굴었다. 나는 이런 엄석대가 대단하다고 생각되기도 했고, 한편으로는 나쁘다는 생각도 들었다. 엄석대는 대범하고 머리를 잘 쓰며 일처리를 잘하는 아이로 보인다. 거기다 반 친구들이 인정하는 대장이라니 그 당당함이 어떤 어른보다도 더 크게 느껴졌다. 그러나 그 내용을 자세히 읽어보면 반 친구들을 마음대로 부려먹고, 말도 안 되는 이유로 물건을 뺏고 대접을 받는다. 책을 다 읽고 나니 왠지 책 제목이 참 멋지다는 생각이 들었다. 또 책 제목이 모든 걸 다 말해 주는구나 싶기도 했다. '우리들의 일그러진 영웅'

영웅은 누구나 다 우러러보는 큰일을 한 사람인데 일그러졌다니 작가의 글 짓는 능력이 대단하게 느껴지는 제목이다. 나는 우리 반에서 회장이었지만 영웅도 아니었고 일그러지지도 않았다. 반대로 회장은 아니지만 엄석대 같은 친구를 가끔 보기도 한다. 우리 반 민석이가 그렇다. 민석이가 이 책을 읽는다면 어떤 생각을 할까? 엄석대처럼 리더십 있고 좋은 머리를 가진 친구들이 좀 더 좋은 일에 관심을 가졌으면 하는 바람이다."

한참 후에 그 교사로부터 정민이가 논술로 원하던 대학에 입학했다는 소식을 들었습니다. 교사는 제게 이렇게 말씀하시더군요.

"글쎄 정민이가 독서노트에 기록했던『우리들의 일그러진 영웅』에 대한 이야기가 논제로 나왔다지 뭐예요. 정민이는 그때의 경험을 바탕으로 최근 이슈를 연결해 논술문을 작성했는데 글쎄 합격이랍니다."

학습권의 전환

세 번째는 학습권의 전환 과정이 필요합니다. 20세기 초 프랑스 파리에 살던 알프레드 비네 Alfred Binet 는 IQ테스트를 개발했습니다. 공립학교에 적응하지 못하는 아이들을 선별하여 맞춤형 교육 프로그램을 제공하기 위해서였죠. 비네는 아이들의 지적 능력에 개인차가 있다는 점은 인정했지만, 교육과 연습으로 개선할 수 있다고 믿었습니다.[17] 그러나 아무리 훌륭한 교육을 받고 열심히 연습하더라도, 수동적인 태도라면 바뀌지 않습니다.

셀 실버스타인 Shel Silverstein 의『아낌없이 주는 나무』를 떠올려 보겠습니다. 주인공이 어린아이였을 때는 나무 하나면 충분했습니다. 나뭇잎을 모아 왕관을 만들고, 나뭇가지로 그네를 타고 마음껏 놀았죠. 스무 살이 되자 소년에게는 나무보다 돈이 필요했고 나무는 돈을 만들라고 사과를 따게 했습니다. 마흔 살이 되자 소년은 집이 필요했고 나무는 집을 지으라고 가지를 잘라주었습니다. 예순이 되자 소년은 사업을 위해 배가 필요했고 나무는 배를 지으라고 몸통을 내주었습니다.

나무는 소년의 문제를 해결해 주었지만 소년은 결국 빈털터리로 나무에게 돌아왔습니다. 나무에게 손을 빌리고 투덜거리는 수동적인 태도로는 아무것도 개선할 수 없습니다. 받기만 하면 자신이 처한 상황을 극복하는 능력은 점점 위축되다가 마침내 완전히 사라져 버리게 됩니다.

소년에게 필요한 것은 상황을 개선하겠다는 확고한 의지였습니다. 해결책은 나무라는 외부에서 오는 것이 아니라, 소년의 내부에서 나옵니다. 마찬가지로 문해력과 독서력은 선생님의 설명이나 교육이 아니라 자기주도적 몰입에서 나옵니다.

독자와 작가는 책을 통해 만납니다. 책을 읽어내는 독자는 작가의 관점에서 시작하여 자신만의 시선을 통해 세상을 읽게 됩니다. 같은 책을 읽어도 주도적이냐 수동적이냐에 따라 달라집니다. 학습방식에 따라 사고방식도 변하기 때문입니다. 독서는 자기주도적일 때 지속 가능합니다.

다음의 네 가지 수준을 통해 아이의 읽기 주도성을 점검해 보시기 바랍니다.

읽기 주도성 점검하기

(1) 스스로 읽는 수준

누구의 도움도 받지 않고 혼자 읽을 수 있는 수준입니다. 읽는 글에 나오는 단어의 90~95% 이상을 알고 있고, 부담 없이 읽어낼 수 있는 수준입니다. 보통 이 수준은 모르는 단어를 찾아 읽지 않아도 되므로 아무 부담 없이 잘 읽을 수 있습니다. 예를 들어 5학년인 학생이라면 한 학년 아래의 4학년 권장도서는 혼자서도 읽을 수 있습니다. 그러나 자신의 학년보다 낮은 수준의 책만 읽으면 너무 쉬워서 흥미를 갖지 못하는 경우가 많습니다.

(2) 학습 가능한 읽기 수준

가끔 선생님이나 사전의 도움을 받기는 하지만 크게 부담을 느끼지 않는 수준입니다. 단어는 30~40% 정도를 알고, 큰 문제없이 읽어낼 수 있는 수준입니다. 간혹 독해력이 부족할 때는 선생님 등의 도움을 받으면 됩니다. 예를 들면 5학년 학생이 5학년 권장도서를 읽으면 그 학생은 자기 수준에 잘 맞는다고 봅니다. 이런 경우는 학생이 독서에 도전하고 싶고 공부도 하려고 듭니다.

(3) 힘든 읽기 수준

누구의 도움을 받더라도 책의 수준이 너무 높아서 읽는 데 크게 부담을 느끼는 수준입니다. 단어를 30% 미만으로 알고 있기 때문입니다. 읽기에 부담을 느껴 설명을 해주어도 잘 알아듣지 못합니다. 예를 들면 5학년 학생의 수준이 3학년 정도밖에는 안 되는데, 이 학생에게 5학년 수준 이상의 책을 준다면 책읽기를 싫어할 뿐만 아니라 공부에 자신감을 잃게 됩니다. 이 수준에 오래 머물수록 공부하려는 태도, 동기 유발 등이 저하되어 점점 공부하기가 어려워집니다.

(4) 잠재적 읽기 수준

학생이 잠재적으로는 능력을 가지고 있는데, 아직 그 잠재력이 개발되지 않은 상태입니다. 예를 들어 5학년 학생의 독서능력을 측정해 봤더니 3학년 수준밖에 안 된다면 2년이라는 능력이 아직 발달되지 않은 상황입니다. 이런 경우 '못하는 학생'과 '안 하는 학생'이 있을 수 있습니다. 비록 읽기능력이 3학년이더라도 교우관계나 다른 과목의 성취도를 봤을 때 잠재능력이 5학년 수준이라면, 안 해서 못하는 것이지 능력이 없어서 못하는 것은 아닙니다. 이런 경우는 3학년 수준의 책부터 읽혀 독서에 대한 습관을 들일 필요가 있습니다.

6.
어릴 때부터 읽은 책이
수능 지문으로 출제되었는데,
왜 어렵게만 느껴질까?

인간은 망각의 동물입니다. 고3때 밤새도록 외운 수학공식이 하나도 떠오르지 않는 걸 보면 사람의 기억력이 얼마나 믿을 게 못 되는지 알 수 있습니다. 기억한 것을 잊어버리는 특성은 검색엔진이나 알파고 제로Alpha Go Zero와 같은 인공지능에는 없는 인간만이 가진 장점이자 단점이죠.

가물가물한 기억력이 장점이 되는 경우가 있습니다. 조금 전까지 울고불고 싸우던 두 아이가 저녁 먹는 식탁 앞에서는 언제 그랬느냐는 듯이 낄낄거리며 웃고 떠듭니다. 언짢았던 다툼이 잊히지 않는다면 아이들은 같은 식탁에서 밥을 먹으며 평생을 서로 말도 안 하며 살게 될지도 모릅니다. 그렇다면 단점은 어떤 것이 있을까요? 예를 들어 중학교 때 배운 내용을 대학교에 가면 잊어버리는 경우나 세무사 자격증을 따기 위해 힘들게 공부한 지식을 세무사가 되자마자 잊어버리는 것도 잊기의 단점입니다.

어릴 때 읽은 책이 수능 지문으로 출제되었는데 왜 어렵게만 느껴질까요? 읽으면서 생각덩어리를 만들어내지 못했기 때문입니다. 강연을 하다

보면 어차피 잊어버리게 되는데 왜 그렇게 열심히 독서해야 하느냐고 묻는 분들이 계십니다. 저는 '생각을 만들기 위해서'라고 답해 드립니다. 더 정확하게 말하면 생각덩어리를 만들어내기 위해서입니다. 독서를 제대로 한다면 통찰과 성찰을 주는 생각덩어리가 만들어집니다. 이 생각덩어리를 만들어내지 못하면 독서능력이 학업능력을 끌어올리기 어렵습니다.

생각덩어리를
발달시키기 위해

요즘 중·고등학생들의 키는 부모님보다 더 큽니다. 저 역시 아버지보다 큽니다. 우리나라 사람의 평균 신장은 100년 전보다 남자는 무려 15센티미터, 여자는 20센티미터 가량 커졌습니다.[18] 커진 이유는 영양의 질과 균형이 발달했기 때문이라고 합니다. 세계적인 뇌 과학자인 라만찬드란 Vilaynur S. Ramachandran 박사는 여기에 착안을 하여 신장이 커진 만큼 인간의 뇌도 발달했다고 주장합니다. 뇌를 발달시키는 것은 영양분만 있는 것은 아닙니다. 운동으로 근육을 단련시키듯, 뇌는 스스로 생각덩어리를 키울 수 있습니다.

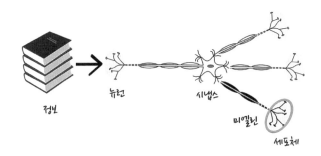

정보 → 뉴런 / 시냅스 / 미엘린 / 세포체

태어날 때부터 머릿속에는 수많은 뉴런이 존재합니다. 세 살 정도만 되면 스무 살 성인 뇌의 80퍼센트가 형성되어 있습니다. 책을 읽거나 공부를 하면 뇌가 자극을 받습니다. 자극은 저장할 곳을 찾거나, 이미 알고 있는 정보와 결합하여 뉴런이 됩니다. 새로운 뉴런이 만들어지고, 뉴런끼리 연결되어 시냅스가 됩니다. 그리고 뉴런은 연장과 연결을 반복합니다.

반복하는 동안 기존 지식에 새로운 지식이 추가됩니다. 프랑스 파리에 관한 책을 읽고 파리에 여행을 가고 파리가 등장하는 영화를 보면서 파리에 대한 정보가 쌓이면 정보층이 두터워진 '파리 뉴런'에는 미엘린이라는 물질이 생깁니다. 뉴런을 감싸는 미엘린은 전선으로 말하면 피복과 같습니다. 자극을 반복적으로 받으면 미엘린이 뉴런의 표면을 감쌉니다. 전선의 피복으로 전기 신호가 덜 유실되고 전압은 더 강하게 전달되듯 정보는 뉴런을 타고 더 확실하고 빠르게 이동합니다. 뇌는 정보를 깊이 받아들일수록 단련되고, 성장하고, 발달됩니다.

독서는 자발성이 필요한 고도의 학습과정입니다. 학창시절에 "물은 100°C에서 끓고 0°C에서 언다"고 배운 과학시간을 떠올려보겠습니다. 그런데 그 내용에 대해 뇌에 보내는 신호의 정확도는 사람마다 차이가 있습니다.

교과서는 물론이고 『과학, 철학을 만나다』장하석 저와 같은 책을 참고해가며 녹는점과 끓는점의 차이를 다른 사람들에게 설명할 수 있을 정도로 깊이 이해하는 학생이 있습니다. 반면에 두 개념을 대강 이해한 뒤 100°C에서 끓고 0°C에서 언다는 결론만 보고 넘어간 학생도 있습니다. 당연히 이 두 사람의 뉴런을 감싸는 미엘린의 두께는 다릅니다.

어쩌면 두 학생 모두 내신 성적에서는 만점을 받았을지도 모릅니다. 중요하지 않아서 가볍게 읽은 내용을 구태여 정확하게 신호를 보내야 할 필요성을 느끼지 못했을 수도 있습니다. 하지만 같은 점수라고 하더라도 두 사람의 실력은 절대 같지 않습니다. 이번 시험에서 실력의 차이가 드러나지 않았을 뿐입니다. 만약 문제가 어려웠다면 당장 점수에서 유의미한 차이가 났을 것입니다. 수능에서 해마다 문제의 난이도가 높아져 '불수능'이 화제가 되었는데, 불수능에서는 분명 점수가 달라질 것입니다.

사람들은 잘하는 아이들이 모인 그룹에 속해 있거나 당장 점수가 잘 나오면 기뻐하지만 그건 잘못된 태도입니다. 가벼운 지식으로도 성적이 괜찮았다면 그저 운이 좋았을 뿐이라고 생각해야 합니다. 결국 성과는 자신의 진짜 실력에 비례하기 때문입니다.

문제가 어렵게 출제되고, 보다 능력 있는 사람들이 모인 집단에 속하고, 상급 학교로 올라갈수록 실력의 차이가 드러나기 마련입니다. 초등학교 때는 공부를 좀 하는 축에 속했는데 고등학교에서 무너지는 친구를 본 적이 있을 것입니다. 중학교 때는 하위권이었는데 고등학교 때 두각을 나타내는 경우도 본 적이 있을 것입니다. 정체된 사람과 계속 향상되는 사람의 차이입니다. 매순간 대강 신호를 보낸 사람과 정확하게 신호를 보낸 사람의 생각덩어리는 그렇게 차이가 납니다.

어릴 적 읽은 책을 생각덩어리로 만드는 맥락의 힘

인간의 뇌는 하나의 키워드만을 검색하는 검색엔진과 달리 상황이나 사물을 광범위하게 보고 판단합니다. 불편한 것은 감내하고 불쾌한 것은 넘어가는 등의 너그러운 태도를 유지할 수 있습니다. 가령 '말'이라고 검색하면 수많은 말의 검색 결과가 나옵니다. 검색엔진은 '말'이 언어를 말하는 것인지, 달리는 말을 말하는 것인지, 장기판의 말을 말하는 것인지를 판단하지 못합니다. 그러나 인간은 '나'를 중심으로 글을 봅니다. 이른바 맥락의 힘입니다. 똑같은 정보가 인간의 뇌 속에 맥락을 잡아 저장되어 있다면 되짚어 꺼내는 데에 상당히 큰 힘을 발휘합니다. 다음 문장을 읽어보겠습니다.

"죽는다는 사실을 기억하는 것은 인생에서 중요한 선택을 할 때 가장 필요한 도구입니다. '죽음'은 삶이 발명해낸 최고의 발명품입니다. 새로운 것을 받아들이는 길을 열어주기 위해 헌것을 치워버리듯 삶을 변화시킵니다. 여러분의 시간은 한정되어 있습니다. 다른 사람의 삶을 사느라 시간을 허비하지 마십시오. 시끄러운 타인의 목소리가 여러분의 내면에서 우러나오는 마음의 소리를 방해하지 못하게 하십시오. 다른 것들은 모두 부차적입니다. 제일 중요한 것은 자신의 마음과 직관을 따르는 용기를 갖는 것입니다."

이 문장은 맥락이 없습니다. 논리와 의견으로만 이루어졌습니다. '그래서 어떻다는 거지?'라는 생각마저 듭니다. 머리로는 이해가 되지만 공감하기는 어렵습니다. 이유는 우리 머릿속에 사는 네 사람 때문입니다. 네 사람의 이름은 '모두everyone'와 '누군가someone', '아무나anyone' 그리고 '아무도no-one'입니다.

글을 읽었습니다. 머릿속에 내용이 들어옵니다. 이때 '모두'는 '누군가'

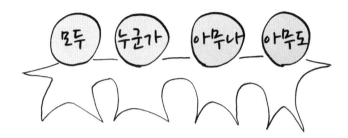

가 틀림없이 그 내용을 기억할 것으로 생각했습니다. 그러나 '아무도' 그 내용을 기억하지 않았습니다. 이를 보고 '누군가'가 매우 화를 냈습니다. 왜냐하면 그건 '모두'가 기억해야 했기 때문입니다. 그러나 결국 '아무나' 기억할 수 있는 일을 '아무도' 기억하지 않았습니다. 따라서 맥락을 집어 넣어야 기억에 남습니다. 정리하고, 토론하고, 폭넓게 생각해서 '나'를 중심으로 받아들이지 않으면 이 네 사람은 서로 미룹니다. 같은 내용을 다르게 표현한 문장을 하나 더 보겠습니다.

"열일곱 살 때 '마지막 날인 것처럼 살아간다면 언젠가 성공할 것'이라는 글에 감동받았습니다. 그 후로 33년 동안 거울 앞에서 "오늘이 마지막 날이라면 오늘 내가 해야 하는 일을 할 것인가?" 물었습니다. 1년 전 시한부 췌장암 판정을 받았지만 세포 분석 결과 드물게 치료 가능한 종류로 판명나 기적처럼 살아났습니다. 죽는다는 사실을 기억하는 것은 인생에서 중요한 선택을 할 때 가장 필요한 도구입니다. 이 같은 경험을 통해 제일 중요한 것은 자신의 마음과 직관을 따르는 용기라는 사실을 알게 됐습니다."

두 번째 문장은 맥락이 있습니다. 사실과 경험이 담겼습니다. 그 경험을 설득력 있게 살렸습니다. 이야기가 그림처럼 그려집니다. 이 두 문장은 모

대치동 독서법

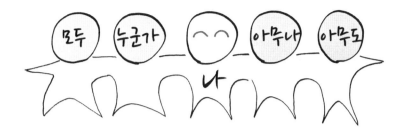

두 스티브 잡스Steve Jobs가 대학 졸업식에서 했던 연설문입니다. 내용은 동일합니다. 그러나 우리 뇌에 머무르는 것은 맥락이 있는 두 번째입니다.

머릿속 네 사람의 방해를 피해 정확하게 한 사람, '나'를 기준으로 작성되었기 때문에 뇌의 학습 프로세스에 기억되기 딱 좋습니다. 한 권의 책을 읽어도 두 번째 문장처럼 맥락이 있어야, '나'를 기준으로 정리해야 생각덩어리로 저장됩니다.

생각덩어리를 만들기 위해서는 주변의 도움도 필요합니다. 방해꾼이 많기 때문입니다. 인터넷을 통해 쉽게 얻는 정보, 수준 차이 나는 형제자매와의 비교, 토론수업 멤버와의 불화가 생각덩어리를 방해합니다. 하나씩 살펴보고 해결방안도 생각해 보겠습니다.

생각덩어리의 방해 요소 1,
쉽게 얻은 정보

아이가 서울로 전학 와서 첫 학기 수업 때 있었던 일입니다. 뜻이 궁금한 속담을 찾아 그 어원을 조사하라는 숙제가 있다고 하더군요. 무슨 속담을 찾을까 고민하기에 저는 별생각 없이 말했습니다. "'낙동강 오리알'

이라는 속담이 어떨까?" 제 질문에 아이가 물었습니다. "그게 무슨 뜻인데요?" "글쎄? 찾아보렴." 인터넷으로 몇 시간을 씨름하고 나서 아이는 낙동강 오리알이라는 속담에 대한 어원을 빽빽하게 적은 상세한 보고서를 완성했습니다. "비교적 최근에 생긴 속담으로 한국전쟁 당시에 만들어졌다! 일본에는 비슷한 속담으로 '후지산 돌멩이'라는 표현이 있다"는 등의 재밌는 내용이 담겨 있는 보고서였습니다.

다음 날 아이는 선생님께 칭찬을 받았다며 검사받은 보고서를 보여주었습니다. 아들이 말합니다. "선생님이 그러시는데, 낙동강은 남한에서 가장 긴 강이래요. 우리나라에서 제일 긴 강은 압록강이구요."

저는 되물었습니다. "그러면 우리나라에서 두 번째로 긴 강은 뭐니?" 아이는 눈을 동그랗게 뜨고는 컴퓨터 앞에 앉아 검색을 시작했습니다. 그리고 얼마 지나지 않아 답을 이야기했습니다. "한강이네요."

인터넷으로 뚝딱하면 정보를 얻을 수 있는 요즘 시대에 흔한 상황입니다. 그런데 이 변화가 우리 생활을 긍정적으로 바꾸었는지 부정적으로 바꾸었는지에 대해서는 의견이 갈리는 것 같습니다.

낙동강에 대한 대화가 있은 지 얼마 후 어머님이 지병으로 거처를 옮기셔야 해서 짐정리를 한 적이 있습니다. 그러다 제가 어릴 적 읽었던 오래된 계몽사 백과사전을 발견했습니다. 'ㄱ' 항목이 있는 권을 뽑아 들고 '강' 부분을 펼쳤습니다. 제가 이미 아이의 보고서에서 읽은 정보도 있고 미처 찾아내지 못한 "유역면적 합계가 200㎢ 이상인 하천을 강이라고 지칭한다"는 정보도 적혀 있었습니다. 그런데 우리나라에서 두 번째로 긴 강이 무엇인지는 나와 있지 않았습니다. 꼼꼼히 읽어 봤지만 백과사전에는 검색 기능도 없었고 '두 번째로 긴'이라는 항목도 없었습니다.

만약 제가 어렸을 때 그 질문을 받았더라면 집에 있는 백과사전을 찾아보고 허탕을 친 뒤에 도서관에 가서 강에 대한 책을 찾아보았을 겁니다. 중학생이 되어서도 답을 찾지 못한 가려움이 희미하게 계속 남아 있는 채로 지냈을 지도 모릅니다. 영화 〈어벤져스〉에 보면 닉 퓨리가 냉동 상태에서 깨어난 캡틴 아메리카 스티브 로저스에게 "가장 놀라운 게 무엇이냐?"고 묻는 장면이 나옵니다. 스티브 로저스는 "인터넷이요"라고 대답하죠. 현대인의 궁금증을 즉시 해결해 줄 수 있는 인터넷의 능력은 분명 대단합니다. 그러나 저는 아이가 숙제하는 모습을 보면서 그 반대일지도 모른다고 생각했습니다.

교육의 목적은 정보를 얻는 데 능숙한 아이들을 만들어내는 것이 아닙니다. 주된 목적은 더욱 아닙니다. 교육은 답을 미룸으로써 아이들에게 훗날 진정한 흥미로 발전될 질문들을 숙성시켜주어야 합니다. 질문에 무엇이건 답을 제공하는 인터넷의 효율성은 '더 가치 있는 것'을 제공하는 데에는 한계를 갖고 있습니다. 인터넷이 정보의 간극을 메우는 만큼 호기심을 차단해 버리기 때문이죠.

많이 읽지만 깊이가 없어서 문제

인터넷에 익숙한 아이들은 확정적으로 답하기 어려운 질문에 대해서도 답을 찾는 데에 익숙해져 있습니다. 검색엔진 때문입니다. 검색엔진은 동일한 조건에서 더 많은 검색을 한 키워드를 정답으로 제시합니다. 검색엔진은 우리가 뇌 근육에 시동도 걸기 전에 궁금증을 풀어줍니다. 그 결과, 우리의 뇌 근육은 퇴화하고 맙니다. 우리가 스마트폰에 저장되어 있는 전화번호를 기억하지 못하는 것처럼 말이죠.

책은 정보를 보여주지 않음으로써 독자로 하여금 질문을 떠올리게 만듭니다. 호기심을 자극하는 것입니다. 영화관에서 옆자리에 앉은 사람이 결말을 말해 버리면 화가 나는 것도 마찬가지입니다. '알지 못함'이 주는 행복한 궁금증이 사라져 버리기 때문이죠.

분명히 읽은 책을 시험문제에서 만나면 머릿속이 까매지는 이유는 줄거리만 읽어나가기 급급했기 때문입니다. 이런 문제를 심화시키는 원흉으로 속독을 지적하는 사람들도 있습니다. 읽은 책을 기억하지 못하는 이유는 호기심이 뿌리를 내려 볼 기회도 없이 사라져 버리기 때문입니다.

올바른 독서는 숙고가 필요합니다. 이 과정이 학생들에게 중요한 이유는 사회에 나가서 마주치게 될 문제들을 해결하기 위해서입니다. 4차 산업혁명과 사물인터넷은 텔레비전의 전원을 스스로 켜고 공기 청정기를 돌려주고 가스레인지를 알아서 꺼주기도 합니다. 구글 어시스턴트나 애플의 시리는 농담도 곧잘 합니다. 아마존 에코는 사람의 기분에 따라 조명도 조절해 주죠. 기술이 발달함에 따라 삶은 더 편해집니다. 하지만 편리해지는 만큼 지나친 기계의존도와 과도한 무관심이라는 대가를 치르게 됩니다.

학습을 하거나 독서를 하는 과정에서는 편안함을 추구하려는 경향이 더욱 두드러지게 나타납니다. 기억하거나 이해하기 어려운 주제의 도전을 받을수록 우리의 뇌는 귀찮아합니다. 신경 쓰려면 더 많은 에너지를 소모해야 합니다. 문학, 역사, 법률 등에 해박했던 에이브러햄 링컨 Abraham Lincoln은 독학으로 공부한 것으로 유명합니다. 아이들과 함께 여러 권의 링컨 전기를 읽었습니다만 그 많은 전기 어디에서도 똑똑하다거나 빠르게 배웠다는 내용은 본 기억이 없습니다. 링컨은 젊은 시절 스스로에 대해 다음과 같이 고백합니다. "느리게 배우는 만큼 일단 한 번 배우면 잊는 것도 느리다. 나의 머리는 아주 강한 쇠와 같아서 무언가를 새겨 넣기는 어려워도 한 번 새기면 지워지지 않는다."

1990년대 초에 캘리포니아대학의 인지과학자 로버트 비요르크Robert Bjork도 비슷한 말을 했습니다. "어렵게 배워야 오래간다." 어렵게 읽고 생각해서 만들어낸 생각덩어리가 수능 지문을 만만하게 만듭니다.

생각덩어리의 방해 요소 2, 형제자매와의 비교

〈공부하는 인간〉이라는 다큐멘터리에서 재미있는 실험을 본 적이 있습니다. 동양과 서양의 학생을 대상으로 공부에 대한 생각 차이를 비교한 실험입니다. 결론은 이렇습니다. 동양 학생은 자신이 남보다 부진하다고 생각할 때 더 노력합니다. 서양 학생은 자신이 남보다 우월하다고 생각할 때 더 열심히 합니다. 동양인은 못하지 않기 위해 노력하는 데 반해, 서양 인은 더 잘하기 위해 힘쓴다는 것이죠. 만약 이것이 사실이라면 두 가지 점은 분명합니다. 동양 학생이 서양 학생보다 불행하다는 것 그리고 더 좋은 결과를 내기 어렵다는 것입니다. 적어도 제 경험으로는 그렇습니다.

승현이는 누나가 둘인 집의 막내아들입니다. 나이 차이가 많은 누나들은 문학 작품을 좋아했습니다. 상대적으로 독서보다 뛰어놀기를 좋아하는 승현이는 그런 누나들과 안 어울렸죠. 또 승현이는 책을 엄청 빨리 읽어치우는 버릇이 있었습니다. 읽지 않은 책도 읽었다고 우기는 버릇도 있었습니다. 남들이 좋아하는 작가를 물으면 톨스토이 Lev Tolstoy 와 도스토 예프스키 Fyodor Mikhailovich Dostoevsky 의 이름을 댑니다. 좋아하는 작품을 물으면 『안나 카레니나』나 『카라마조프가의 형제들』이라고 대답합니다. 첫째 누나의 책장에서 본 작가들의 책입니다. 물론 어떤 내용인지 잘 모릅니다. 저를 찾아왔을 때 승현이의 고민은 공부량에 비해 국어 점수가 너무 낮다는 것이었습니다.

승현이는 남학생들에게서 흔히 볼 수 있는 독서 부진아 유형 중 하나입니다. 이런 학생들은 제대로 읽으라고 말해도 잘 나아지지 않습니다. 자기딴에는 제대로 읽으려고 노력하고 있기 때문입니다. 대충 빨리 읽는 게 그학생의 읽기 수준이다 보니, 제대로 읽으라는 말이 통하지 않습니다.

누나보다, 형보다 못한다는 말은 아이에게 스트레스입니다. 승현이의경우 또래 친구들과 독서모임을 하면 훨씬 나아질 수 있습니다. 독서모임을 하면 아이가 느낍니다. 자기랑 비슷해 보이는 아이가 자기보다 책을잘 읽고 이해력이 뛰어난 것에 경쟁심을 느낍니다. 자신은 기억이 안 나는데, 친구는 내용뿐 아니라 자기 생각도 이야기하는 것을 경험하면 꼼꼼하게 읽고 싶어집니다. 그 상황을 몇 번 겪고 나면, 아이도 느낍니다. "내가 좀 떨어지는가 보구나." 그렇게 가슴으로 느낌을 받아야 자기 문제를 적극적으로 해결합니다. 누나나 형과 있을 때는 "누나니까 당연히 저렇게 잘하는 거지" 하는 삐딱한 마음이 생깁니다.

물론 잘하는 학생은 내버려두어도 잘합니다. 하지만 승현이 같은 경우는 누나들이 보는 고전문학보다는 청소년용으로 나온 책을 권해 주어야합니다. 부진한 아이들을 도서관에 데려다놓고 마음에 드는 책을 골라읽히면 실패합니다. 자기 스스로 재밌게 잘 읽을 수 있는 책을 고르는 것이 어렵기 때문입니다. 승현이 같은 아이는 쉬운 책으로 과감히 수준을 조정해서 읽히는 것이 좋습니다. 『그림책에서 찾은 책읽기의 즐거움』 에는 그림책으로 책읽기의 즐거움을 깨달은 사례가 등장합니다. 생각덩어리는 어려운 책이 아닌 수준에 맞는 책으로 만들어집니다.

생각덩어리의 방해 요소 3, 토론수업 멤버들

상대의 말을 경청하지 않는 일방적인 독서토론활동은 책과 멀어지게 만드는 가장 큰 이유가 될 수 있습니다. 꾸준한 독서를 방해하는 요소입니다. 현재는 대학원에서 역사를 공부하고 있는 이지훈 군은 그런 어려움을 이겨낸 경우였습니다. 지훈이는 제가 관리했던 학원에서 토론수업을 했던 학생이었습니다.

"선생님은 토론수업에서 만난 학생들과 가장 친한 친구가 된다고 하는데, 안타깝게도 제 경우에는 그렇지 않았어요." 책을 좋아해서 초등학교 4학년 때 엄마를 졸라 토론수업을 받았던 지훈이는 처음부터 스트레스를 받았다고 말합니다. "서로 자기주장만 하는 통에 좀처럼 편하게 느껴지지 않더라구요."

지훈이를 불편하게 만든 것은 알 수 없는 텃세였습니다. 모두 인싸¹ 임을 과시하려고 암투를 벌였지요. 선생님이 토론수업에서 공동 과제를 주면 리더의 자리를 서로 차지하려는 미묘한 눈치 싸움을 벌였습니다.

"아이들은 더 큰 목소리로 말하거나 다른 아이의 의견에 반박함으로

써 선생님의 관심을 독차지하려고 했었어요. 선생님의 칭찬이 마치 자신의 권위라도 되는 것처럼 말이죠."

과제를 분배해야 할 때 선생님이 한 학생에게 먼저 역할을 배정하면, 거의 언제나 다른 학생들이 딴죽을 걸었습니다. 지훈이는 당시를 이렇게 회상했습니다.

"저 혼자만의 불만이었을지 모르지만, 아이들 앞에서 웃음거리가 될까 봐 늘 긴장했어요. 서로에게 비판적이었지만 겉으로는 농담하는 것처럼 꾸몄지요. 토론수업 아이들과 정말 친해지고 싶었는데 짜증만 났습니다."

지훈이는 다른 그룹으로 옮기고 싶었지만 전학 온 지 얼마 되지 않아서 참았습니다. 장사 때문에 바쁜 엄마를 실망시켜 드릴까 봐 불만을 말할 수도 없었습니다. 이러지도 못하고 저러지도 못하던 와중에 엄마가 희소식을 전해 주셨습니다.

"지훈아, 가게에서 들었는데 몇몇 학부모들이 독서왕 선발대회에 참석하려고 팀을 꾸리고 있단다. 너도 들어가 볼래?"

학생들이 책에서 소개한 문제에 대한 현실적인 해결책을 제시하는 대회였습니다. 요즘으로 말하면 독서토론대회였습니다. 대회에 참가하기 위해서는 팀을 짜야 했습니다. 참여를 원하는 학생은 주제 도서에 대한 토론입론서를 작성한 후 부모님이나 각급학교의 선생님의 동의를 얻어야 했습니다. 토론수업에 회의를 느끼던 지훈이는 새로운 아이들과 토론을 할 수 있다는 엄마의 말에 대회 참여를 결심합니다.

주도성이 발휘되는 토론학습

지훈이가 포함된 팀은 전부 다른 학교 학생들로 구성되었습니다. 같은 학교 학생으로 구성된 토론수업 때와는 달리, 다른 학교 학생들로 토론 대회 팀이 구성되었고, 학생들의 독서 이력이 다양했습니다. 신기하게도 처음부터 학생들끼리 손발이 척척 맞았습니다.

대회의 논제는 "정글북의 모글리는 인간 사회에서 살아야 한다"였습니다. 논제에 맞는 토론 주제를 적절히 배정하고 문서를 작성하는 과제도 공평하게 나누었습니다. 그들은 시시때때로 만났습니다.

"정글북은 2권으로 되어 있어요. 토론대회의 논제는 모글리가 정글의 왕으로 추대되는 1권까지로 한정되어 있었어요. 2권은 1권이 출간된 다음해에 출판되었는데 자신의 정체성을 찾고 싶었던 모글리가 결국 인간 마을로 돌아가고, 친부모님을 찾아 자신의 본래 이름이 카아Kaa라는 것을 알게 되는 거예요. 우리는 2권까지 묶어서 논제를 바라보기로 했죠."

지훈이는 토론대회 팀에서 완전히 새로운 경험을 했습니다.

"대회를 앞두고 우리는 일주일에 두세 번씩 만났어요. 저는 모글리가 인간 사회에서 살아야 하는 이유에 대해서 '언어' 때문이라고 강조했지만 어떤 아이는 '손'이 동물들과의 가장 큰 차이라고 강조했어요. 또 어떤 아이는 '눈물'이라고 했지요. 때로는 저녁 늦게까지 꼬박 아이디어를 주고받기도 했어요. 기발한 생각들을 마음껏 뿜어내는 게 너무 신났어요." 토론대회 팀은 누구도 상대의 제안을 비난하지 않았습니다. 물론 토론수업에서도 브레인스토밍을 하기는 했지만 분위기는 완전히 달랐습니다.

"토론수업에서 '눈물'라는 단어를 말했으면 누군가가 벌떡 일어나 어리석은 생각이라며 자신이 좋아하는 단어를 끄집어냈을 거예요. 제가 생각해도 말이 안 되는 말이었거든요. 하지만 토론대회 팀은 그런 단어마저 좋아했어요. 우리는 아이들이 제시하는 그 어떤 생각, 설령 바보 같은 단어라도 재밌게 받아들였어요. 눈물이 동물과의 차이라면 웃음도 마찬가지라며 다 합치면 표정이 된다는 식의 수다를 떠들며 1시간쯤 토론을 하기도 했어요." 지훈이의 토론대회 팀은 모글리가 인간 사회에서 살아야 하는 이유에 대해 '자연에 순응하지 못하고 훼손해야 하는 인간의 욕심 때문'이라는 안을 최종적으로 선택했습니다. 그 후에는 2권의 문명 세계 편을 중심으로 인간이 훼손하는 대표적인 사례들을 조사했습니다. 결국 지훈이네 팀이 토론대회에서 우승을 차지했습니다.

대회가 끝나고 지훈이가 먼저 참여했던 학원 토론수업은 결국 해체되었습니다. 그리고 엄마에게 부탁해서 토론대회에 참여한 학생들끼리 독서지도사 선생님을 모시고 새로운 토론수업을 진행했습니다. 지훈이를 비롯한 4명의 핵심 멤버는 대학에 입학한 후에도 도서관에 모여 토론학습을 계속했습니다. 그 아이들은 지금도 지훈이에게 가장 절친한 친구들로 남아 있습니다.

형식보다 중요한 것은 태도

이 두 팀이 이렇게 차이가 났던 이유는 무엇이었을까요? 하버드대학교의 조직 행동 전문가인 에이미 에드먼슨 Amy C. Edmondson은 '심리적 안전감'이 긍정적인 모임을 만든다고 말합니다.[20] 심리적 안전감이란 '위험한 것을 시도할 수 있는 안전한 공간이자 모두가 공유하는 믿음'입니다.

대학 진학 후에 저를 찾아온 지훈이는 학교 연구팀과의 불화로 초등학교 때와 비슷한 고민을 하고 있노라고 털어놓았습니다.

"교수님이 과제를 준비하기 위한 조를 편성해 주셨어요. 그런데 한 학생이 마음대로 하더라고요. 다른 학생들은 그 학생한테 귀찮은 일을 시키면 편하다고 보는 분위기였어요. 문제는 그런 식으로 프로젝트가 진행되면 좋은 점수를 받기는 어렵겠다는 거죠. 그때 갑자기 초등학교 때의 토론수업 멤버들 때문에 고생했던 기억이 떠올랐어요."

그로부터 한 달 후 지훈이는 대학 도서관에서 우연히 에드먼슨의 논문을 발견했습니다.[21] "연구팀을 잘 운영하기 위해서 심리적 안전감이 중요하다는 것을 알 수 있었어요. 하지만 심리적 안전감을 사람들에게 어떻게 심어줄 것인가에 대해서는 명쾌한 방법이 제시되어 있지 않더라고요. 게다가 학생들은 각자 바쁘잖아요."

학생들에게 심리적 안전감을 가질 수 있게 하는 방법은 무엇일까요? 마침 몇몇 언론사에서 학생들의 독서토론 수업을 참관하고 싶다고 요청해 왔습니다. 첫 번째 참관은 한겨레신문사의 요청으로 마포지부에서 이루어졌습니다. 두 번째 참관은 중앙일보사의 요청으로 대치동에 있는 직영학원에서 이루어졌습니다. 그리고 지훈이를 괴롭히던 불화에 대한 해결의 실마리는 독서토론 수업을 직접 참관하면서 풀리기 시작했습니다.

첫 번째 팀

4명의 남자아이와 1명의 여자아이로 구성된 팀이었습니다. 담당 선생님은 구성원 모두가 공부를 잘하는 아이들이라고 조언해 주셨습니다. 학생들이 차례대로 선생님에게 발언권을 얻어 무척 공손하고 예의 바르게 자신의 의견을 표현했습니다. 토론 도중 초등학교 5학년 교과서에 등장하는 '기회비용'이라는 개념이 등장했습니다. 교재 이외의 사례를 들어보라는 선생님의 질문에 한 남학생이 류현진 선수의 미국 진출을 예로 들면서 상세히 설명했습니다. 다른 학생들은 차분히 경청하더군요. 도중에 말을 끊고 나서는 사람은 없었습니다. 누군가 주제에서 벗어난 발언을 하면, 다른 학생이 점잖게 본래의 안건을 상기시키며 대화를 제자리로 되돌렸습니다. 토론은 효율적으로 운영되고, 수업은 예정된 시간에 정확히 끝났습니다.

두 번째 팀

남녀 비율이 반반인 팀이었습니다. 학생들은 토론 중에 닥치는 대로 끼어들었다가 치고 빠졌습니다. 장황하게 발언하는 학생이 있는 반면, 퉁명스럽게 요점만 말하는 학생도 있습니다. 수시로 다른 사람의 발언을 끊고 끼어드는 바람에 취재를 하던 중앙일보의 박정식 기자는 대화를 따라가는 것도 힘들 지경이라고 토로하더군요. 선생님이 정해 주신 토론 주제는 '우리나라에서 외국인 학교를 지원하는 것이 옳은 일인가'였습니다. 그러다 한 짓궂은 남학생이 갑자기 '탕수육 부먹과 찍먹 중에 무엇이 맛있을까?'라는 주제를 던지더군요. 논점에서 벗어났음에도 학생들은 모두 원래의 안건을 잊은 듯 새로운 주제에 관심을 보였습니다. 선생님도 이런 학생들의 모습이 처음은 아닌 듯 흐름을 끊지 않았습니다. 수업은 끝이 났지만 학생들은 모두 둥그렇게 둘러앉아 사사로운 이야기를 계속하더군요.

어떤 팀의 성과가 높을까

아참, 결론을 말하기 전에 여러분에게 알려드릴 정보를 하나 빠뜨렸군요. 두 팀이 수업을 시작하기에 앞서 학생들에게 〈눈으로 마음을 읽기 실험〉를 진행했습니다.

1)장난스러운　2)위로하는
3)짜증난　　　4)지루한

1)겁난　　　2)속상한
3)오만한　　4)짜증난

1)농담하는　　　2)당황한
3)추파를 던지는 4)확신하는

1)짜증 난　　2)빈정대는
3)걱정하는　4)다정한

1)경악한　　2)환상을 품은
3)초조한　　4)불안한

1)미안한　　2)다정한
3)불편한　　4)의기소침한

이 실험을 창안한 사이먼 배런 코헨Simon Baron-Cohen 교수에 따르면 평균적으로 남성은 사진 속 인물의 감정 상태를 52% 정도 정확하게 추측하지만, 여성은 61%까지 정확히 추측한다고 합니다.[22] 이 실험의 효과를 입증한 연구도 있습니다. 2008년 카네기멜론대학교와 매사추세츠공과대학교 심리학자들로 이루어진 합동 연구팀은 어떤 유형의 팀이 상대적으로 우월한지 판별하는 여러 기준을 조사했습니다.[23] 699명을 모집해 152개의 팀으로 나누고, 각 팀에 다양한 수준의 협력이 필요한 일련의 과제를 주었습니다.

첫 번째 과제는 '벽돌의 활용도를 생각해 보시오'였습니다. 아이디어가 독특하면 1점을 줬습니다.

두 번째 과제는 '두 명이 자동차 한 대로 쇼핑 계획을 짜보세요'였습니다. 각 팀원이 구매해야 할 식료품 목록이 달랐고, 식료품점마다 식료품 값도 달랐습니다. 팀 전체에 필요한 물건을 구매하는 대가로 자신이 원하는 물건 하나를 포기하는 경우 높은 점수가 주어졌습니다.

세 번째 과제는 '대학 농구 선수가 교수를 매수한 사건에 대해 적절한 판결을 내려보세요'였습니다. 일부는 교수의 이익을 대변하고, 일부는 학생의 입장을 변호해야 했습니다. 양쪽의 이익을 극대화하는 판결을 내렸을 때 높은 점수가 주어졌습니다.

모든 팀원이 참여해야 했고, 과제마다 협력 수준이 조금씩 달랐습니다. 벽돌을 활용하는 수십 가지의 기발한 방법을 생각해내고 양쪽 모두 만족할 만한 판결을 내리며 쇼핑 목록을 팀원들에게 쉽게 분배하는 팀이 있었습니다. 반면, 벽돌을 이용하는 방법에 대한 발언에 한쪽이 소외감을 느끼는 판결을 내리며 누구도 양보하지 않아 결국 아이스크림과 시리얼밖에 사지 못한 팀도 있었습니다. 하나의 과제를 훌륭하게 해낸 팀이 다른 과제도 원만하게 해냈습니다. 반면, 하나에 실패한 팀은 다른 것도 제대로 해내지 못했습니다. 연구자들은 『사이언스』에 발표한 논문에서 팀을 똑똑하게 만드는 요인은 팀원이 아니라 규칙이라고 결론 내립니다. 적절한 규칙이 있으면, 평범한 사람들로 구성된 팀의 집단지성을 높일 수 있다는 거죠. 규칙이 잘못되면 탁월한 사람들로 구성된 팀도 허우적댑니다.

아쉽게도 훌륭한 팀을 만드는 절대적인 규칙이 무엇인지는 알 수 없었습니다. 다만 두 가지 공통점이 있었습니다. 첫째, 모든 팀원이 거의 같은 비율로 발언했습니다. 이를 '대화 차례 분배의 균등성'이라 부릅니다. 자유롭게 발언하는 팀이 있었고, 과제별로 분배하지 않은 팀도 있었지만 마무리될 즈음에는 팀원의 발언량이 모두 엇비슷했습니다.

둘째, 팀원들의 사회적 감수성이 평균보다 높았습니다. 목소리와 말투 및 몸짓과 얼굴 표정을 보고 상대의 기분을 직관적으로 헤아리는 능력이 뛰어났던 거죠. 사회적 감수성은 우리가 진행한 〈눈으로 마음을 읽기 실험〉으로 평가했습니다. 이 실험에서 훌륭한 팀에 속한 사람들은 평균보다 높은 점수를 받았습니다. 상대가 언제 당황하거나 소외감을 갖는지를 알았고, 상대의 생각을 듣는 데에 더 많은 시간을 보냈던 겁니다.

우리는 학생들에게 사람의 눈을 찍은 36장의 사진을 보여주며 주인공의 감정을 가장 적합하게 표현한 단어를 찾는 〈눈으로 마음을 읽기 실험〉을 했습니다. 첫 번째 팀 학생들이 적절한 감정을 선택한 비율은 평균 49%였고, 두 번째 팀의 경우에는 58%였습니다.

상대를 배려하는 토론이 생각덩어리를 만든다

이제 질문을 던지겠습니다. 여러분이라면 첫 번째 팀과 두 번째 팀 중 어떤 팀을 선택하시겠습니까? 첫 번째 팀은 신중하게 토론에 임했고, 두 번째 팀은 격식에 얽매이지 않고 자연스러운 흐름을 따라갔습니다. 결론부터 말하자면 두 번째 팀이 바람직합니다. 첫 번째 팀은 학생들 모두 똑똑하고 유능합니다. 그러나 그룹에서도 여전히 개인처럼 행동합니다. 그런 학생들로 이루어진 팀은 모두 동등한 정도의 목소리를 내고 팀원의 감정과 욕구에 예민하게 반응하지 않습니다. 집단지성을 기대하기는 힘든 것이죠. 반면에 두 번째 팀은 어수선해 보입니다. 안건에 집중하지 못한 채 걸핏하면 주제에서 벗어나 옆길로 빠집니다. 하지만 원 없이 말할 수 있습니다. 처음에는 발언권이 쏠린 듯하지만 끝날 때쯤에는 모두가 똑같은 정도로 발언하는 경우가 많습니다. 또 상대의 마음과 표정을 이해합니다. 상대가 어떻게 반응할지를 예측해서 행동하며 말하려고 노력합니다. 두 번째 팀에는 개인적으로는 뛰어난 학생이 안 보이지만 팀으로 뭉쳐지면 듣기 좋은 화음처럼 질서정연합니다.

『블링크』에서 말콤 글래드웰Malcolm Gladwell은 의사의 제대로 된 설명을 들으면서 신뢰를 쌓은 환자는 똑같은 결과에도 소송을 제기하지 않는다고 말합니다. 이성보다는 인간적 신뢰가 관건이라는 말입니다. 토론은 이기고 지는 게임이 아닙니다. 대화를 통해 서로 원하는 것을 익히는 학습입니다. 고려시대에 서희 장군은 거란과의 담판으로 전쟁을 끝냈습니다. 강동 6주도 얻었습니다. 그 대가로 거란은 고려의 항복을 받아냈습니다. 서희 장군이 이기고 소손녕이 진 담판이 아닙니다. 서로가 이긴 게임이었습니다. 저는 수업 참관을 통해 다음과 같은 결론을 내렸습니다.

"생각덩어리는 상대를 배려하는 마음가짐과 태도에서 만들어진다."

제2부

유아 초등학생을 위한 발달단계별 독서법

"존재하지
않는 것을,
존재하는
것처럼
다루면,
존재할
가능성이
높아진다."

− 헤르만 헤세『유리알 유희』−

혼자 있을 때 음악을 켜면 방 안 가득 음표가 공중을 떠다니는 기분이 듭니다. 아이에게 책을 읽어줄 때도 비슷했습니다. 방 안을 가득 메운 아빠의 음성 사이사이로 마법의 숲에 사는 바람의 요정, 무서운 마녀, 착한 호랑이와 도깨비가 등장합니다. 목소리가 들리면 아이는 서서히 귀를 열고 독서를 준비합니다. 유아 시절부터 경험한 느낌, 관찰한 사물, 알고 있는 단어 등 거의 모든 재료를 동원해서 말이죠. 아이의 독서 생활에 활용될 주요 재료들은 태어날 때부터 아이의 뇌 속에 들어 있습니다. 아빠 또는 엄마의 안락한 무릎 위에 앉아 한쪽 팔에 안긴 상태에서 자연스럽게 언어와 익숙해지는 이유입니다.

최초의 문자는 상형문자라고 배웠습니다. 한자인 '모 ' 자는 아이에게 젖을 주는 여성의 가슴 모양에서 변형된 것이고, 알파벳의 S는 뱀의 형상을 모방해 그린 것이죠. 언어는 문자 이전에 말의 형태로 존재했습니다. 글을 몰라도 그림과 색으로 소통했던 것이죠.

근거도 있습니다. 심리학자 키이스 스타노비치Keith Stanovich 박사는 언어에 익숙한 아이가 어휘력도 높다고 말합니다. 생후 2년간 부모와 상호작용하면서 단어를 들은 아이들은 그렇지 못한 아이들보다 언어 습득이 빠릅니다. 그림책 읽어주기가 효과 있는 이유죠. 이유는 뇌의 구조와 연관이 있습니다.

뇌에서 언어와 관련된 역할을 하는 부위로 베르니케 영역과 브로카 영역이 있습니다. 베르니케 영역은 언어의 '이해'를 담당하고 브로카 영역은 언어의 '표현'을 담당합니다. 위치 때문입니다. 베르니케 영역의 왼쪽에는 귀에서 들어오는 소리를 처리하는 청각피질이 있고, 뒷부분에는 시각 정보를 처리하는 후두엽이 위치합니다. 이해와 관련된 역할을 하죠. 브로카 영역의 위쪽에는 몸의 근육을 움직이게 하는 운동피질이 자리하고 있습니다. 표현과 관련된 역할을 하는 겁니다.

"옛날 옛날에 아랫마을에 철수가 살았습니다"라는 문장을 소리 내어 읽으면 언어 이해가 시작됩니다. 청각피질에 저장된 단어 읽기 관련 정보가 베르니케 영역을 통해 이해하려고 움직입니다. 이때 눈이 책을 향하면서 시각피질을 활성화시킵니다. 언어의 표현을 담당하는 브로카 영역에 음성 정보가 저장됩니다. 브로카 영역은 바로 위에 있는 운동피질에게 입을 움직여 말하도록 명령합니다. 이런 시스템이 가능한 것은 뇌의 '재활용능력' 덕분입니다.

발달단계별 독서법

유아기에 귀로 들은 단어가 언어로 연결되는 능력은 아동기에 발달합니다. 초등학생이 되어야 길이가 길고 복잡한 문장을 듣고 말할 수 있게 되는 겁니다. 읽기능력과 쓰기능력도 빠르게 발달해서 초등학교를 졸업할 때쯤에는 약 10,000단어 정도를 습득하게 됩니다. 하루 평균 20개 정도의 새로운 단어를 습득하는 셈입니다. 물론 일상생활에서 이 단어를 모두 사용하지는 않습니다만 더 많은 단어도 읽어냅니다. 처음 보는 단어라 할지라도 앞뒤 문맥에 따라 그 의미를 추론할 수 있기 때문입니다.

아이가 읽기·쓰기 기술을 습득하고 독서를 시작하려면 신체 발달에 따른 단계를 거쳐야 합니다. 발달 단계를 표로 나타내면 다음과 같습니다.[24]

	독서맹아기 (출생~ 유아기)	독서입문기 (초등 1~ 2학년)	기초기능기 (초등 3~ 4학년)	기초독해기 (초등 5~ 6학년)	고급독해기 (중등 1~ 2학년)	독서전략기 (중등 3~ 고등 1학년)	독립독서기 (고등 2~ 3학년)
독서능력 발달단계	아동의 직접경험과 부모의 역할이 중요한 시기	독서 흥미를 위해 함께 참여하는 읽기가 필요한 시기	독서의 기초기능을 익히고 학습독서가 시작되는 시기	독서를 통한 사고기능과 기초독해기능을 기르는 시기	독서를 통한 고급 사고기능과 비판적 관점을 기르는 시기	독서 목적에 맞추어 전략적 독서를 시작하는 시기	전문적인 상황에 필요한 도서를 스스로 선택하여 읽는 시기

초중고 학년별 교과연계

- 창작도서 (그림책·전래동화·창작동화) — 독서입문기~기초기능기
- 정보도서(과학·사회·역사) — 기초기능기~
- 한국사 — 기초독해기
- 세계사 — 기초독해기~고급독해기
- 한국 중·단편문학 — 고급독해기~독서전략기
- 동·서양 고전명작 및 사상서 — 독서전략기~독립독서기

책을 처음 본 아이에게 흰 것은 종이요, 검은 것은 그림에 불과합니다. '아버지가 방에 들어가셨다'라는 문장을 보면 아이는 하나의 덩어리로 느껴집니다. 내용은 모릅니다. 아버지가 어찌 하였다, 방이 어떻게 되었다는 것에는 아무 관심 없습니다. 글자 모양만 신기합니다. '아버지가 방에 들어가셨다'와 '아버지 가방에 들어가셨다'의 차이를 구분하지 못합니다. 아동의 직접 경험과 부모의 역할이 중요한 이 시기를 '독서 맹아기'라 부릅니다. 이 시기의 아이들에게는 그림책, 전래동화, 창작동화 등의 이야기 글을 읽어주시는 게 좋습니다. 그리고 천천히 어휘를 익혀 문장의 개념을 이해하도록 해야 합니다. 이때 도움되는 것이 독서 전·중·후 활동입니다.

독서 맹아기를 지나 초등학교에 입학하면 '독서 입문기'에 들어갑니다. 독서 흥미를 일깨우기 위해 부모가 함께 참여하는 읽기가 필요한 시기입니다. 갑자기 언어에 눈을 뜨는 현상이 일어나기도 합니다. 3학년이 시작될 무렵에는 제3단계인 '기초 기능기'에 도달합니다. 단어 실력이 부쩍 늘어나기 때문에 과학, 사회, 역사 등의 정보도서를 읽으면 좋습니다. 학교에서 교통표지판이나 가족 촌수 따지기 등 실용적인 읽기·쓰기도 배웁니다. 제4단계인 '기초 독해기'는 독서를 통한 사고 기능과 기초 독해 기능을 기르는 시기입니다. 시간개념이 잡히는 시기로 역사의 흐름을 이해할 수 있으며, 졸업 무렵에는 문맥도 능숙하게 파악할 수 있게 됩니다. 읽기에 자신감이 생깁니다.

중학교에 올라가면 독서를 통한 고급 사고 기능과 비판적 관점을 기르는 '고급 독해기'에 접어듭니다. 문학작품을 읽기에 적합한 사고력이 발달하는 시기입니다. 중3에서 고1은 독서 목적에 맞추어 전략적으로 독서

대치동 독서법

를 시작하는 '독서 전략기'입니다. 고전완역판을 읽기에 적합하며 인문, 철학서를 읽기 시작해도 좋습니다. 고2~3학년은 전문적인 상황에 필요한 도서를 스스로 선택하여 읽는 '독립 독서기'입니다. 이때까지 꾸준히 책을 읽는 학생은 어른보다 독서 수준이 높은 경우가 많습니다.

발달단계를 살펴보면 정부 교육과정개편의 방향성을 읽을 수 있습니다. 1부에서 다룬 2015년 개정교육과정의 특징을 살펴보겠습니다.

〈2015년 개정교육과정〉

1. 인문·사회·과학기술의 기초를 배워 창의융합형 인재 육성
2. 인문학적 상상력과 과학기술 창조력을 갖춘 교육 제공
3. 고등학교 문·이과 구분 없앰

첫 번째, '인문·사회·과학기술을 기초로 한 창의융합형 인재 육성'의 배경에는 역사교육이 자리하고 있습니다. 역사의 흐름을 잡아 읽는 것이 도움됩니다. 역사에서 파생되는 지리와 과학과 문화 등을 공부해야 아이들이 과목을 분리하지 않고 통합하는 사고력을 키울 수 있습니다. 자세한 내용은 해당 학년 독서법에서 이야기하겠습니다. 두 번째, '인문학적 상상력과 과학기술 창조력을 갖춘 교육'을 위해서는 과학기술 등의 정보도서와 다양한 인문학 독서를 통해 배경지식을 쌓는 것이 필요합니다. 그러나 무분별한 다독보다는 한 권의 책을 읽어도 사고의 틀과 문장 구조를 익혀 어떤 유형에도 대응할 수 있는 깊이 있는 독서가 필요합니다. 세 번째, '고등학교에 문·이과 구분을 없앰'은 인문학 교육의 중요성을 반영한 것으로 동·서양 고전명작 및 사상서에 관심을 기울일 필요가 있

습니다.

발달단계를 무시한
독서의 문제점

아이의 한글 깨우치기를 서두르시는 부모님이 계십니다. 그리고 한글을 깨우치자마자 책을 읽어야 한다고 생각하는 부모님도 계십니다. 영국의 독서학자 우샤 고스와미Usha Goswami 교수는 서로 다른 언어를 사용하는 세 나라의 5살과 7살의 아이들을 대상으로 한 가지 실험을 했습니다. 5살 때부터 독서를 시작한 아이와 7살 때 독서를 시작한 아이 중 초등학교 고학년이 되었을 때 누구의 독서능력이 더 뛰어난지를 알아본 것이죠. 결과는 7살 아이들의 승리였습니다. 아이들이 말로 하는 어휘는 기특할 정도로 빠르게 늘지만 글자를 외우는 속도는 늦습니다. 이는 아이의 뇌 발달 특성 때문입니다. 아이가 7살이 되었을 때에야 비로소 문자 인식을 무리 없이 합니다. 반대로 아이에게 한글 교육을 너무 일찍 하면 의도치 않은 부작용을 낳을 수 있습니다.

인서는 글을 일찍 깨우친 아이였습니다. 사십대 중반에 첫 아이를 본 아버님에게 인서는 보물단지와 같았습니다. 한글도 직접 가르쳤습니다. 남들보다 뛰어나고 빨리 성장해야 했습니다. 아버님을 처음 만난 것은 대치동 직영학원 참관수업에서였습니다. 수업을 마친 후 이어진 상담시간에 아버님은 이렇게 이야기하시더군요. "어린이 성경과 그리스·로마 신화를 뗀 후 이야기 인물전집을 읽힐 겁니다. 그 다음에는 한국사와 세계사로 넘어갈 예정입니다." 평소 독서의 중요성을 알고 계시던 아버님은 한글을 깨치자마자 다양한 책읽기를 권하셨습니다. 책이 학습 도구로만 쓰일 때 아이는 책에 대한 흥미를 잃게 됩니다.

걱정되어서 다음과 같이 말씀 드렸습니다. "아이에게 버거울 겁니다. 아이가 원하는 책을 쥐어주십시오." 아버님은 단칼에 거절했습니다. "독서로 배경지식을 채우는 것이 중요하잖아요. 인서는 초등학교 입학 전에 커리큘럼을 제가 이미 다 짜놨습니다."

책에 대한 흥미는 기초 독서력을 바탕으로 생깁니다. 때로는 책을 통해 마음껏 상상하게 해주고, 때로는 책을 통해 지친 마음을 치유할 수 있도록 해줘야 합니다. 그러는 사이 아이는 조금씩 책과 친해지게 됩니다. 책과 친해지기 어렵게 만드는 것이 바로 부모님들의 이런 조급함입니다.

참관수업 후 더 이상 인서에 대한 소식을 못 들었는데, 5학년 때 한국사 특강수업을 듣기 위해 다시 학원을 찾아왔습니다. 아버님의 뜻과 달리 인서는 독서를 싫어하는 아이가 되어 있었습니다. 읽기능력을 고려하지 않은 채 아버님은 정보도서 위주로 책을 읽혔고, 감수성이 민감한 인서는 원하는 책을 읽지 못해 결국 과부하가 걸린 것이죠.

교과과정에서 한국사는 5학년 때부터 배웁니다. 5학년이 되어야 과거에 일어난 사건을 시간적 흐름에 따라 이해할 수 있기 때문입니다. 인서에게 1학년 때부터 방대한 역사책과 성경, 신화 등을 읽도록 했으니 받아들이기 만무하죠. 조급했던 아버님은 잘 읽지 못한다며 아이를 탓했습니다. 결정적으로 아버님을 자극한 사건이 있었습니다. 어머님이 어느날 인터넷 교육육아 카페의 한 회원으로부터 『EQ의 천재들』이라는 전집을 저렴하게 얻었습니다. 인서는 이 책을 좋아했습니다. 반복해서 읽고 또 읽었습니다. 아버님은 아무 교훈과 내용이 없는 그런 책을 읽는 인서를 납득할 수 없었습니다. 아버님은 급기야 아이가 좋아하는 그 전집을 치워버렸고 아이는 화가 나서 며칠을 울었습니다. 그때부터 인서는 책을 멀리하기 시작했습니다. 읽기 부진으로 학습에 어려움을 겪었고 책읽기 시기를 놓쳐 또래 아이들에 비해 사고력도 많이 부족했습니다. 학원을 다니면서 책에 대한 부정적인 생각은 개선되었지만 인서가 그동안 받은 마음의 상처는 매우 컸습니다.

한글을 익혔다고 책을 잘 읽는 것은 아닙니다. 생각보다 많은 아이들이 글자를 빠르게 인지하지 못합니다. 책을 읽을 때 내용을 자꾸 놓치거나 읽는 데 너무 많은 시간이 걸리는 아이들이 있습니다. 마음에 와 닿는 책만 읽으려 하고 읽은 책을 읽고 또 읽습니다. 이런 경우에 아이에게 읽기를 지나치게 강요해서는 안 됩니다. 서점이나 도서관에서 스스로 책을 선택할 수 있도록 하고 발달 상황에 맞는 단계별 독서능력을 점검할 필요가 있습니다.

단계별 독서능력 점검

독서능력 점검은 글 읽는 과정을 살피는 것부터 시작됩니다. 처음에 아이는 글자나 단어들을 그림으로 인식합니다. 길거리의 간판을 가리키며 읽는 아이를 보면 자음과 모음을 조합해서 읽는 것이 아닙니다. 상표와 간판에 있는 글자 모두를 1개의 그림으로 기억해서 말합니다. 글을

대지동 독서법

알아서 읽는 게 아니라, 사물에 흥미가 생겨서 읽어낸다는 것이죠.

자음과 모음이라는 것을 따로 배운 후에야 소리 회로와 의미 회로가 서서히 연결되기 시작합니다. 뇌를 통해 회로들이 연결되면서 아이는 단어의 뜻이 무엇인지, 읽은 내용 중에서 얼마나 기억할 것인지 파악합니다. 읽기에 능숙해지면 아이의 뇌는 이 모든 일을 동시에 자동적으로, 무의식적으로 수행합니다. 공부와 학습능력을 연구한 학자들은 독해능력을 강조합니다. 관심과 흥미가 언어 읽기에 미치는 영향이 크기 때문입니다.

〈읽기에 영향을 미치는 요소〉

◌ 어휘력   ◌ 영향력 낮음
◌ 관심과 흥미 ◌ 영향력 높음

일상대화의 99%는 불과 2,000개 이내의 단어로 이루어집니다. 아무리 말을 많이 해도 일상적인 대화에서 수준 높은 단어를 접하기 어렵죠. 물론 고급 단어를 접하는 것이 독서의 목적은 아닙니다. 독서의 목적은 관심과 흥미를 충족시키는 것에 더 가깝습니다.

신경과학 전문가들은 읽기 치료를 받는 아이들을 대상으로 뇌에서 읽기가 일어나는 과정을 촬영한 결과를 공개했는데요. 읽는 데 어려움이 있던 아이들도 단계적으로 가르치면 쉽게 읽을 수 있다는 사실을 입증했습니다. 따라서 읽기의 단계만 제대로 거쳐도 독서능력을 높일 수 있습니다. 아울러 읽기 수준을 점검하고 동기를 부여한다면 책을 좋아하는 아이가 될 수 있습니다. 읽기의 단계는 일반적으로 다음의 다섯 가지로 분류합니다.

(1) 읽은 것을 아는 단계(Knowledge)

책을 제대로 읽었는지를 평가할 때 일반적으로 누가·언제·어디서·무엇을·왜·어떻게·얼마나 했는가를 체크합니다만, 제대로 평가하려면 남에게 그 내용을 설명할 수 있어야 합니다. 필요한 것은 핵심을 뽑아내고 변두리를 버리는 능력입니다. 이렇게 읽은 것을 아는 단계라 부릅니다.

(2) 해석하고 이해하는 단계(Comprehension)

생각을 정리·정돈할 수 있어야 합니다. 저자의 생각을 퍼즐처럼 맞추는 과정입니다. 생각을 떼어내고 맞추는 과정에서 독자 자신이 직접 생각에 참여해야 합니다. 참여하지 못하면 무엇을 어떻게 정돈하고 어느 생각을 합해야 하는지를 알지 못합니다.

(3) 이해한 것을 적용하는 단계(Application)

좋은 독자는 다음 문장이나 다음 장을 읽지 않았는데도 예측할 수 있습니다. 필요한 것은 주장을 뽑아내는 능력입니다. 반면, 좋은 저자는 예측이 가능하도록 글을 구성합니다. 독자라면 가장 잘 표현할 수 있는 문장을 뽑아내는 능력이, 저자라면 그런 문장을 만들어낼 수 있는 능력이 필요합니다. 일어난 일에 대한 결과를 예측할 수 있으면 그것이 어떤 변화를 가져오는지도 알 수 있습니다.

대지동 독서법

(4) 분석할 수 있는 단계(Analysis)

분석은 주제를 뽑아내는 기술을 말합니다. 분석능력은 적극적 읽기를 통해 발달됩니다. 충분한 이해가 뒷받침되어야 합니다. 가령, 엄마 심부름으로 라면 한 박스를 사러 마트에 갔습니다. 유명한 브랜드의 늘 먹던 라면이 아니라 처음 보는 회사에서 새로운 라면이 출시되었습니다. 가격이 저렴합니다. 이때, 늘 먹던 라면 한 박스를 사는 게 좋을까요, 먹어보지 않은 새로운 라면 한 박스를 사는 게 좋을까요? 이때 먹어본 경험은 이해요, 구매 판단 기준은 브랜드, 가격, 맛 등에 대한 분석입니다. 이해하지 못하면 분석할 수 없습니다.

(5) 새로운 생각을 할 수 있는 단계(Synthesis)

독서를 통해 알게 된 지식, 경험으로 쌓인 정보를 통합적으로 정리하고 주어진 문제에 대해 새로운 생각을 할 수 있는 단계입니다. 정보나 사실을 그대로 받아들이는 수준을 넘어, 합리적으로 논리적으로 평가하고 분석하는 비판적 읽기가 가능해지는 단계입니다.

여기서는 '단계' 혹은 '수준'별로 구분했지만 실제로 책을 읽을 때는 한꺼번에 5단계로 뛸 수도, 5단계에 있다가 다시 2단계로 와서 확인한 다음 다른 판단을 내릴 수도 있습니다. 이때 읽기의 단계를 판단하는 수준은 그 이전 단계를 잘 거쳤느냐에 따라 달라집니다. 입맛과 상관없이 맛있으면 더 먹고 맛없으면 덜 먹듯, 책의 성격이나 독서의 몰입도에 따라 읽기능력도 차이가 납니다. 독서 몰입도를 높이기 위해서는 능동적이고 자발적인 책읽기가 필요합니다. 이를 저자와 독자의 상호활동이라 부릅니다.

독서는 저자와
독자의 상호활동

탁구를 한다고 가정해 보겠습니다. 독자의 자리는 어디에 위치할까요. 구경하는 의자일까요, 아니면 공이 오가는 테이블일까요. 공을 때리려면 반대쪽에 누군가가 있어야 합니다. 독서도 마찬가지입니다. 저자가 보내는 내용을 받으려면 독자는 어쨌거나 책을 펼쳐야 합니다. 펼치는 순간 책 속에서 저자가 서브한 공이 날아옵니다. 저자와 독자, 양쪽은 능동적인 활동을 시작합니다. 만일, 수동적인 것이 있다면 그것은 테이블에서 왔다 갔다 하는 탁구공이겠지요. 상대편은 여러분이 받기 어렵게 스매싱

대지동 독서법

을 날립니다. 받아내면 게임은 이어집니다. 읽는 것도 공을 받아내는 것과 유사합니다. 능동적으로 움직이는 것입니다. 이때 '책'이나 '뉴스' 등의 읽을거리는 탁구공과 마찬가지로 수동적입니다.

공을 서브하는 사람은 다양한 기술과 힘을 조절하고, 받는 사람은 적절하게 받아칩니다. 상대의 서브를 솜씨 좋게 받아치는 기술이 필요합니다. 독서도 온갖 종류의 정보를 될 수 있는 대로 솜씨 좋게 잡아낼 수 있는 기술이 필요합니다.

공을 받아치려면 회전과 각도 등을 분석해야 합니다. 저자와 독자의 관계도 마찬가지입니다. 저자가 전하려는 생각이 독자에게 전달될 때 비로소 공이 왔다 갔다 하듯 의미가 이어집니다. 능숙한 저자와 능동적인 독자의 호흡이 딱 들어맞는 것입니다. 좋은 저자는 전해야 할 내용을 잘 알고 있습니다. 상대에게 확실히 전할 수 있습니다. 번번이 서브를 실패하는 저자보다는 적어도 네트를 안정감 있게 넘기는 저자가 경기를 재미있게 끌어갈 수 있습니다.

독서를 탁구에 비유한 이유는 사람이 중심이라는 공통점 때문입니다. 책은 읽기 전에는 종이 뭉치에 불과합니다. 공도 마찬가지로 플라스틱에 불과합니다. 단순한 종이 덩어리에 글이 담기면 책이 됩니다. 정확하게는 독자가 읽을 때 독서가 시작됩니다. 단순한 플라스틱 공에 회전과 각도를 입히면 경기가 시작됩니다. 이때의 책과 공은 단순한 물체가 아닙니다. '받아낸다'고 해도 그 받아내는 방법이 각양각색입니다. 저자의 의도를 아주 조금밖에 이해하지 못하는 독자가 있는가 하면 완전히 이해하는 독자도 있습니다.

독서 습관이
필요한 이유

방에 불을 끄면 처음엔 아무것도 안 보입니다. 시간이 지나면 서서히 손이 보이기 시작하고 곧 방바닥의 윤곽이 드러납니다. 이사 온 지 얼마 안 됐을 때는 어디가 어딘지 모르더니 며칠 지나서 동네 곳곳에 있는 놀이터의 특징을 파악한 저희 아이들을 보고 놀란 적이 있습니다.

책도 마찬가지입니다. 처음이 어렵습니다. 익숙해지면 평생 친구가 됩니다. 학창시절에 들여야 할 단 하나의 습관이 있다면 저는 독서 습관을 꼽고 싶습니다. 공부하기도 바쁜 학창시절에 굳이 독서를 강조하는 이유가 무엇일까요? 이유는 두 가지입니다. 첫째, 습관이 안 되면 어른이 되어서 300페이지를 끝까지 읽는 것이 생각보다 어렵습니다. 학교를 졸업하고 제2외국어 배우려면 엄두가 나지 않는 것과 마찬가지입니다. 둘째, 책의 도움을 받는 경험은 빠를수록 좋습니다. 유용성, 그 오묘한 효험을 느끼지 못한 사람에게는 홍삼도 그저 나무뿌리에 불과합니다. 시간도 부담을 주는 요소 중 하나입니다. 서너 시간 또는 몇날 며칠이 걸리는 독서는 그 효용에 비해 투입하는 시간이 너무 깁니다. 드라마와 비교해도 그렇고 영화와 비교하면 더 심합니다. 퇴임 후에도 여전히 사랑을 받는 오바마Barack Obama나 김대중 전 대통령 같은 분이 책을 좋아한다는 이야기를 들으면 '책 읽는 사람은 따로 있는가 보다' 하는 생각도 듭니다.

그런데도 많은 사람들이 책을 읽으라고 합니다. 빌 게이츠Bill Gates가 그렇다 하고 정약용 선생이 그래야 한다고 강요합니다. 강요는 압력이 됩니다. 부담스런 아이들은 문을 걸어 잠급니다. 책을 싫어하는 아이가 책

독서를 시작하게 만드는 원동력

양에서 질이 나옵니다. 양의 증가가 질의 변화를 가져옵니다. 독서도 공부도 그렇습니다. 꾸준히 하면 어느 순간 단계가 상승합니다. 세상 일의 대부분은 이런 단계를 밟습니다. 완만하게 우상향하면 좋지만 그런 그래프는 경제원론 교과서에나 존재합니다. 반응이 없다가 벽을 만나고 그 벽을 넘으면 다음 계단으로 올라갑니다. 꾸준히 책을 읽는 습관을 기른 사람에게만 주어지는 선물과 같습니다. 모든 기술을 뛰어넘는 것은 결국 반복입니다. 무엇이건 반복하면 속도도 붙고 재미도 생깁니다. 반복한다고 반드시 책을 좋아하는 것은 아니지만 책을 좋아한다고 믿게 하는 효과는 있습니다.

어릴 때 본 조치원 화백의 축구만화에서 점프력의 비결을 묻는 말에

주인공이 대답하는 장면이 인상적이었습니다. "어릴 적 저희 집 마당에 작은 나무가 한 그루 있었습니다. 외동아들이었던 저는 그 나무를 친구 삼아 매일 혼자 뛰어넘었습니다. 나무가 자라는 줄도 모르고 계속 뛰어넘었습니다. 그러다보니 모르는 사이에 놀라운 점프력을 갖게 되었습니다." 과장은 있지만 일리 있는 얘기입니다.

반복해서 훈련하다 보면 머리가 아닌 몸이 체득하게 됩니다. 좋은 습관이 만들어지고, 습관이 반복되면 기적을 만들어냅니다. TV프로그램 〈슈퍼맨이 돌아왔다〉는 코너마다 형식이 매주 비슷합니다. 아이가 바뀔 뿐입니다. 성공한 기본 틀을 반복해서 계속 쓰는 것이죠.

『리추얼』 메이슨 커리 저 에는 예술가, 과학자, 소설가 등 전문가 161명의 하루가 등장합니다. 공통점은 꾸준히 반복해 왔다는 것입니다. 일과표대로 반복하는 것이 리추얼Ritual, 의식인 셈입니다. 소설가 베르나르 베르베르Bernard Werber 역시 매일 오전에 10쪽 분량의 글을 쓰는 것을 리추얼로 삼습니다. 규칙적인 생활로는 소설가 무라카미 하루키를 빼놓을 수 없습니다. 습관에 대한 그의 말은 참으로 귀담아 들을 만합니다. "소설 한 편을 쓰는 것은 어렵지 않습니다. 그러나 소설을 지속적으로 써낸다는 것은 상당히 어렵습니다. 누구나 할 수 있는 일은 아닙니다." 이것이 그 유명한 무라카미 하루키의 루틴Routine입니다.

독서에도 루틴이 필요합니다. 많이 읽다 보면 어느 순간 머릿속에 새로운 패턴이 생깁니다. 분명히 그 이전과 다른 무엇이 생깁니다. 그런 점에서 독서를 잘하는 사람은 필연적인 노력에 의해 만들어지는 것입니다. 아무리 길어도 터널은 끝이 있게 마련입니다. 그것을 믿어야 터널에 들어갈 수 있습니다.

대가동 독서법

물론 믿고만 있어서는 안 됩니다. 적극적으로 기다려야 합니다. 기다리는 방법은 꿈을 그려보는 겁니다. 엄마의 꿈이 아니라 아이가 원하는 꿈이면 동기부여가 됩니다. 희망 분야를 생각해 보고 그 분야에서 성공한 사람들의 모습을 머릿속에 그리는 것입니다. 책은 놓고 있지만 생각은 붙들고 있어야 합니다. '읽어야 하는데, 게임만 하면 곤란한데' 하는 생각을 길을 걸으면서도, 유튜브를 보다가도 문득문득 떠올려야 합니다. 내가 책을 읽어야 한다는 사실을 수시로 상기하면서 뜸을 들여야 합니다.

기다리는 것만으로는 부족합니다. 시도해야 합니다. 아동의 학습 과정 전문 연구가 엘레나 보드로바Elena Bodrova와 데보라 렁Deborah Leong은 영유아는 실수에 개의치 않고 배움에만 몰두한다고 말합니다. "앉으려고 애쓰고 걸음마를 배우는 갓난아기를 한번 보세요. 실수하고 또 실수하고, 실패하고 또 실패합니다. 그러면서도 자신의 기술 수준을 능가하는 일에 온전히 집중해서 도전하고 많은 피드백을 받으며 배워갑니다. 감정적으로는 어떨까요? 너무 어려서 직접 물어볼 수는 없지만 아직 할 수 없는 일을 시도하는 동안에 괴로워하는 것처럼 보이지는 않습니다."

그런데 시간이 지나면서 변화가 찾아옵니다. 두 학자들에 의하면 아이들은 유치원에 입학할 무렵부터 자신의 실수에 어른들이 특정 반응을 보인다는 사실을 눈치 채기 시작합니다. 항상 웃던 엄마가 인상을 찡그립니다. 얼굴도 약간 붉힙니다. 한달음에 달려가서 아이에게 잘못한 일을 지적합니다. 그런 부모님에게 아이들은 어떤 감정을 느끼게 될까요? 부끄러움, 두려움, 수치심입니다.

저희 아이에게 수영을 가르쳤던 선생님도 비슷한 이야기를 한 적이 있습니다. "아이들은 코치와 부모, 친구 혹은 텔레비전을 통해 실패는 나쁘다고 배웠기 때문에 자신을 보호하기 위해 모험을 피하고 최선의 노력을 다하지 않습니다."

이때 필요한 것이 부모님들의 간접 지원과 숨은 응원입니다. 강요가 아니라 슬쩍 지나가며 던지는 덕담 말이죠. 하버드대학 심리학과 로버트 로젠탈Robert Rosenthal 교수는 샌프란시스코의 한 초등학교 학생 20%를 무작위로 뽑아 담임선생님에게 명단을 전달하며 "이 아이들의 지능지수가 높다"고 말했습니다. 8개월 뒤 명단에 있던 학생들의 성적이 실제로 올랐습니다. 담임선생님은 해당 학생들에게 관심과 기대를 보였고, 아이들이 이에 부응하기 위해 노력하는 과정에서 성적이 향상된 것이죠.

아이들은 칭찬을 먹고 자랍니다. 제게는 두 명의 전혀 다른 선생님이 계셨습니다. 다그치는 선생님과 그렇지 않은 선생님 말이죠. 어느 선생님이 학생을 더 크게 성장시킬까요? 제 경험상 후자가 그랬습니다. 고3 때 담임의 별명은 '시라소니'였습니다. 〈야인시대〉라는 드라마가 인기를 끈 직후 드라마에 등장하는 키 작고 매서운 인물과 닮아서 붙은 별명입니다. 고2 마지막 시험 성적이 좋아서 밀착관리를 받았습니다. 주요 대학을 노리기 위해 제2외국어에 신경 쓰라는 조언을 받았습니다. 문제는 등수가 내려 갈 때마다 몽둥이로 맞았다는 겁니다. 하루하루 도살장에 끌려가는 심정이었습니다. 사단이 난 것은 모의고사에서 OMR카드에 답안을 밀려 쓴 실수 때문이었습니다. 담임은 "너, 이놈! 그렇게 안 봤는데 덜렁거리는구나. 실수도 실력이다"라며 매타작을 했습니다. 한 번 내려간 성적은 제자리를 찾지 못했습니다. 담임 탓인지 제 탓인지 모른 채 공부할 의욕마저 잃었습니다. 휴학을 신청했지만 어머니의 만류로 산송장처럼 학교에 다니다 고등학교 졸업장을 받은 채 재수했습니다.

이에 반해 고2때 만난 담임은 제겐 인생 최대의 행운이었습니다. 항상 저를 보시며 "어떻게 이렇게 수학을 잘하냐?"며 놀라워했습니다. 담임에게 칭찬받기 위해 새벽에 학원을 다녔습니다. 어떻게 해야 담임에게 인정받을까 생각하며 공부했습니다. 성적이 오를 때마다 당신 아들이 그런 것처럼 흥분하셨습니다. 그 모습을 보는 게 너무 즐거웠습니다. 제 학교생활은 담임에게 인정받으면서 행복했고, 성적도 올랐습니다. 지금도 2학년 때 담임을 3학년 때에 만났다면 어땠을까 싶습니다.

독서하는 아이를 만들기 위해서는 부모님의 응원과 신뢰가 무엇보다 절실합니다. 응원과 신뢰는 거창할 필요가 없습니다. 중국의 초대 총리를 지낸 저우언라이에게 누군가 성공의 비결을 물었을 때 그의 답변은 "작은 일에 최선을 다해야 큰일도 이룰 수 있다"는 것이었습니다. 발달단계별 독서법은 부모님이 아이를 이해할 수 있는 작은 단서와 그에 대한 어렵지 않은 방법을 제시하고 있습니다. 중요한 것은 실천에 대한 확신입니다. 자, 이제 시작해 보시죠!

요즘은 아빠들도 육아에 관심이 높습니다. 자녀와 함께하는 수업을 하다보면 질문하는 아빠들이 참 많습니다. 물어보시는 내용은 이렇습니다.

"책을 끝까지 다 읽고 나서 질문을 해야 할까요? 아니면 중간마다 질문을 해야 할까요?"

아빠들은 아이에게 질문하는 방법에 대해 관심이 많습니다. 반면 엄마들은 다릅니다. "책 읽어줄 때, 아이가 궁금할 만한 내용을 설명해 주는 게 좋을까요? 아니면 몰라도 계속 읽어주는 게 좋을까요?" 엄마들은 아이들에

『달 샤베트』, 백희나 지음, 책읽는곰

게 설명하는 데에 관심이 많습니다.

가령 『달 샤베트』라는 책을 읽는다고 가정해 보겠습니다. 표지에 달이 떠 있고 그 옆에는 세 개 층의 아파트가 있습니다. 가운데 층 베란다에는 늑대 아줌마가 빨래를 널고 있고, 아래층 거실 소파에는 늑대 아저씨가 잠들어 있네요. 아빠와 엄마가 아이에게 건네는 말은 다음과 같습니다.

아빠 : 아파트 옆에 달이 있구나. 제목이 달 샤베트라⋯. 우리가 알고 있는 그 먹는 샤베트인가? 읽어보자.

엄마 : 엄마가 보기에 아파트 안에 있는 동물은 늑대 같은데, 우리 주하가 보기에는 뭐처럼 보이니?

아빠는 책을 읽으며 떠오른 궁금증을 주로 묻습니다. 아이가 문제해결을 위한 논리적 사고를 할 수 있도록 도움을 줍니다. 엄마는 아이가 책의 전체적인 내용을 파악하고 배경지식을 쌓는 데 도움을 줍니다. 똑같은 책 한 권을 읽어주더라도 엄마와 아빠가 각각 읽어주면 서로 다른 관점을 얻을 수 있게 됩니다.

독서는 '읽기'에만 그쳐는 안 되고 내용을 '이해'하고 자기 것으로 '소화'시키는 것이 중요합니다. 읽기 전에 자신이 알고 있는 것과 원하는 것 그리고 그 답을 어떻게 찾을 것인지 계획하고 읽어야 책에 대한 흥미를 높일 수 있겠죠? 아이들이 읽은 책의 내용을 잘 이해하고, 책읽기에 조금 더 흥미를 갖게 하고 싶다면 아이로 하여금 다음에 이어질 내용을 상상하며 읽도록 해보는 게 좋습니다. 대부분의 아이들은 책을 읽으면서 다음 내용이 어떻게 이어질지 궁금해합니다. 책을 소리 내어 읽어줄 때도 "그 다음엔 어떻게 됐어요?"라며 다음 이야기를 빨리 읽어주기만을 바랍니다. 여기서 한 걸음 더 나아가 이야기 전체의 흐름을 상상하면서 책을 읽게 해보세요. 아이들은 독서의 또 다른 묘미를 느낄 수 있을 것입니다.

독서의 흥미를 높이는
독서 전·중·후 활동

글을 읽으면서 다음에 이어질 내용을 상상하는 것을 '예측하기'라고 합니다. 예측하기는 아이의 사고를 활성화시키고 책에 흥미를 불러일으키는 방법으로, 아이가 다음에 이어질 내용을 알아맞혔을 경우에는 신이 나서 더 적극적으로 읽게 됩니다.

그러나 책의 내용과 다르게 예측했더라도 아이의 상상력을 자극하는 활동이 되었기 때문에 그것으로도 가치가 있습니다. 예측하기를 활용한 읽기는 아이가 흥미 있어 하는 분야의 책이나 재미있는 전래동화, 창작동화 등으로 시도해 보는 것이 좋습니다. 내용 예측하기로 가장 많이 사용되는 것은 독서 전·중·후 활동입니다.

독서 전, 중, 후의 3단계로 구분하여 읽으면 추론능력을 키우고 책의 주제를 파악할 수도 있습니다. 활동은 (1)책을 읽기 전과 (2)책을 읽어가면서 그리고 (3)책을 읽고 난 후로 나누어집니다. 이 전략은 독서활동에만 한정되어 있는 것이 아니라 학습 활동에도 유용하며, 사회, 과학 등의 교과 학습에도 많은 도움을 줍니다.

독서 전·중·후 활동표

과정	항목	체크 사항	독서 활동
독서 전	표지 살펴보기	제목, 표지, 목차, 책날개, 추천사 등을 잘 살펴보고 책에 관한 정보 수집	
	독서 방법 결정하기	아이의 연령을 고려해 창작도서와 정보도서 등 장르를 구별해서 읽기	
독서 중	주요 내용 파악하기	표지를 보고 수집한 정보를 파악하며 읽기	
	예측하기	앞으로 벌어질 일과 결말 등을 예측하며 읽기	
	의문 품기	내용과 형식에 관해 지속적으로 의문을 제기하며 읽기	
	연결하기	자신의 경험이나 다른 책의 내용 또는 실제 세계와 연결하며 읽기	
	이해 점검 하기	자신의 읽기를 되돌아보며 스스로 잘 읽고, 이해하고 있는지 계속 점검하기	
독서 후	핵심내용 파악하기	줄거리와 등장인물, 중요한 장소, 정보를 기억해 보기	
	새로 알게 된 사실	표지에서 예측한 정보 외에 새롭게 알게 된 내용을 정리하고 종합하기	
	깨달은 점	깨달은 점과 나만의 평가	

이 표는 유아부터 초등학생까지 모두 활용가능한데요, 방법에 약간의 차이가 있습니다. 독서 전 활동은 동일합니다. 먼저 아이와 함께 책 표지와 바깥 정보를 함께 살피고 어떤 내용일지 대화를 나눕니다. 유아와 초등 저학년의 경우 독서 중과 독서 후 활동은 부모님과 아이가 함께합니

다. 부모님이 읽어주면서 독서 전에 궁금했던 사항을 찾아보고 독서 중에 새롭게 알게 된 사실을 메모 또는 기억하며 대화하듯 읽어나갑니다. 그리고 독서를 마친 후 책의 내용을 떠올리고 새롭게 알게 된 사실이나 깨달은 점을 부모와 아이가 함께 이야기 나눕니다.

가령 남매의 다툼과 화해를 그린 앤서니 브라운의 『터널』을 읽어준다면 본문을 읽기 전에 책 제목인 '터널'에 대해 먼저 이야기를 나눕니다. "강원도 이모네 놀러갈 때 터널을 지나가 본 적 있지?", "그때 기분이 어땠니?", "터널은 왜 만든 걸까?" 등의 이야기를 해줄 수 있겠네요. 터널은 티격태격하는 남매가 고난, 어려움, 어둠 등을 통해 함께 성장하는 과정을 은유한 것입니다. 아이들의 수준에 맞게 쉬운 어휘로 제목의 뜻을 생각하며 내용을 상상할 수 있도록 해야 합니다.

표지 그림을 보고 이렇게 이야기하는 것이 좋습니다. "치마를 입은 아이가 터널 안으로 들어가는구나. 어디로 가는 걸까?", "터널이 작네? 이런 터널을 본 적 있니?" 등의 이야기로 책에 흥미를 갖도록 유도합니다. 책을 읽어주

『터널』, 앤서니 브라운 지음, 논장

는 과정에서는 등장인물에 대한 이야기, 그림을 보고 어떤 상황인지 말하기, 책의 내용처럼 아이도 성격이 다른 형제나 친구와 다툰 경험이 있는지 등의 이야기를 나누며 뒷표지까지 함께 읽습니다. 책을 다 읽어준 후에는

대화꿈 독서법

책 내용이나 그림, 아이의 실제 경험 등에 대해 자유롭게 이야기를 나눕니다. 좀 더 적극적인 활동으로 그림을 그리게 하거나 짧은 글을 쓰게 하거나 만들기를 하게 하거나, 역할극을 할 수도 있습니다. 이런 활동은 아이의 집중력과 이해력을 고려해 진행해야 합니다.

초등 고학년의 경우, 부모님이 책 표지와 바깥 정보를 함께 살피는 것은 동일합니다만, 부모님이 읽어주는 것이 아니라 '스스로 읽는다'는 점이 다릅니다. 책에 대한 관심과 흥미를 유발시킨 뒤 "책을 다 읽고 지금 우리가 궁금했던 것을 엄마에게 알려주렴"하고 스스로 읽도록 안내합니다. 아이는 부모와 함께 찾은 표지의 단서를 중심으로 읽습니다. 새롭게 알게 된 사실은 메모하거나 표시합니다. 독서를 마친 후 책의 주요 내용을 노트에 간단히 정리한 뒤 부모님께 들려줍니다. 이때 부모님의 역할은 아이의 이야기 속에서 궁금한 내용을 되묻거나 칭찬해 주는 것으로 충분합니다.

연령별 독서 전·중·후 활동 적용하기

과정	유아/초등 저학년	초등 고학년
독서 전	아이와 함께 책 표지와 바깥 정보를 함께 살피고 어떤 내용일지 대화를 나눕니다.	
독서 중	부모님이 읽어주면서 독서 전에 궁금했던 사항을 찾아보고, 새롭게 알게 된 사실을 메모 또는 기억하며 대화하듯 읽어나갑니다.	부모와 함께 찾은 표지의 단서를 중심으로 아이 스스로 책을 읽습니다.
독서 후	책 내용을 떠올리고 새롭게 알게 된 사실이나 깨달은 점을 부모와 아이가 함께 이야기 나눕니다.	책의 주요 내용을 독서노트에 정리합니다. 부모님께 책 이야기를 들려줍니다. 부모님은 아이의 이야기 속에서 궁금한 내용을 되묻거나 칭찬해 줍니다.

독서 전·중·후
활동 실천하기

자, 이제 기초적인 준비가 되었습니다. 자녀와 함께 책을 읽는 연습을 해보겠습니다. 책의 표지, 제목이나 목차와 관련된 알고 있는 모든 것에 대해 아이와 이야기를 나눕니다. 앞표지와 뒷표지까지 살펴보면서 삽화와 그림, 글자 등 모든 것들을 토대로 아이가 관찰한 것과 유추해낼 수 있는 사실들을 '독서 전'란에 적어봅니다. '독서 중'란에는 이 책을 읽으면서 알고 싶은 내용들을 되도록 많이 기록합니다. 책을 읽어나가면서 '독서 중'란에 알고 싶은 내용을 더 추가해도 좋습니다. 책을 다 읽은 후에 알게 된 내용은 '독서 후'란에 기록합니다. 토미 웅거러Tomi Ungerer의 『꼬마 구름 파랑이』라는 책으로 독서 전·중·후 활동을 해보면 다음과 같습니다.

『꼬마 구름 파랑이』,
토미 웅거러 지음, 비룡소

전·중·후 활동표 예시

과정	항목	체크 사항	독서 활동
독서 전	표지 살펴보기	제목, 표지, 목차, 책날개, 추천사 등을 잘 살펴보고 책에 관한 정보 수집	• 꼬마구름 파랑이/토미 웅거러/비룡소 • 양떼 구름 위를 떠다니는 파란 구름 • 구름이 왜 파랄지? • 아래 구름은 왜 양떼모양이지? • 파랑이의 성격은 어떨까? • 어디로 가는 중일까?
	독서 방법 결정하기	아이의 연령을 고려해 창작도서와 정보도서 등 장르를 구별해서 읽기	• 엄마와 함께 『꼬마 구름 파랑이』를 읽어보자. • 유아라면 엄마가 읽어주고 초등학생이라면 혼자 읽은 후 엄마에게 책 내용을 이야기해 준다.
독서 중	주요 내용 파악하기	표지를 보고 수집한 정보를 파악하며 읽기	• 파란 이유는 평화를 상징하는 것 같다. • 파랑이의 성격은 동글동글하고 사람을 좋아한다. • 파랑이는 목적지 없이 여기저기 떠다닌다. • 어른 구름들이 겁을 주어도 파랑이는 끄떡없다.
	예측하기	앞으로 벌어질 일과 결말 등을 예측하며 읽기	• 파랑이 도시는 어디 있을까? • 파랑이는 과연 어디로 갔을까?
	의문 품기	내용과 형식에 관해 지속적으로 의문을 제기하며 읽기	• 파랑비를 피한 사람은 과연 어떻게 되었을까?
	연결하기	자신의 경험이나 다른 책의 내용 또는 실제 세계와 연결하며 읽기	• 파랑이는 평화를 좋아해서 파랑비를 내린다. • 전쟁이 빨간색이라면 반대되는 파란색은 평화로움을 나타내는 것이 아닐까.
	이해 점검하기	자신의 읽기를 되돌아보며 스스로 잘 읽고, 이해하고 있는지 계속 점검하기	• 동글동글하고 장난꾸러기인 파랑이가 화났다. • 평화를 위해 파랑비를 내리는 결단을 한다.

독서 후	핵심내용 파악하기	줄거리와 등장인물, 중요한 장소, 정보를 기억해 보기	• 전쟁하는 인간의 어리석음과 평화를 지키려는 자연의 위대함을 강조하는 내용
	새로 알게 된 사실	표지에서 예측한 정보 외에 새롭게 알게 된 내용을 정리하고 종합하기	• 우산을 쓰고 파랑비를 피하는 사람들의 욕심 • 사람들이 파랑이를 기억하는 한 평화는 온다.
	깨달은 점	깨달은 점과 나만의 평가	• 한쪽 편을 들지 않고 양쪽 모두에게 화해와 용서의 비를 내리는 파랑이의 모습이 위대함 • 전쟁하는 인간의 어리석음과 평화를 지키려는 자연의 위대함이 비교됨

이렇게 표지를 보고 내용을 예측한 후 궁금한 사항을 정리하며 읽으면 아이의 생각을 열어줄 수 있습니다. 아이들과 이야기를 나누면서 생각하지도 못했던 단서들을 찾아내고 더 깊이 생각하며 읽을 수 있습니다. 초등학생의 경우에도 이 방식을 적용하면 아이가 독서에 흥미를 갖게 됩니다. 독서 전 활동만 함께하고 아이 혼자 읽고 정리하게 하면 됩니다. 아이 스스로 책을 읽고 느낀 점이나 생각한 것, 감정들을 함께 기록하면 유용한 독서노트가 만들어집니다.

자녀 성별에 따른 독서법은 따로 있다고?

저는 아들 하나 딸 하나를 키웁니다. 여자 아이는 혼자서도 잘 놉니다.

내 아이 독서법

남자 아이는 바깥 활동을 무척 즐깁니다. 그러다 보니 여자 아이들은 책을 좋아한다고 생각합니다. 이는 편견입니다. 바깥에서 신나게 놀다 온 아들에게 책을 읽어줍니다. 아들은 싫다고 덮어버립니다. 이런 경우 아들이라서가 아니라 지금은 책을 읽고 싶지 않거나, 재미없는 책이라서 읽기 싫은 경우가 더 많습니다.

부모가 책을 읽어줘도 아이들이 싫어하는 것은 몇 가지 이유가 있습니다. 부모가 고른 책이 아이의 정서적 수준에 맞지 않고 흥미 없는 주제일 경우죠. 여아들은 남아에 비해 정보도서보다는 창작도서를 더 선호하는 경향이 있습니다. 엄마가 드라마를 좋아하는 것처럼 이야기에 관심이 많은 편입니다. 〈녹두꽃〉이라는 드라마를 본다고 할 때, 역사적 지식이 있느냐 없느냐에 따라 몰입도와 이해력이 달라집니다. 배경지식이 있다면 좀 더 다양한 책에 관심을 가질 수 있습니다. 정보도서를 좋아하지 않는 여아에게는 다양한 분야를 접하게 해주어야 합니다. 사회, 과학, 예술이 가장 대표적인 장르입니다. 유아에게는 다소 어려울 수 있지만, 사회적 이슈에 대해 함께 이야기 나누는 것도 좋은 방법입니다.

얼마 전 텔레비전 프로그램에서 미국의 금리 인하 추가 가능성에 대한 내용이 등장했습니다. 아이가 묻기에 금리 변동에 대해 간단하게 설명해 주었습니다. 경제동화를 보다가 이자에 대한 이야기가 나오니, 아빠가 해준 얘기가 여기에 나온다며 아이가 관심 있게 보더군요. 이런 작은 대화의 조각들이 아이가 책을 읽을 때 얼개를 이루어 지식의 밑거름이 될 수 있습니다.

책을 언제까지
읽어줘야 할까?

언어는 듣기, 말하기, 읽기, 쓰기 순서로 습득합니다. 말문이 트이기 시작하기 전에 아이는 듣기 활동에 집중하게 됩니다. 듣기능력은 읽기능력보다 앞섭니다. 아이가 '엄마'라는 단어를 말하고 읽기 전에 이미 수천 번 들었기 때문이죠. 교육전문가 피아제Jean Piaget는 11살 이후부터 아이에게는 스스로 상황을 판단할 수 있는 힘이 생긴다고 합니다. 이때부터 아이 스스로 책을 이해하면서 읽는 것이 가능한 거죠. 그러니 적어도 10~11살까지는 책을 읽어주는 것이 좋습니다. 부모가 책을 읽어주면 아이는 스스로 읽을 때와 달리 부모에게 질문할 수 있으므로 내용에 대한 이해도가 높아지고 어휘력도 풍부해집니다. 유아부터 초등 저학년까지는 고급 어휘를 쌓을 수 있는 기본 토대를 잘 다져놓아야 나중에 어려운 글도 쉽게 이해할 수 있습니다.

아이에게 어떤 책을 읽어줘야 할까요? 도서관에 가서 아이가 골라오는 책이라면 무조건 읽어줘야 할까요? 물론 아이의 관심사에 따라 책 내용의 깊이는 달라질 수 있지만, 책을 선택할 때는 부모의 도움이 필요합니다. 유아라서 글밥이 적은 책만 선택해야 하는 것은 아니지만, 연령이 낮을수록 책에 집중하는 시간이 짧기 때문에 연령에 따라 서서히 글밥을 늘리는 것이 바람직한 방법입니다.

유아에게 적합한 책은 대부분 그림책입니다. 하지만 그중에서도 아이의 눈높이에 맞는 책을 고르도록 노력해야 합니다. 한글을 떼기 전에 유아는 글을 모르기 때문에 부모는 책장을 천천히 넘기면서 그림을 살펴야 합니다. 글 없이 그림만 봐도 이야기가 연결되는 책들이 아이들이 보기 좋은 책입니다. 아이들이 책을 선택하는 기준은 그림입니다. 부모는 그림뿐만 아니라 내용이 그림과 잘 맞는지 살펴보아야 합니다. 좋은 그림책은 글의 내용과 그림이 일치하는 책입니다. 책 선택의 주도권은 가정에서는 아이가, 밖에서는 부모가 갖고 있는 것이 좋습니다. 집 안에 있는 책들은 부모의 정보력과 판단기준에 따라 선별된 책들이기 때문에 아이가 자유롭게 선택하게 합니다.

아이가 스스로 책을 읽고 이해하는 것을 '읽기 독립'이라고 말합니다. 읽기 독립이 안 된 시기에는 책 자체에 흥미를 갖도록 하는 것이 중요합니다. 이때는 아이가 원하는 책을 중심으로 읽어주는 것이 좋습니다. 자동차를 좋아하는 아이는 자동차 책만 가져오기도 하는데, 다른 주제에도 관심을 가질 수 있도록 하루에 한두 권 정도는 자연관찰 책이나, 창작도서를 읽어줄 것을 권하고 싶습니다.

한글을 떼고 스스로 책을 읽을 수 있을 때에는 모든 책을 읽어줄 필요는 없습니다. 완전히 읽기 독립이 되었다면 읽기 쉬운 책은 아이 스스로 읽고, 책 한 페이지에 모르는 어휘가 3개 이상 있는 책이라면 부모가 읽어주는 것이 바람직합니다. 창작 그림책에서는 모르는 어휘 1~2개가 있어도 아이가 내용을 이해하는 데 큰 문제가 되지 않습니다. 그림을 통해 도움을 받을 수 있으며, 문맥상에서 의미를 유추하는 재미를 느낄 수 있습니다. 그러나 정보도서는 다릅니다. 페이지마다 3개 이상 어려운 어휘를 만나게 되면 처음에는 대충 넘기면서 이야기를 연결하려고 하지만, 다음 내용으로 넘어갈수록 책이 어렵게 느껴지고, 재미없다고 생각할 수도 있습니다. 어떤 책을 언제까지 읽어줘야 할 것인지는 바로 아이에게 달려 있습니다. 아이가 원할 때까지 읽어주는 것이 바람직하며, 아이가 원하는 책을 우선적으로 읽어주는 것이 유아기에 할 수 있는 가장 좋은 독서 방법입니다.

수상작보다 아이 관심사에 맞는 책이 먼저

어떤 것을 읽어줄까 고민하는 학부모에게 수상작품은 길잡이가 될 수 있습니다. 권위 있는 기준에 의하여 평가를 받은 작품인 만큼 믿을 수 있다고 생각하기 때문입니다. 다만 몇 가지 유의사항이 있습니다. 그림책의 노벨상이라 불리는 칼데콧 상Caldecott Medal은 매년 여름, 미국도서관협회 분과인 미국어린이도서관협회에서 그해에 가장 뛰어난 그림책을 펴낸 작가에게 시상합니다. 매년 영국에서 초판 발행된 그림책 작업을 한 일러스트레이터를 대상으로 주는 케이트 그린어웨이상Kate Greenaway Medal은 그림 작가에게 주는 상입니다. 심사기준은 작품성과 예술성의 조화입니다만 대게 그림이 우수하고 독창적인 작품이 수상하게 됩니다. 외국에서 아동문학상을 수상한 그림책은 '들고 다니는 미술관'이라고 불릴 만큼 예술성이 뛰어납니다. 그만큼 그림책에서 그림이 차지하는 비중이 높다는 반증입니다. 그러나 명성에만 의존하기보다는 엄마가 직접 그림을 살펴보고 아이가 좋아하는 소재의 책으로 선택하는 것이 좋습니다.

유아용 그림책 중에서 손꼽히는 스테디셀러인 『달님 안녕』하야시 아키코은 어른이 보기에는 별 내용이 없는 것 같아도 아이들이 무척이나 좋

대치동 독서법

아하는 책입니다. 밤에 환하게 떠오르던 달님이 구름에 가려졌다가 다시 모습을 드러내게 된다는 내용이 아이들의 관심과 흥미에 딱 맞아떨어지기 때문입니다. 단순한 이야기지만 아이들은 또 읽어달라고 합니다. 지붕 위에 나타난 달님에게 인사하고, 달님을 가린 구름 아저씨를 보며 울상을 짓고, 혓바닥을 내민 달님을 따라하다 보면 어느새 아이는 달님과 친구가 됩니다.

『입이 똥꼬에게』와 『강아지똥』, 『누가 내 머리에 똥 쌌어?』는 모두 '똥'을 소재로 한 책입니다. 『입이 똥꼬에게』는 입, 코, 눈, 귀, 손, 발 그리고 똥꼬 등 신체 부위의 역할과 소중함에 대해 이야기합니다. 모든 부위를 소중하게 여겨야 한다는 것을 배울 수 있습니다. 『강아지똥』은 아무도 거들떠보지 않는, 세상에서 가장 버림받은 존재라고 생각했던 '강아지똥'이 끝내 민들레꽃을 피운다는 감동적인 이야기입니다. 『누가 내 머리에 똥 쌌어?』는 두더지의 머리 위에 떨어진 똥이 누구의 것인지를 밝히기 위해 여러 동물들을 찾아다니며 그 동물들의 똥을 관찰하는 이야기입니다. 지저분하다고 생각할 수 있는 똥을 소재로 한 책이 인기 있는 이유는 아이들의 발달 단계와 흥미에 적합하기 때문입니다.

그밖에도 『겁쟁이 빌리』, 『지원이와 병관이 시리즈』, 『비 오는 날 또 만나자』, 『괜찮아』, 『만희네 집』, 『달라도 친구』, 『괴물들이 사는 나라』, 『기분을 말해 봐』, 『앗! 따끔!』, 『바람이 좋아요』, 『아가 입은 앵두』, 『책이 꼼지락 꼼지락』, 『달라질 거야』, 『얘들아, 학교 가자』, 『꼭 잡아!』, 『찾았다!』, 『내 마음의 동시

1학년』세림, 『머리가 좋아지는 그림책』파란하늘, 『감기 걸린 날』보림, 『벤자민의 생일은 365일』미래 M&B, 『두껍아 두껍아』다섯수레, 『휘리리후 휘리리후』웅진주니어, 『고양이는 나만 따라 해』창비, 『솔이의 추석이야기』길벗어린이, 『엄마를 위한 선물』베틀북 등과 앤서니 브라운의 작품은 아이의 관심을 끌만 합니다.

9.
초등 저학년을 위한
독서법

　어머니는 정렬이가 책을 읽지 않자 보상플랜을 실시했습니다. 책 한 권을 읽으면 돼지저금통에 500원을 넣어주기로 한 것입니다. 하루는 정렬이가 『코숭이 무술』이은시 씨이라는 책을 읽고는 이렇게 말했습니다. "엄마, 이건 페이지도 많고 글자도 너무 많은 것 같아요. 500원어치에 해당하는 절반만 읽을래요." 그날 이후로 정렬이 어머니는 보상플랜을 중단하셨습니다. 어머니는 이렇게 말씀하시더군요. "책은 아이를 위해 읽는 거잖아요. 그런데 마치 제게 선심 쓰듯 생색을 내며 읽더군요. 이건 아니다 싶었죠."

　이런 식의 보상으로는 책읽기의 참맛을 느끼게 하기 어렵습니다. 상담을 하다보면 "이런 식으로라도 책을 읽히면 습관이라도 생기지 않을까요?"라고 질문하시는 분이 계십니다. 금전적 보상은 아이가 독서에 재미를 붙이는 기회를 박탈하는 것입니다. "왜" 책을 읽어야 하는지에 대해 아이 스스로 질문해 보아야 합니다. 왜가 없는 아이는 책을 많이 읽어낼 수 있을지는 몰라도, 학습능력이 뛰어난 아이로 성장하기는 어려울 수 있습니다.

이상 현상이 발생하는 초등 저학년

초등 저학년은 이상 현상이 발생하는 시기입니다. 책에 씌어 있는 글자는 처음에는 아이에게 기호 덩어리에 불과할 뿐입니다. 그런데 어느 순간 기호의 의미를 문자로 알아채게 됩니다. 개인 편차는 있습니다만 대게 2학년 말쯤 되면 '아버지가 방에 들어가신다'라는 기호의 의미를 갑자기 문자로 이해하게 됩니다. 어째서 이러한 현상이 일어날까요.

첫 번째 이유는 2015년 개정교육과정에서 찾을 수 있습니다. 초중고 국어 읽기 영역의 성취기준에 따르면 초등학교 저학년을 낭독, 즉 음독의 시기로 보고 있습니다.[25] 아이들은 음독에서 묵독으로 넘어가는 이 과도기에, '소리'라고 생각했던 언어를 '문자'로 인식하기 시작하는 것이죠.

기능	초등학교 1~2학년	초등학교 3~4학년	초등학교 5~6학년	중학교 1~3학년	고등학교 1학년
낭독	소리 내어 읽기	→→→→→→→			
	띄어 읽기	→→→→→→→			
사실적 이해	중요한 내용 확인하기	중심생각 파악하기	유형에 따른 대강 간추리기	목적에 따른 내용 요약하기	→→
추론적 이해		짐작하기	생략된 내용 추가하기	내용 예측하기	→→

대지동 독서법

비판적 이해		사실과 의견 판단하기	주장의 타당성, 표현의 적절성 판단하기	표현방식 및 의도 평가하기	필자의 관점, 표현방법 적절성 평가하기
창의적 이해				동일한 화제의 다양한 글 통합하기	문제해결 및 대안 제시하기
상위인지			읽기전략 적용하기	읽기과정의 점검과 조정하기	다양한 읽기전략 적용하기

두 번째 이유는 인도 태생의 세계적인 뇌과학자 라마찬드란 박사의 모방행동 연구에서 찾을 수 있습니다. 라마찬드란 박사는 찰스 다윈Charles Robert Darwin의 연구에서 인간의 모방행동을 발견했습니다. 찰스 다윈은 인간의 발성장치가 초기 영장류들이 구애를 할 때 드러내는 감정에서 진화했다고 말합니다. '외침'에서 '언어'로 이어지는 이런 발성장치의 변화는 거울신경의 발달로 이어집니다. 거울신경은 갓난아기에게서 흔히 관찰됩니다. 워싱턴대학교의 인지심리학자 앤드류 멜초프Andrew Meltzoff는 갓 태어난 아기가 혀를 내미는 엄마의 행동을 보고 자주 혀를 날름거린다는 것을 발견했습니다. 갓 태어난 아기를 관찰한 이유는 모방행동이 학습이 아닌 타고난 능력 때문에 하는 것임을 밝히려는 것이죠. 결국 아이가 소리 기호를 문자로 인식하게 되는 것은 학습 덕분이 아닙니다. 신체 발달에 따라 자연스럽게 익혀지는 모방행동 때문입니다. 따라서 이 시기의 아이들은 독서를 학습이 아니라 재미로 접근하는 것이 중요합니다. 문제는 이 갈림길에서 완전 흥미로 빠질 위험이 도사리고 있다는 것이죠. 지나친 흥미 위주의 독서는 아이의 독서력을 해치는 주범입니다.

흥미 위주 독서의 문제점

국립중앙도서관 대출 순위를 살펴보겠습니다. 학습만화를 압도적으로 많이 보고 있는 것을 알 수 있습니다. 학습만화의 경우 초등학교 저학년74.8%에서 고학년55.8%으로 갈수록 줄어들고, 단권 도서와 시리즈 도서는 증가하는 경향이 있습니다.

초등학생 선호도서 유형별 비교
• 2009.7 ~ 2019.6 인기대출도서 500위 기준

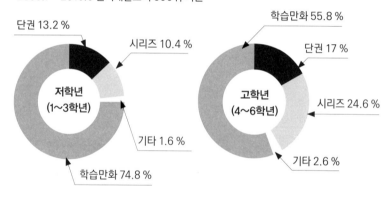

만화를 제외한 도서 중에서 지난 10년간 인기 대출 도서는 『윔피 키드』제프 키니 저, 『엽기 과학자 프래니』짐 벤튼 저, 『해리포터』J. K. 롤링 저 등의 판타지 시리즈물이었습니다. 한때는 영어공부를 시킨다고 『해리포터』시리즈를 읽히는 사례가 많았는데요, 판타지책의 중독성도 만화책 못지않습니다.

이는 흥미 위주의 독서에 빠진 현실을 적나라하게 드러냅니다. 독서의

주된 목적 중 하나가 재미라는 것에는 동의합니다. 하지만 요즘 독서 행태는 어른과 아이 모두 한쪽으로 편중되어 있습니다. 특히 초등학생들은 만화책과 판타지에 쉽게 빠져듭니다. 만화책은 책을 읽는다는 대리만족을 주고 사실 위주의 지식을 습득하는 데에는 유용하지만 깊이가 없어서 올바른 독서를 방해합니다. 그럼에도 전국 어린이도서관은 점점 만화방이 되어가고 있습니다.

아이들이 만화책과 판타지책에 빠져드는 이유는 무엇일까요? 읽기 편하고 이해하기 쉽기 때문입니다. 호흡이 길거나 행간을 읽어야 하는 줄글을 읽을 때와 달리 뇌를 많이 쓰지 않아도 정보가 쉽게 들어옵니다. 저자 강연회를 하다보면 항상 부모님들에게 만화책읽기에 대한 견해를 묻습니다. 이것도 책이니까 안 읽는 것보다 낫다고 생각하는 부모님들이 절반 정도는 됩니다. 진실은 무엇일까요?

먼저 학습만화의 장점을 한번 생각해 보겠습니다. 만화는 그림이 있어서 빠르게 읽을 수 있습니다. 간략한 요점을 정리할 수 있습니다. 많은 내용을 빠르게 볼 수도 있습니다. 하지만 학습만화의 단점은 내용을 줄거리 중심으로 대강 파악하게 된다는 점입니다. 감정표현은 그림으로 하고 내용은 대사로만 전달합니다. 따라서 언어를 통한 묘사와 표현력이 부족해집니다. 만화책읽기에 익숙해지면 책을 대충 읽는 습관이 생깁니다. 이런 습관이 붙으면 나중에는 줄글로 이루어진 책을 끝까지 완독할 수 없습니다. 줄거리를 스스로 파악하는 힘이 부족하기 때문이죠.

자전거 타기를 배울 때를 떠올려보겠습니다. 만화책을 읽는 것은 네발 자전거를 타는 것과 같습니다. 처음에는 넘어지지만 두 발 자전거를 시도해야 사이클이든 하이브리드 자전거든 고성능 자전거를 혼자 탈 수 있습니다. 네 발 자전거의 편리함에 젖은 아이들은 두 발 자전거를 탈 수 있는 능력을 익히지 못하게 됩니다. 정독이 힘들어지면 꼭 필요한 책이더라도 그림이 없다면 거들떠보지도 않게 됩니다. 복잡한 사고를 싫어하는 단순한 사람으로 남게 될 가능성이 높습니다. 최근의 출판시장은 어린이 도서가 주도하고 있다 해도 과언이 아닙니다. 『내일은 실험왕』, 『마법 천자문』 등은 대표적인 밀리언셀러입니다. 우리나라 초등학생 수가 300만 명 내외인 현실을 감안할 때 상당수가 베스트셀러 학습만화를 보는 것입니다. 문제는 베스트셀러 목록이 만화책, 판타지책, 창작동화에 치우쳐 있다는 것입니다. 그렇다고 학습만화를 무조건 금지하기도 어렵습니다. 금지하기 어렵다면 부모가 반드시 도서 권수를 제한하고 이 책에 소개된 추천도서를 읽히시기 바랍니다.

아홉 살에게는 버거운 『아홉 살 인생』

초등 저학년 아이의 경우에는 그 눈높이를 맞추는 것이 중요합니다. 어느 도서관에 강연회를 갔을 때의 일입니다. 한쪽 작은 방에 아이들을 모아놓고 『마당을 나온 암탉』황선미 저이라는 애니메이션을 상영했습니다. 주인공 '잎싹'이 안전한 마당을 나와 거친 들판에서 온몸으로 역경을 이겨내는 감동적인 스토리로 많은 사랑을 받은 작품이죠. 청둥오리 알을 품어 기른 아들 '초록이'와 헤어지는 장면은 감동적입니다. 마지막에 새끼를 위해 먹이를 구하던 족제비에게 생명을 바치는 장면도 뭉클하죠.

출간 당시에도 초등 고학년이나 중학생을 대상으로 하였습니다. 흥미진진한 줄거리와 달리 정체성이라는 무거운 주제를 담고 있습니다. 그런데 애니메이션으로 만들어지면서 초등 저학년은 물론 영유아들도 많이 보게 되었습니다.

강연을 마칠 때쯤 아이들이 모인 작은 방에서 한 여아의 울음소리가 들렸습니다. 가보니 "족제비가 잎싹이를 잡아먹었어. 잎싹이가 죽었어" 하며 서럽게 울고 있었습니다. 그 모습을 본 어머님들은 아이가 감상적이라며 웃어넘겼지만 저는 웃을 수 없었습니다. 아이가 마음에 상처를 입은 것이 못내 마음에 걸렸기 때문입니다.

『마당을 나온 암탉』은 전체관람가의 애니메이션이지만 주제 의식이나 주제를 전달하는 방식은 초등 고학년이나 청소년 이상의 수준을 요구하는 작품입니다. 정체성을 찾는다는 것이 청소년기의 주요한 과제이기도 하지만 마지막에 잎싹이 또 다른 생명을 위해 족제비에게 희생당하는 장면은 자연의 순리를 따르는 잎싹의 생각을 알아야 이해됩니다. 10세 이하의 아이는 잎싹이 스스로 죽음을 선택하는 장면을 이해하지도 못할 뿐더러 영화 내내 선과 악의 대립구도에서 승기를 잡던 주인공이 족제비에게 잡아먹히는 장면에서 큰 충격과 상처를 받게 됩니다.

비슷한 예로『아홉살 인생』위기진 저이 있습니다. 청년실업과 무능력한 가장, 독거노인 등 사회적 문제를 다루면서 아홉 살 어린이의 순수한 사랑까지 담아낸 책입니다. 아홉 살이라는 제목 때문에 초등 저학년 필독서로 추천되지만 이 책은 중학생 이상이나 되어야 이해할 수 있습니다. 청년실업 문제의 골방철학자, 독거노인 문제의 토굴 할매가 주인공 백여민이 사는 동네의 이웃들입니다. 성인이 된 저자는 이 동네로 이사 와서 아홉 살의 어린 나이에 세상을 배웠노라고 회상하지만 저학년 아이들이 배울 수준은 아닙니다.

어린이가 경험하는 문학의 고난과 역경이 지나치게 현실적이면 동심 파괴입니다. 삶에 대한 희망을 경험할 수 있는 긍정적인 결말이어야 합니다. 그래서 어린이는 문학을 경험한 후에 "가족을 사랑하자", "용기와 희망을 잃지 말자", "좋은 생각으로 친구를 대하자"는 등의 긍정적 생각이 들어야 합니다. 저학년 책의 선택 기준은 품성을 기르는 책입니다.

상상력이 발달하는 1학년

1학년 아이들은 책을 읽어주는 것을 자연스럽게 잘 받아들입니다. 유치원에서부터 습관이 된 아이의 경우 스스로 책을 읽고 싶어 하는 경향이 있습니다. 이런 경우 아이의 흥미를 유지할 수 있는 책을 아이의 손이 닿기 쉬운 곳에 두는 것이 좋습니다. 특히 이제 막 학교에 들어간 아이들은 평가하려고 하는 학교 분위기에 당황하는 경우가 있는데, 지나친 경쟁보다 우정을 강조하는 『일등이 아니라도 괜찮아!』푸른숲주니어와 같은 책을 권해 주는 것이 좋습니다. 아름다운 그림과 잔잔한 이야기가 담긴 『작은 집 이야기』시공주니어와 잔머리의 귀재인 여우를 골탕 먹이는 드소토 선생님의 지혜를 배울 수 있는 『치과 의사 드소토 선생님』비룡소도 추천합니다.

책을 통해 1학년 아이들은 눈에 보이지 않는 세계를 상상합니다. 마음속에 그리는 선과 악, 욕심 등의 이미지가 독서로 대신 표출되는 것이죠. 부지런한 돌쇠 부자를 괴롭히다 결국 똥무더기에 파묻히는 욕심쟁이 김 부자의 이야기를 친근한 동양화와 함께 소개한『똥벼락』사계절과 가난하지만 부지런했던 나무꾼이 우연히 빨간 부채와 파란 부채를 주운 뒤 부채를 써서 큰 부자가 된 이후 일도 하지 않고 놀고먹다가 옥황상제에게 벌을 받는 이야기인『빨간 부채 파란 부채』시공주니어는 아이들에게 지나친 욕심을 주의하도록 일깨웁니다.

1학기가 지나고 읽기에 익숙해지면서 길고 복잡한 유명동화나 마음을 울리는 창작동화 등 좀 더 문학성 있는 이야기를 원합니다. 옛이야기를 새롭게 각색한『나무꾼과 호랑이 형님』한림출판사과『팥죽 할멈과 호랑이』보림,『프레드릭』시공주니어도 아이들이 좋아하는 책입니다.『나무꾼과 호랑이 형님』에서는 홀어머니를 모시고 사는 나무꾼이 산에서 호랑이를 만나자 위기를 모면하기 위해 절을 하며 형님으로 모십니다. 그 말을 믿은 호랑이는 매일 어머니를 위해 산짐승을 잡아줍니다. 좋은 그림으로 호평을 받고 있는『팥죽 할멈과 호랑이』는 호랑이 굴에 들어가도 정신만 똑바로 차리면 살 수 있다는 지혜를 주고, 우리나라에서도 인기가 많은 작가 레오 리오니의『프레드릭』은 개미와 배짱이의 우화를 배짱이 입장에서 생각하게 만듭니다. 호랑이 바위에 얽힌 이야기인『소원 들어주는 호랑이 바위』국민서관는 게으른 아들이 효자가 되어가는 모습을 보여주고, 편하게 놀고먹고 싶던 어느 게으름뱅이가 소원을 풀어주는 소머리탈을 쓰면서 곤란에 빠지는『소가 된 게으름뱅이』비룡소는 노력의 중요성을 일깨웁니다. 무거운 짐을 나귀에 실어 달라는 청을 거절한 사람이 후에 나귀 방귀로 크게 다친다는 교훈을 주는『나귀 방귀』보리는 배려의 중요성을 깨닫게 합니다. 『복 타러 간 총각』보림와 『황소와 도깨비』다림는 남을 돕는 일이 결국은 자신을 위한 일임을 알게 해줍니다.

그밖에 『개구쟁이 ㄱㄴㄷ』사계절, 『심심해서 그랬어』보리, 『비가 톡톡톡』주니어RHK, 『훨훨 간다』국민서관, 『가자 가자 감나무』정비 등은 어휘력에 도움을 주는 책입니다.

지적 호기심이 왕성해지고 개인차가 커지는 2학년

2학년이 되면 혼자 책읽기를 시도하고 스스로 좋은 책을 찾아보고 싶어 합니다. 하지만 개인차가 커서 아직 글을 읽지 못하는 아이들부터 스스로 책읽기를 즐기는 아이까지 다양해집니다. 글을 일찍 깨치고 안 깨치고는 전혀 중요하지 않습니다. 글자를 안다고 문장에 담긴 뜻을 모두 이해하는 것은 아니기 때문입니다. 읽고 즐기면서 상상의 세계에 젖어 감성을 자극하고 상상력을 한층 풍부하게 펼쳐나가도록 도와주는 것이 중요합니다. 『고양이 택시』시공주니어에서 고양이 톰은 택시가 되어 이웃들의 어려움을 해결해 줍니다. 아이에게 "톰이 어떤 이웃을 만나 어떤 도움을 줬는가"에 대해 묻는다면 내용을 이해하는 수준에 그치게 됩니다. 그러나 "네가 이웃에게 도움을 줄 수 있는 차를 갖게 된다면, 어떤 이웃에게 무엇을 전하고 싶은지 그 이유와 함께 말해 보자"고 말해 준다면 아이는 나와 이웃의 관계에 대해 생각해 보며, 이웃이 필요로 하는 도움이 무엇인지 고민해 볼 것입니다. 또한 자신이 줄 수 있는 도움이 무엇인지도 생각해 보게 될 것입니다.

이 시기 아이들의 특징은 거짓말을 하는 것입니다. 부모의 기대에 부응하고 싶거나 친구들의 관심을 받기 위해 혹은 야단맞지 않기 위해 거짓말을 합니다. 거짓말이 습관이 되지 않도록 신경을 쓰거나 혼을 내는 부모님들이 계시는데, 그래도 아이들은 좀처럼 나아지지 않습니다. 자연스러운 현상이기 때문이죠. 혼을 내기보다는 교훈이 될 만한 책을 통해 스스로를 돌아보게 만드는 것이 바람직합니다. 주인 없는 돈을 줍게 되면서 벌어지는 주인공 병관이의 갈등과 이를 해소하는 과정을 그려내고 있는『거짓말』갈맷어린이을 추천합니다. 주운 돈을 돌려줘야 하는 것을 알면서도 평소에 갖고 싶었던 물건을 사는 병관이의 이야기를 통해 거짓말이 주는 고통을 일깨울 수 있습니다. 거짓말을 할 필요가 없다는 것을 자연스럽게 알려주는 것이지요.『뻥쟁이 왕털이』시세상와『거짓말쟁이는 힘들어』아이세움도 거짓말을 하려는 아이들의 심리와 거짓말을 하면서 벌어지는 에피소드와 교훈을 깨닫게 합니다.

이 시기의 주된 관심사는 친구입니다. 반 친구들 사이에서 일어나는 소소한 갈등을 현실감 넘치게 표현한『짜장 짬뽕 탕수육』재미마주,『다른 반으로 이사 갈 거야』문학동네어린이,『우리 반 오징어 만두 김말이』좋은책어린이를 추천합니다. 시골에서 도시로 이사 온 전학생의 이야기를 담은 『짜장 짬뽕 탕수육』은 등교한 친구들에게 따돌림을 받게 될 위기에 처하자 아이들이 좋아하는 짜장, 짬뽕, 탕수육을 이용해 재치 있게 어려움을 극복해내는 이야기입니다. 기존의 획일화된 사고방식에서 벗어나는 해결방식으로 아이들의 흥미를 자극합니다.『훈이 석이』문학동네어린이는 다소 글밥이 많지만 그림이 재미있고 아이들의 눈높이에서 바라본 생생한 묘사로 많은 사랑을 받고 있습니다. 아이들은 저도 모르게 훈이와 석이에게 빠져듭니다. 이 책의 묘미는 재미에 그치지 않고 '좋은 친구란 어떤 것인가'에 대한 질문을 던지고 아이들 스스로 생각하게 하는 데 있습니다. 『난 키다리 현주가 좋아』시공주니어와 『장다리 1학년 땅꼬마 2학년』산하는 서로 다른 성격과 생김새를 가졌지만 소중한 우정을 나누는 친구 이야기로 아이들의 마음을 대변하여 오래도록 사랑받는 책입니다.

　그밖에 추천할 만한 책으로 『심술쟁이 내 동생 싸게 팔아요』어린이작가 정신, 『최승호 시인의 말놀이 동시집』비룡소, 『풀아풀아 애기 똥풀아』푸른 책들, 『갯벌이 좋아요』보림, 『꼬물꼬물 곤충이 자란다』한울림어린이, 『상상해 봐』중앙어린이, 『세상은 이렇게 시작되었단다』마루벌, 『내가 만난 나뭇잎 하나』웅진, 『생명을 꿈꾸는 씨앗』웅진, 『사계절 생태도감』사계절, 『그래프 놀이』미래아이, 『물방울의 모험』담푸스, 『한반도공룡 세트』킨더주니어, 『나야 고릴라』아이세움, 『새 친구가 이사 왔어요』주니어RHK, 『깃털 없는 기러기 보르카』비룡소, 『부엉이와 보름달』시공주니어, 『미스 럼피우스』시공주니어, 『샌지와 빵집 주인』비룡소, 『당나귀 실베스터와 요술조약돌』다산, 『도서관에 간 사자』웅진, 『아모스와 보리스』시공주니어, 『탁탁톡톡음매~ 젖소가 편지를 쓴대요』주니어RHK, 『종이봉지 공주』비룡소, 『아기새 오데프』문지아이들, 『새를 사랑한 산』꽃삽, 『이름 짓기 좋아하는 할머니』보물창고, 『히파티아』비룡소, 『세밀화로 보는 사마귀 한 살이』길벗어린이, 『살아 있는 뼈』아이세움, 『다 콩이야』보리, 『애벌레가 들려주는 나비 이야기』철수와영희, 『숨 쉬는 항아리』보림, 『개구리가 알을 낳았어』다섯수레 등이 있습니다.

관심사가 다양해지고
구체화되는 3학년

3학년이 되면 익혀야 할 단어가 갑자기 늘어나므로 모르는 단어도 문맥을 살피며 유추해내는 기술을 익혀야 합니다. 자기중심적 사고에서 벗어나기 시작하며 더 넓은 세상에 대한 호기심이 생깁니다. 초등학교 3학년 교과서에 소개된 『화요일의 두꺼비』사계절는 겨울잠에서 벗어나려는 두꺼비의 이야기입니다. 무서운 올빼미가 생일날 먹잇감으로 잡아온 두꺼비의 따뜻한 마음에 감화되어 조금씩 우정을 나누게 되는 내용으로 진정한 우정의 의미를 배울 수 있습니다. 『내 맘대로 일기』꿈소담이는 소원을 들어주는 일기장을 손에 쥔 주인공 세원이가 똑똑한 누나와 장난꾸러기 친구를 골탕 먹이려다 가족과 친구의 중요성을 깨닫는 가슴 따뜻한 내용으로 아이들에게 재미와 교훈을 함께 선사합니다.

3학년 아이들은 관심사에 따라 과학·역사·지리 등 좋아하는 주제의 책에 관심을 보입니다. 지도에 대한 책을 읽히는 것도 효과적입니다. 전쟁터에서 내일의 희망을 선물하고자 아빠가 건네준 지도를 통해 아이가 변해 가는 모습을 그리고 있는 『내가 만난 꿈의 지도』시공주니어는 진한 감동과 함께 지도의 의미에 대해 전해 줍니다. 『지도는 보는 게 아니야, 읽는 거지』토토북와 『지도로 만나는 세계 친구들』뜨인돌어린이도 지도에 대한 흥미를 불어넣어 주는 책입니다. 카카오 농장에서 아이들을 노예로 만드는 장면이 등장하는 『누가 초콜릿을 만들까』장미는 노예로 만드는 것이 왜 잘못된 것인지 생각해 보는 기회를 제공합니다.

여행에 관심이 있는 아이들에게는 오지 여행가 한비야의 이야기를 담은 『어린이를 위한 바람의 딸 우리 땅에 서다 1, 2』푸른숲주니어를 비롯해 『반쪽이와 하예린, 런던에 가다』한겨레아이들, 『온쪽이 하예린의 내가 만난 파리』디자인하우스, 『어린이를 위한 유쾌한 세계 건축 여행』토토북, 『아빠랑 은 은별이랑 섬진강 그림여행』소년한길 등을 추천합니다.

과학 교과서에서 지구과학, 생물, 화학, 물리 등 과학의 전 영역의 기초 지식을 배우는 3학년에게 시각자료가 풍부한 책은 배경지식을 쌓아 줍니다. 날씨를 좌우하는 바람에 대해 알려주는 『지구를 숨 쉬게 하는 바람』웅진주니어과 숲의 사계절 생태를 알 수 있는 『재미있는 숲 이야기』다른세상, 『식물이 좋아지는 식물책』다른세상, 『놀라운 생태계, 거꾸로 살아가는 동물들』논장 그리고 빛의 성질에 대해 소개하는 『반사하고 굴절하는 빛』아저사이언스를 권장합니다.

그 외에 추천할 만한 책으로는 『아기장수 우투리』보리, 『초대받은 아이들』웅진닷컴, 『만복이네 떡집』비룡소, 『무조건 내 말이 맞아!』좋은책어린이, 『아드님, 진지 드세요』좋은책어린이, 『내 이름은 삐삐 롱스타킹』시공주니어, 『책이 사라진 날』한솔수북, 『어느 데인지 참 좋은 델 가나 봐』문학동네, 『바람의 보물찾기』청개구리, 『열 살이면 세상을 알 만한 나이』크레용하우스, 『도둑님 발자국』배틀북, 『까매서 안 더워?』파란자전거, 『잔소리 없는 날』보물창고, 『리디아의 정원』시공주니어, 『루이 브라이』다산기획, 『신나는 열두 달 명절이야기』주니어중앙, 『날지 못하는 반딧불이』북뱅크, 『바위나리와 아기별』길벗어린이, 『잔소리 해방의 날』오늘의출판, 『만년 샤쓰』길벗어린이, 『칠칠단의 비밀』사계절, 『아주 특별한 우리 형』대교출판, 『잘난 척쟁이 경시대회』국민서관, 『나무 위의 아이들』비룡소, 『타임 캡슐 속의 필통』창비, 『출동! 마을은 내가 지킨다』사계절, 『콩가면 선생님이 웃었다』재능아이맘, 『가짜 일기 전쟁』

주니어김영사, 『국제무대에서 꿈을 펼치고 싶어요』드림동아어린이, 『그래, 잘될 거야!』소원나무, 『꿈을 향해 스타 오디션』서공주니어, 『나의 간디 이야기』더큰 나무, 『나는 둥그배미야』논장주니어, 『나쁜 어린이표』이미주, 『엄마가 사랑하는 책벌레』아이앤북, 『단단하고 흐르고 날아다니고』용진주니어, 『도깨비가 훔쳐 간 옛이야기』보리, 『흙을 망친 범인을 찾아라』논장리, 『어린이 탈무드』드림동아어린이, 『딩동딩동 편지 왔어요』사계절, 『우리집 쓰레기통 좀 말려줘』위즈덤하우스, 『밥상에 우리말이 가득하네』웅진주니어, 『수원 화성』웅진주니어, 『스마트폰이 먹어치운 하루』팜파스, 『신통방통 석굴암』좋은책어린이, 『쓰레기 행성을 구하라!』푸른숲주니어, 『마두의 말씨앗』사계절, 『화해하기 보고서』사계절, 『하루와 미요』문학동네, 『아무도 모를거야 내가 누군지』보림, 『양심에 딱 걸린 날』개암나무, 『늦어도 괜찮아 막내 황조롱이야』미래소, 『한눈에 반한 우리 미술관』사계절, 『안녕, 난 개미야』바나출판사, 『파스퇴르 아저씨네 왁자지껄 병원』주니어김영사, 『데굴데굴 공을 밀어 봐』웅진주니어, 『가진 것이 많을수록 나눌 것은 적습니다』양철북, 『땅속 생물 이야기』진진출판사, 『찾았다! 갯벌 친구들』김빛어린이, 『더 높이 더 빨리』전둥기린, 『나와 악기 박물관』미래아이, 『사물놀이 이야기』사계절, 『잘 먹겠습니다』창비 그리고 크리스 반 알스버그, 토미 웅거러, 찰스 키핑의 작품들이 있습니다.

3학년이라면
고전 읽기를 시도할 시기

3학년 병준이는 『나보다 작은 형』안정진 시의 머리말 격인 '어린 친구들에게 보내는 편지'를 이해하지 못했습니다. 이 책은 2학년 정도면 충분히 읽을 수 있는 난이도의 책입니다. 그 이유가 궁금해서 모르는 낱말에 동그라미를 치라고 했습니다. 두 쪽에 표시한 동그라미가 무려 7개에 달했습니다. '탁월한, 동무, 소질, 소매치기, 화백, 조각, 꿰매.' 이쯤이면 아이가 글자를 읽기는 하되 그 글의 내용이 무엇인지 전혀 이해하지 못하는 '깜깜이 독서'일 가능성이 큽니다. 머리말이라서 본문보다 약간 더 어려웠을 수도 있겠지만 어휘력이 약해서 책을 제대로 이해하지 못하는 아이들이 의외로 많습니다. 어휘력을 기르는 가장 좋은 방법은 책을 읽으면서 새롭고 다양한 어휘를 많이 만나는 것입니다. 어휘력은 스스로 언어를 다루고 탐색하는 과정에서 늘어나는 것이지 직접 가르쳐서 익히게 할 수 있는 것이 아닙니다. 어려운 단어는 텔레비전 시청이나 어른들과의 대화에서는 배우기 어렵습니다. 오히려 책을 통해 잘 배울 수 있습니다. "저는 모든 어린이들에게 가능한 한 많이 읽을 것을 권합니다. 읽기가 그들의 능력을 향상시키는 강력한 도구이기 때문입니다." 바바라 모스Barbara Moss와 테럴 영Terrell A. Young의 말입니다.

어휘력이란 단순히 그 단어를 얼마나 알고 있느냐를 의미하지 않습니다. 낱말의 깊이와 포괄적 범위를 얼마나 아는가를 말합니다. 어휘력이 강하면 넓고 깊은 배경지식을 갖추고 있어 텍스트 이해가 빠릅니다. 반면 어휘력이 약하면 재미를 맛보기 어렵습니다. 책에 재미를 느끼게 하는 가장 좋은 방법은 초등학교 3~4학년 때까지 부모님이 읽어주는 겁니다. 물론 문제도 있습니다. 부모님에게는 아이의 책이 재미없다는 것이죠. 읽어주기 싫습니다. 글밥도 그림책보다 많으니, 읽기 힘듭니다.

저는 이 위기를 고전 읽기로 타파했습니다. 일종의 절충안입니다. 고전 읽기는 고전문학에서 동양고전으로 넘어가는 것이 좋습니다. 처음부터 너무 교훈적인 책을 들이밀면 부모님의 의도를 금방 눈치 챕니다. 제가 처음 선택한 책은 『걸리버 여행기』조너선 스위프트 저였습니다. 어린이용 축약판이 아닌 비룡소 출판사에서 나온 완역판입니다. 어린이용 그림책 대신 함께 읽어도 좋은 책으로 골랐습니다. 읽는 저도 재밌고 듣는 아이도 재미있어 했습니다. 두 번째로 읽어준 책은 『돈 키호테』미겔 데 세르반테스 저였습니다. 역시 시공사에서 나온 완역판입니다. 너무너무 재미있어 해서 저도 좋고 아이에게도 유익한 시간이었습니다. 읽다보니 어른용이지만 어린이가 봐도 좋은 책이 마땅치 않더군요. 그래서 찾은 것이 글밥이 많은 어린이용 고전 시리즈였습니다. 『철가면』로아고베 저, 『맥베스』셰익스피어 저 등 고전문학에서 시작해 어린이용 동양고전인 『채근담』, 『장자』까지 읽어주었습니다. 그랬더니 나중에는 혼자서도 연관되는 책들을 읽더군요. 저와 같은 고민을 하시는 분들이라면 고전 읽기를 추천합니다. 부모와 아이 모두에게 행복한 책읽기가 되기 때문이죠. 고전 읽기의 효과는 다음과 같습니다.

첫째, 초등 저학년에는 아이의 어휘력이 완성됩니다

아이는 부모의 말투를 그대로 보고 배우다가 초등 3~4학년이 되면 차츰 책에서 영향을 많이 받습니다. 가급적 다양하고 좋은 어휘로 이루어진 책을 읽히는 것이 필요합니다. 고전문학들은 어휘력과 표현력이 돋보입니다. 교과서에도 고전이 많이 등장합니다. 특히 고등학교에 가면 많은 고전문학이 아이들을 기다립니다. 고전문학을 읽히면 어휘력을 향상시킬 뿐만 아니라 중·고등학교 고전 공부에도 상당한 도움이 될 수 있습니다.

둘째, 서술형 문제와 논술에 강해집니다

글쓰기를 잘하기 위해서는 어떻게 해야 할까요? 생각덩어리를 늘려야 합니다. 생각덩어리란 머릿속에 형성된 정보와 지식으로, 어떤 새로운 것을 이해할 때 사용되는 배경지식입니다. 책을 많이 읽은 아이일수록 생각덩어리가 큽니다. 독서량이 많아도 문맥을 파악하지 못하면 시험문제를 이해하지 못합니다. 문맥을 파악하며 읽을 수 있어야 합니다. 이는 호흡이 긴 문장으로 이루어진 고전 읽기로 해결할 수 있습니다.

셋째, 공부하지 않아도 국어 점수가 오릅니다

국어를 잘하려면 결국 긴 지문을 읽고 이해하여 요점과 주제를 잘 파악해야 합니다. 독서는 모든 공부의 본질입니다. 고전처럼 수준 있는 책 읽기를 즐겨하던 아이는 어떤 과목도 쉽게 접근합니다. 고전은 한 문장 한 문장 그 의미를 곱씹고 생각을 거듭해야만 이해할 수 있기 때문에 대충 읽던 습관은 어느새 사라지고, 능동적이고 비판적인 독서 습관을 가지게 됩니다. 또 행간 읽기가 가능해집니다. 지문의 숨은 뜻을 읽어낼 수 있게 됩니다. 국어 실력이 월등히 좋아집니다.

넷째, 상상력과 사고력이 향상됩니다

고전은 대체로 등장인물이 많고 설명과 묘사, 대사들이 길고 자세하여 자칫하면 글의 핵심과 이야기를 놓치기 쉽습니다. 한 페이지를 읽는데 한 시간 혹은 하루가 걸릴 수도 있지만, 그 과정에서 사고력이 발달합니다. 글을 뒤죽박죽 두서없이 읽는 아이들이 논리적 사고력을 기르기 위해서는 논리적 구조가 탄탄하고 논리적 비약이 없는 책들을 자주 접해야 합니다. 어린이를 위한 플라톤의 『대화편』이나 『논어』를 추천합니다. 이 두 책은 한 주제에 대해 스승과 제자들이 나눈 이야기입니다. 이들이 주고받은 대화는 매우 논리적이어서 사고력과 논리력을 키우기에 적합합니다.

다섯째, 교과서가 쉬워집니다

독서 습관은 독서 몰입 경험에서 나옵니다. 독서 몰입을 위해서는 조용한 분위기, 30분 이상의 독서 시간, 부모의 조언과 격려 그리고 양서가 있어야 합니다. 구성이 탄탄한 고전문학은 몰입 경험을 선사합니다. '몰입'은 '중독'과 다릅니다. 만화책을 읽거나 게임을 할 때처럼 노력하지 않아도 빠져드는 것이 중독입니다. 수학 문제를 풀거나 암기를 할 때 집중하기 위해 주위 환경을 바꾸고, 극도의 집중 끝에 경험하는 것은 몰입입니다. 독서 몰입은 중독의 위험을 미리 방지하고, 몰입을 경험하게 해줍니다. 긴 글을 읽을 수 있는 끈기를 만들어줍니다. 독서 근육이 붙어 독서 실력을 향상시킵니다.

여섯째, **지혜와 통찰력을 쌓고 학습의 기초를 탄탄히 다집니다**

고전은 다양한 대안을 제시해 줍니다. 문제와 갈등이 있고 등장인물이 그 문제를 해결해 가는 과정이 등장합니다. 아이는 자신이라면 어떻게 할지, 문제의 결말이 어떻게 날지 나름대로 그 문제를 해결하기 위해 노력합니다. 이야기를 따라가며 문제해결력이 만들어집니다. 역사, 철학, 인문, 문학과 같은 고전을 붙들고, "사람은 무엇으로 사는가?", "어떻게 살 것인가?"와 같은 문제를 고민하는 과정에서 생기는 지혜와 통찰력은 학습의 기초를 탄탄하게 만들어줍니다.

대치동 독서법

10.
초등 고학년을 위한
독서법

독서능력이 학업성적으로 이어지는 분수령이 되는 시기가 바로 초등 4학년입니다. 지금까지와는 다른 차원의 읽기 실력이 필요합니다. 그동안 읽기를 통해 단순히 즐거움을 얻었다면, 이제는 읽은 것에서 무언가를 배워야 합니다. 이야기 글보다 설명 글을 많이 접하는 이때에 만약 읽기능력을 제대로 갖추지 못하면 '독서 슬럼프'에 빠집니다. "어린이의 읽기능력이 발달하는 것은 3학년에서 5학년 사이입니다. 이 시기 이해력에 문제를 보이는 현상을 '4학년 독서 슬럼프fourth-grade reading slump'라고 부릅니다." 미국 학교문화개선센터의 조셉 사나코Joseph Sanacore의 말입니다.

미국의 국제독서력발전협회PIRLS, Progress in International Reading Literacy Study는 5년에 한 번씩 전 세계의 초등 4학년생을 대상으로 읽기능력을 평가해 공개합니다. 이 시기에 책을 좋아하는 아이는 식탁에서도 책을 봅니다. 간혹 수업시간에 다른 아이들은 모두 가만히 있는데도 선생님과 단둘이 수업을 하듯 이야기를 주고받는 아이도 있습니다. 교과과정도 3학년까지는 기초 과정이지만 4학년부터 갑자기 어려워집니다. 이 무렵 아이들은 독서이력에 따라 독서력도 차이가 납니다. 이때까지 잘 읽은 아이는 학습에 적극적입니다. 다양한 책에 흥미를 보입니다. 그렇지 못한 아이는 책읽기를 힘들어하고 학습에 큰 재미를 느끼지 못합니다. 학습에 대한 부담이 커지는 고학년 때 어려움을 겪을 가능성이 큽니다. 아이들은 적어도 4학년이 지나기 전까지는 제대로 읽는 법을 배워야 합니다. 학부모 강연회 때 이런 말씀을 드리니 어떤 학부모님이 질문을 하시더군요. "4학년이 지난 아이들은 읽기능력을 향상시키기 어려운 건가요?"

늦었다고 생각했을 때가 가장 빠릅니다. 오히려 너무 빠른 경우가 문제될 수 있습니다.

창의융합형 인재의 필수조건인 상상력을 갖추기 위해

4학년 때 저를 찾아온 경민이는 어릴 적부터 신동 소리를 들었습니다. 부모의 특별한 자극 없이도 4살 때 혼자 한글을 읽더니 수에 많은 관심을 보였습니다. 5살쯤에는 형이 보는 문제집의 나눗셈 문제를 어른들 앞에서 풀기도 했습니다. 보통 아이들보다 좋은 두뇌를 가지고 있는 것이 분명했습니다. 어느 날 유치원에서 창의력 검사를 했습니다. 검사결과 창의력이 부족하다는 결과가 나왔습니다. 이런 상황은 초등학교에 들어가서도 마찬가지였습니다. 사설 학원에서 경민이의 뇌파를 측정한 결과 알

대치동 독서법

파파가 관찰되지 않았습니다. 너무 어린 나이에 논리적 사고만 개발해서 적기에 필요한 상상력이 발달하지 못한 것입니다. 수를 통해 정답을 찾는 일종의 '패턴'에 익숙해진 것이 문제였습니다. 다양한 책을 읽어주지 않은 탓에 상상의 세계를 경험하지 못했습니다.

상상력은 창의력을 발휘하기 위한 기본능력입니다. 상상력은 우리의 뇌가 논리적인 사고에서 벗어났을 때, 즉 잠들기 전 또는 책이나 영화 등에 몰입했을 때 발휘됩니다. 이처럼 창의력의 근원인 알파파를 꾸준히 발생시킬 수 있는 교육이 부족했던 것입니다.

일반적으로 유아기에 특정한 분야에서 성과를 보이는 아이를 신동 취급합니다. 그러나 제네럴리스트가 될 수 있는 온전한 교육이 뒷받침되어야 특별한 교육이 가능합니다. 스페셜리스트가 되기에 유아기는 너무 이릅니다. 상상력을 키우기 위해서는 제대로 된 독서가 필수적이라는 말입니다. 서울대병원 소아청소년정신과의 김붕년 교수 역시 독서가 아이의 상상력과 창의성을 길러주고 평생 행복을 결정하는 매개체로 작용할 수 있다고 강조합니다.

초등 고학년은 지적 호기심이 증가하는 시기

고학년이 되면 문장이 길고 줄거리가 복잡한 책들도 읽기 시작합니다. 관심이 다양해지고 지적 호기심이 증가합니다. 자신을 둘러싼 세계에 대해 알고 싶어 합니다. 합리성이 발달하여 논리적이지 않은 것에 비판하기 시작하는 것도 이맘때입니다. 가족들과 영화 〈캣츠〉를 볼 때의 일입니다. 첫째 아이에게 이 영화의 동명 뮤지컬을 본 기억을 되살려 주제곡 〈메모리〉를 부르는 고양이 그리자벨라가 주인공이라고 말해 주었습니다. 제가 본 뮤지컬에서는 가수 인순이가 그 역을 맡았고, 워낙에 쟁쟁한 배우가 〈메모리〉를 도맡아 불러 주인공이라 생각했던 겁니다. 하지만 영화의 흐름은 길 잃은 고양이 빅토리아가 주도하더군요. 스크린 상으로 빅토리아가 등장하는 장면이 그리자벨라보다 30배 이상 많았습니다. 참다못한 아이가 다짜고짜 소리를 지르더군요. "아빠는 지난번에 본 영화 〈진주만〉에서도 주인공이 아닌 사람을 주인공이라고 하더니 또 거짓말이에요?" 참으로 난처했습니다.

초등 고학년이 되면 아이들마다 호기심이 생기는 분야가 달라집니다. 과학에 관심이 있는 어린이, 사회에 관심이 있는 어린이, 예술에 관심이 있는 어린이 등 관심 분야가 달라지는 것입니다. 아이들의 관심에 따른 부모님의 독서지도가 필요합니다. 하지만 아이들의 일정이 바쁜 것이 문제입니다. 특히 학교 수업 외에 배우는 것이 많은 아이들은 교과서나 학원 교재 외에 다른 책을 들춰 볼 시간이 별로 없어 보입니다. 그런 와중에도 상당한 독서량을 가진 아이들이 있습니다. 독서에 속도가 붙었기 때문입니다.

학부모님들 중에는 "공부를 잘하는 아이보다 책을 많이 읽는 아이가 부럽다"고 말씀하시는 분이 많습니다. 신기하게도 독서를 많이 하는 아이들의 교과 성적이 좋은 것도 사실입니다. 초등학교 고학년은 독서량과 성적이 비례합니다. 독서량이 많으면 이해력과 사고력이 뛰어나기 때문입니다.

스스로 생각하는
훈련이 필요한 시기

능동적으로 책을 읽히라고 하면 많은 부모님들이 정보도서를 통해 지식을 습득해야 한다고 생각합니다. 틀린 말은 아닙니다만 여기에서 머문다면 주입식 교육과 다를 바가 없습니다. 중요한 것은 스스로 생각하는 훈련입니다. 이는 책에서 얻은 지식을 응용하고 활용하는 힘이 됩니다.

주혁이는 어린 시절부터 책을 좋아했습니다. 책에 있는 내용을 말하면 부모님은 물론 주변 어른들의 칭찬이 끊이지 않았습니다. 더욱 열을 올려 책 내용을 외웠고 그 결과 주혁이는 학교에서 발표도 잘하고 똑똑한 아이로 불렸습니다. 문제는 고학년이 되면서 나타나기 시작했습니다. 다양한 배경지식을 바탕으로 추론하고 비판하는 능력을 요구하는 단계에서도 주혁이는 교과서를 나열하는 수준에서 벗어나지 못했습니다. 내용을 그대로 암기하는 독서만 해온 나머지 이를 활용하여 생각을 전개하는 능력은 키우지 못한 것이었죠.

주혁이에게 부족한 것은 능동적인 독서입니다. 어릴 때부터 부모가 그림책을 읽어주거나 옛날이야기를 들려주면 생각하는 능력이 향상됩니다. 사소한 일 같아도 아이의 사고력을 키우는 아주 중요한 시발점입니다.

능동적인 책읽기는 크게 두 가지로 구분됩니다. 첫 번째는 읽다가 모르는 내용이 나오면 적극적으로 찾아보는 것입니다. 두 번째는 개념이 이해되지 않을 때 "왜 그럴까?" 하고 질문을 하는 것입니다. 이 두 가지만 실천해도 아이는 한 걸음 나아간 독자가 됩니다. 하지만 질문을 던지는 것에 그쳐서는 곤란합니다. 대답하는 훈련이 필요합니다. 마음속으로 질문하고 답변하는 것도 가능하지만 직접 글로 써보면 훨씬 정리가 잘됩니다.

사회 문제에 관심을 가져야 하는 4학년

4학년이 되면 스스로 어떤 책을 읽어야 할지를 계획할 줄 알게 됩니다. 이른바 메타인지능력 meta cognition 때문입니다. 메타인지능력은 '무엇을 아는지 모르는지를 아는 능력'으로 상위인지능력이라고 부르기도 합니다. 메타인지능력은 초등학교 3, 4학년 무렵에 서서히 발달하기 시작합니다. 4학년 국어교과서에서 사전 찾는 방법을 배우는 것도 메타인지능력을 계발하는 것과 관련이 깊습니다. 이 시기에는 다양한 사회 문제를 다룬 책을 읽으면 메타인지능력 향상과 가치관 형성에 도움을 줄 수 있습니다.

『양파의 왕따일기』파랑새어린이는 왕따에 대해 생각하게 하는 수작입니다. 주인공 정화는 반에서 가장 인기 있는 양미희와 사귀고 싶습니다. 양미희를 따르는 추종자들의 그룹인 '양파'에 들고 싶어 합니다. 마침내 양파에 들게 된 정화는 너무나 기쁘고 신이 나지만, 양파 친구들이 반 아이들을 왕따시키고 있음을 알게 됩니다. 우여곡절 끝에 정화는 미희에게 당당하게 잘못된 점을 이야기하며 왕따시키는 일이 없도록 다짐합니다.

저희 아이는 4학년 때에 반려동물에 관심이 많았습니다. 집에서 동물을 키우는 것을 싫어하는 아내 때문에 키우지는 않았지만 반려동물을 키우는 책임감을 기르는 수작으로 『돌아온 진돗개 백구』대교와 『머피와

두칠이』_{지식산업사}가 있습니다. 식물 가꾸기에 관심이 있다면 집 안에서 식물을 키우면서 식물에 대한 궁금증을 하나하나 풀어가는 주인공 리네아의 기록을 담은『신기한 식물일기』_{미래사}를 추천합니다.『환경을 생각하는 개똥클럽』_{바람의아이들}은 환경을 오염시키는 개똥을 치우는 클럽을 만들게 된 아이들의 좌충우돌 이야기로 역시 반려동물 키우기에 대한 책임의식을 배울 수 있습니다.

이 시기의 아이들은 동생을 낳아달라거나 입양하자는 등의 이야기도 합니다. 미국으로 입양 간 제니가 정체성에 혼란을 겪게 되자 양부모와 친구의 도움으로 한국인 엄마를 찾는 과정을 그린『열세 살에 만난 엄마』_{대교}, 이와 반대로 입양되어 온 형제자매를 받아들이는 가족의 심정을 그린『파란 눈의 내 동생』_{논장사} 그리고 입양으로 맺어진 가족이 마음 깊숙이 온전한 가족으로 자리 잡기까지 겪는 갈등과 이를 극복하는 모습을 그린『내 가슴에 해마가 산다』_{밝은미래}도 읽어볼 만합니다.

돈의 개념을 익힐 수 있는『10원으로 배우는 경제이야기』_{어린이작은책방},『장터에서 쉽게 배우는 경영이야기』_{책읽는곰}와『아름다운 부자 이야기』_{미래아이}, 독도 문제를 다루는『독도를 지키는 사람들』_{사계절}, 흑인의 인권을 다룬『사라, 버스를 타다』_{사계절}와『헨리의 자유 상자』_{뜨인돌어린이}, 아프리카를 굶주림에서 구한 농학박사 한상기 교수의 이야기를 다룬『까만 나라 노란 추장』_{웅진주니어}, 한 평생 가난한 사람들을 치료해서 바보의사라는 별명을 가진 따뜻한 의사 장기려의 이야기『장기려』_{우리교육}, 전쟁의 위험과 평화의 중요성을 일깨우는『유관순』_{한솔교육}과『우리 마을에 전쟁이 났어요』_{미래인사랑}도 권할 만합니다.

그밖에『기호 3번 안석뽕』_{창비},『나무 의사 큰손 할아버지』_{사계절},『내

마음의 선물』장해, 『너 정말 우리말 아니?』푸른숲주니어, 『네 손가락의 피아
니스트』대교, 『놀아요 선생님』장미, 『마음도 복제가 되나요』장미, 『맘대로
아빠 맘대로 아들』국민서관, 『멋진 여우 씨』논장, 『생명이 들려준 이야기』
사계절, 『아빠의 수첩』주니어김영사, 『아주 특별한 우리형』대교, 『알파벳 벌레
가 스멀스멀』문학동네, 『왕도둑 호첸플로츠』비룡소, 『잘못 뽑은 반장』주니어
김영사, 『진짜가 된 가짜』을파소, 『콩 반쪽의 행복』시소, 『하룻밤』사계절, 『피
난 열차』동산사 등도 추천합니다.

5학년이라면
책의 앞뒤 여백을 활용하자

합리적 사고에 눈을 뜨는 고학년 아이들은 인간의 삶과 운명에 관심
을 갖기 시작합니다. 역사를 다룬 소설 읽기를 좋아하고, 독해 수준과 지
적 수준이 발달한 아이들은 이야기로 풀어 쓴 역사책을 읽기도 합니다.
역사 소설은 창작이지만 등장인물들을 통해 시대의 삶과 아픔을 경험하
게 됩니다. 이 시기의 아이들에게 상상의 세계나 환상의 세계는 더 이상
재미를 주지 못합니다. 아이들에게 기쁨을 주는 것은 논리의 세계입니
다. 아이들은 책읽기를 현실의 문제로 끌고 오려고 노력합니다.

"행간을 읽어라"는 말이 있습니다. 저자가 하는 말과 말 사이의 뉘앙
스를 파악하라는 뜻인데, 초등학생에게는 버거운 일입니다. 버거운 것을
강요하면 독서가 싫어집니다. 재미가 붙어야 올바른 독서가 가능합니다.
엄마와 선생님의 잔소리는 책과 친해지게 만들지 못합니다. 아이들이 스

스로 연필을 쥐도록 해야 합니다. 연필로 간단한 의사 표시를 책에 하는 순간 책은 아이의 소유물이 됩니다. 책이 정말로 아이의 것이 되는 것은 아이가 그 내용을 소화하여 자기의 것으로 만들었을 때입니다. 가장 좋은 방법은 책에 생각을 쓰는 것입니다.

책에 생각을 쓰면 좋은 점은 두 가지입니다. 첫째, 능동적 독서가 가능해집니다. 능동적인 것은 마음가짐에서 출발하지만 몸가짐으로 구체화됩니다. 이는 표현하는 겁니다. 표현하지 못하는 지식은 지식이 아닙니다. 둘째, 저자의 의도를 파악하는 데 도움이 됩니다. 독서는 저자와 독자의 대화입니다. '이해'는 상호작용입니다. 배우려면 먼저 스스로에게 질문을 던지고, 그래도 모르면 질문해야 합니다. 이해하지 못했다면 다시 물을 수 있어야 합니다. 책에 메모하는 것은 독자가 저자의 의견에 동의하느냐 그렇지 않느냐를 적극적으로 의사 표현하는 것입니다.

용희는 『한국 속 지구마을 리포트』김현숙 지음를 모두 읽었다며 자신의 생각을 기록한 맨앞의 페이지를 내밀었습니다. 용희에게 앞의 빈 페이지는 매우 중요합니다. 다른 학생들은 서명을 해두거나 읽은 날짜만 기록하지만 용희는 언제부턴가 읽은 책의 앞 페이지에 자신의 느낌과 생각을 기록했습니다. "서명하는 것은 제가 구매한 책이란 뜻이잖아요. 그렇게 하고 읽지 않은 책이 너무 많더라고요. 저는 첫 페이지를 비워둬요. 제가 구매한 책이긴 하지만 책을 읽기 전에는 제 책은 아닌 셈이죠. 다 읽고 나서 제 생각을 기록해야 비로소 제 책이 된다고 생각해요."

용희에게 "뒷 페이지도 있는데 왜 꼭 앞 페이지에 기록하느냐"고 물었습니다. "대부분의 책은 빈 페이지 한두 장이면 충분해요. 그런데 이 책은 기록할 내용이 너무 많더라고요. 앞뒤를 꽉꽉 채웠죠. 넘치면 뒷 페이지에도 기록할 수 있도록 일단 앞 페이지부터 기록해요." 이렇게 메모하는 습관을 기른 용희는 훗날 과학고를 거쳐 서울대 의대에 입학했습니다. 당연한 결과인 것이죠.

5학년에게 도움이 되는 책으로 『샬롯의 거미줄』시공주니어, 『점득이네』창비, 『꽃신』파랑새어린이, 『검은 여우』비룡소, 『에밀과 탐정들』시공주니어, 『마사코의 질문』푸른책들, 『돌도끼에서 우리별 3호까지』아이세움, 『바다로 간 가우디』재수나무, 『한국 속 지구마을 리포트』한겨레아이들, 『종이학』바다어린이, 『장복이 창대와 함께하는 열하일기』한국고전번역원, 『고추장 작은 단지를 보내니』돌베개, 『라몬의 바다』우리교육, 『자전거 도둑』다림, 『책과 노니는 집』문학동네어린이, 『핵폭발 뒤 최후의 아이들』보물창고, 『압둘 가사지의 정원』베틀북, 『한자 실력 1~4』일상과이상, 『마당을 나온 암탉』사계절 등을 추천합니다.

5학년을 위한
역사책 독서법

생각이 깊어지고 미래에 대해서도 구체적으로 생각하게 되면서 역사와 사회, 문화에 대한 폭넓은 관심이 생깁니다. 따라서 올바른 가치관을 가질 수 있도록 필요한 지식을 주는 책을 골라주어야 합니다. 그러면서 지식을 탐구하고 독서의 폭도 넓혀가도록 해야 합니다.

2017년 수능에서부터 한국사가 필수 과목으로 지정되었습니다. 이에 따라 고등학교에서는 한국사 수업이 강화되었습니다. 국가고시는 영역에 관계없이 모두 한국사 시험을 기본과목으로 지정하고 있습니다. 일부 대기업 입사시험에서도 한국사를 필수 시험으로 채택하고 있습니다. 이런 흐름에 맞춰 2015년에 개정된 초등 사회 과목은 5학년 2학기부터 6학년 1학기까지 1년 동안 한국사 통사를 다룹니다. 이전 교과서 내용에 비해 더 넓고 깊어졌고, 학부모님들은 자녀에게 한국사 공부를 어떻게 시켜야 할지 막막해합니다. 특히 아직 한국사를 제대로 접해 보지도 않았는데, 무턱대고 역사를 멀리하는 아이들이 있습니다. 아이들이 역사책과 친해지게 하는 방법을 알아보겠습니다.

첫째, 먼저 역사의 중요성에 대해 깨달아야 합니다

역사를 단순히 지나간 과거의 기록으로 생각하는 아이들이 많습니다. 역사 공부는 먼저 아이들이 역사를 공부해야 하는 이유에 대해 충분히 공감하는 데서 출발해야 합니다. 사람은 자신이 겪은 사건들로 인해 현재의 모습이 만들어집니다. 마찬가지로 과거의 역사적 사건들이 쌓인 결과가 현재 대한민국의 모습입니다. 과거의 사건들과 현재의 인과관계를 잘 파악한다면 바른 선택으로 내일을 열어가는 데 큰 도움이 됩니다. 그러기에 역사는 단순히 과거가 아니라, 과거이자 현재이며 미래입니다.

이때 부모님의 역할은 매우 중요합니다. 아이들이 역사가 무엇인지 생각하고 역사를 배워야 하는 이유가 무엇일지 고민할 수 있도록 많은 사례를 들어주고, 질문을 던져주셔야 합니다. 아이들은 질문의 답을 찾아가면서 역사에 대한 관심이 커지고, 아이의 답을 들어주고 존중해 주는 과정에서 부모와 아이 사이의 유대감도 커집니다. 이 과정에서 부모가 아이에게 자신의 역사관을 강요하면 아이는 편협한 시각으로 역사를 바라보게 되고, 역사에 대한 흥미가 떨어질 수도 있습니다. 아이 스스로 고민할 수 있도록 도와주어야 좀 더 다각적으로 역사를 바라볼 수 있습니다.

둘째, 역사 공부가 재미있어야 합니다

아이들이 역사를 지겨워하는 이유 중 하나는 역사를 암기 과목으로 여기기 때문입니다. 사건과 해당년도, 인물 등을 의미 없이 외우는 것은 역사와의 첫 대면에서는 별 도움이 되지 않습니다. 암기는 오히려 호기심과 흥미를 떨어뜨리며 올바른 역사관을 심어주지도 못합니다. 이 시기에 추천할 만한 책으로 한글창제의 의의를 동화로 엮은 『초정리 편지』창비와 백제의 칠지도 탄생 비화를 담은 『칠지도』샘터가 있습니다. 『덕혜옹주』동네스케치와 『어린 임금의 눈물』파랑새어린이, 천주교 탄압을 주제로 한 『책과 노니는 집』문학동네어린이, 『바람의 아이』푸른책들와 『동화로 읽는 삼국사기』늘푸른아이들도 권할 만합니다.

역사를 배운 후에는 자신의 지식을 다양한 방법으로 펼칠 수 있어야 합니다. 머릿속에 담겨만 있는 지식은 죽은 지식이며 곧 썩어 없어질 지식입니다. 내가 알고 있는 것을 다양하게 펼치고 나눌 때 그 지식은 생물처럼 살아 움직이고 자라납니다. 연표나 역사신문 만들기 등을 통해 주체적으로 역사를 돌아보고, 역사적 사건에 대한 토의와 토론, 역사 인물에 대한 모의재판 등을 통해 올바른 역사관이 형성될 수 있습니다. 올바른 역사관은 아이의 가치관을 형성하는 데도 좋은 영향을 줄 수밖에 없습니다.

셋째, 성취감을 맛보게 해야 합니다

목표는 아이들에게 동기부여가 됩니다. 내가 가진 역사 지식을 통해 이룰 수 있는 목표를 설정해 준다면 성취감을 느낄 수 있습니다. 목표를 세울 때는 지나치게 방대하거나 높은 목표를 잡기보다는 단계를 밟아 꾸준히 이룰 수 있는 목표를 선택하는 것이 중요합니다. 한국사 검정 능력 시험을 준비해 한국사의 전체 맥락을 다시 잡는 기회로 삼고, 급수도 딸 수 있다면 보람된 경험이 될 수 있습니다. 또한 나만의 역사책을 만든다거나 역사 인물 사전을 만드는 등의 목표는 역사를 활용하여 나만의 결과물을 만드는 기회가 될 수 있습니다. 구체적인 목표를 세우고 차근차근 목표를 이루는 체계적인 과정을 통해, 역사에 대한 이해를 확고히 하고 자존감도 높일 수 있습니다. 한국사 공부는 지리와 세계사 공부로 이어집니다. 지구본이 필요한 시기가 바로 이때입니다. 한국사와 세계사 공부를 위한 팁 다섯 가지를 정리해 보겠습니다.

〈한국사와 세계사 독서를 위한 5가지 팁〉

1. 지리에 관한 책을 많이 읽혀주세요.
2. 한국사와 세계사를 접목하는 통합적인 역사책도 읽혀주세요.
3. 한국사와 세계사에 등장하는 어휘는 꼭 익혀주세요.
4. 세계 문학을 통해 그 시대의 모습을 폭넓게 배울 수 있도록 합니다.
5. 책뿐만 아니라 동영상과 사진 자료를 적극적으로 활용합니다.

6학년을 위한
4가지 독서방법

'갓난아이 우는 소리, 자식들의 책 읽는 소리, 길쌈으로 베 짜는 소리' 는 예로부터 우리 조상들이 집 안에서 나는 듣기 좋은 소리로 꼽은 세 가지입니다. 중국 송나라의 학자 예사도 자식의 책 읽는 소리만큼 기쁜 것이 없다고 했습니다. 밥이 아이들의 몸을 살찌운다면 독서는 생각을 배불립니다. 선생님이나 부모님이 미처 알려주지 못한 세상의 중요한 이치를 일깨워줍니다. 6학년은 초등학교 최고 학년이며 중·고등학생 시기를 대비하여 밑그림을 천천히 그려 나갈 시기입니다. 게임이나 유튜브 같은 가까운 재미에만 현혹되지 않고, 책을 통해 나와 우리, 더 나아가 사회와 미래를 살필 수 있도록 안내해야 합니다. 이를 위해 다음의 4가지 독서방법을 제안합니다.

첫째, 창작도서과 정보도서의 독서 비율을 점검합니다

6학년 이전까지 아이들은 특정 분야에 집중된 독서를 하는 경우가 많습니다. 대부분의 아이들은 자신이 관심 있는 분야만 읽고, 새로운 영역을 접할 때는 호기심이 줄어들거나 건성으로 읽습니다. 초등학교 6학년은 글 속에서 중요한 문단, 문장, 낱말을 찾고, 중심 내용을 통해 글의 내용을 짐작하는 시기입니다. 이때는 사실과 설득의 글을 구분하고, 인물의 행동 이면에 있는 사회적인 상황 등을 연계하여 이해할 수 있는 능력도 형성됩니다. 창작도서와 정보도서를 적절하게 읽도록 하여 사고력과 이해력을 동시에 키울 수 있도록 해야 합니다. 창작도서와 정보도서의 비율은 5대5가 좋지만 4대6 또는 3대7 정도도 적절하며, 정보도서 영역의 경제, 정치, 시사, 역사, 인권, 철학, 환경, 수학, 과학, 예술 등 다양한 분야의 도서를 읽어나가는 연습이 필요합니다. 익숙하지 않은 분야라면 얇은 책도 좋습니다. 그동안 읽어보지 않았던 내용을 접하고 다양한 분야의 독서로 배경지식을 넓혀 나가야만 합니다. 그래야 중등 과정도 대비하고 학습과 관련된 호기심을 키워 나갈 수 있습니다.

둘째, 제대로 된 고전 작품 읽기를 시작합니다

고전 읽기의 중요성은 저학년 독서법을 이야기할 때 이미 강조했습니다. 저학년의 경우 부모와 함께 읽거나 요약본 중심으로 읽으며 고전과 친해졌다면, 5학년부터는 제대로 된 완역본을 읽어보는 것이 좋습니다. 읽기 전에는 아이들의 독서능력에 맞는 도서 선정이 중요합니다. 고전 읽기가 처음이라면 아이와 함께 고르고, 분량을 나누어 조금씩 읽기를 시도합니다. 고전을 소재로 한 영상물을 먼저 보고 흥미를 유도하는 것도 좋습니다. 이때, 아이가 원전 완역본과 비교하며 작품을 감상할 수 있도록 지도해야 합니다. 고전을 읽으라는 말은 줄거리를 파악해 두라는 뜻이 아닙니다. 작품이 나에게 주는 의미와 가치를 생각해 보라는 뜻입니다. 고전에는 시대를 초월하는 보편적인 인간의 모습이 잘 담겨 있습니다. 우리가 읽어야 할 것은 개별적인 차원에서 벗어나 모든 시대에 통용되는 인간의 고민과 갈등이 나에게 주는 메시지, 고민, 생각, 교훈, 가치입니다.

완역본으로 읽기를 시도해 볼 만한 고전 명작으로는 앞서 언급한『걸리버 여행기』를 비롯하여『유토피아』,『플루타르코스 영웅전』,『소크라

테스의 변명』처럼 한번쯤 들어봤지만 읽어보지 않은 도서들이 좋습니다. 생각보다 쉽고 재미있어서 놀랄 겁니다. 어린이용으로 읽었던 책의 완역본도 좋습니다. 『프랑켄슈타인』, 『로빈슨 크루소』, 『톰 소여의 모험』, 『허클베리 핀의 모험』, 『로빈 훗』, 『해저2만리』, 『80일간의 세계일주』, 『15소년 표류기』, 『톰 아저씨의 오두막』, 『안네의 일기』, 『왕자와 거지』 등의 모험심과 상상력을 자극하고 역사적 사건을 배경으로 한 이야기나 『제인 에어』, 『폭풍의 언덕』, 『키다리 아저씨』, 『작은 아씨들』, 『소공자』, 『소공녀』, 『비밀의 화원』, 『하이디』, 『빨간 머리 앤』 등 꿈과 희망을 주고 감동적인 작품을 권하고 싶습니다. 완역본의 고급스런 문장을 읽다보면 독서에 대한 흥미가 커집니다. 막상 읽다보면 기존에 알던 내용과 다른 재미도 줍니다. 그런 과정을 통해 도서선택의 폭이 넓어지고 수준 높은 아이로 거듭나는 것을 느낄 수 있을 것입니다.

셋째, 통합적 사고력을 이끌어내는 독서를 합니다

사물이나 상황을 입체적으로 바라볼 수 있는 통합적 사고력은 이 시대에 가장 요구되는 힘입니다. 기본적인 독서를 통해 대부분의 아이들이 사고력을 기를 수 있지만 다양한 영역을 융합하여 사고해내는 통합적 사고력은 쉽게 자라나지 않습니다. 현재 6학년인 아이들은 중등 과정부터 융합형 개정교과 과정과 만나게 되는데, 무리 없이 개정교과서에 적응하기 위해서는 독서 상태를 진단할 필요가 있습니다. 우선 '통합적 사고력'을 향상할 수 있는 방법은 하나의 큰 주제를 중심으로 다양한 책을 읽는 것입니다. 통합적 사고력을 이끌어내는 첫 단계는 배경지식을 키우는 것입니다. 책을 읽기 전에 책의 주제와 관련한 신문기사나 이야기, 영화, 광고 등을 살펴보아야 합니다. 독서를 하기 전에 추측한 내용과 비교하면서 책을 읽는 훈련을 하다보면 자연스럽게 배경지식을 쌓게 되고, 더욱 넓은 눈으로 세상을 바라보게 됩니다.

또한 독서를 한 후에는 동일한 주제를 지니고 있는 국어, 사회, 과학 등 다양한 분야의 도서를 읽고, 독서를 통해 얻게 된 지식을 나의 생활이나 사회 현상에 비추어 독후 활동을 하는 것도 매우 큰 도움이 됩니다. 동일한 주제를 가진 책을 여러 권 읽게 되므로 그 주제에 대한 배경지식을 깊고 넓게 쌓을 수 있고, 토론이나 토의, 글쓰기 등의 결과물도 더욱 깊이 있고 풍부해질 수 있습니다. 무엇보다 한 가지 주제에 대해 읽은 여러 권의 책의 내용을 일목요연하게 정리하면서 쓰기 실력과 사고력을 향상하는 데도 유익합니다. 독서를 통해 통합적 사고력을 기르게 되면 세상의 수많은 문제들에 대해 스스로 답을 구할 수 있는 지혜까지도 얻게 될 것입니다. 이에 대한 구체적인 방법은 '제3부 중·고등학생을 위한 창의융합 독서법'을 참고하시기 바랍니다.

넷째, 필독서부터 시작해 독서를 확장합니다

5학년 하반기가 지나면서부터 아이들은 논리적 사고가 가능해지고 책의 내용을 읽으면서 비판하고 생각할 수 있습니다. 이는 단순히 책을 읽고 마는 것이 아니라, 읽은 내용에 대해 의견을 나누고 토론할 수 있는 힘이 되기 때문에 논리적인 생각을 키워주는 책을 고르는 것이 중요합니다. 먼저 교과연계도서나 주요기관에서 추천하는 도서를 통해 사고력의 기둥을 세우고, 그 주변에 살을 붙여 나가는 작업이 필요합니다. 또한 가치관이 정립되는 시기이니만큼 지금까지의 독서 습관을 돌아보고 약점을 보완하는 작업이 필요합니다. 꼭 읽어야 할 도서목록을 작성하고 자신에게 필요한 도서의 우선순위를 정해 읽어 나가는 독서 계획표가 필요한 시점입니다. 특히 6학년 하반기부터는 예비 중학교 수업을 듣기 위해 다양한 준비가 요구됩니다. 상대적으로 시간이 부족한 중등 과정에서는 독서가 계획대로 진행되기는 어렵습니다. 중등 교과과정을 대비하기 위해서라도 초등학교 필독서는 꼭 읽어두는 게 좋습니다. 독서는 단순히 책 속의 이야기를 읽는 것이 아니라, 세상 읽기이며, 사람 읽기이며, 마음 읽기입니다. 책과 가까운 아이는 호기심을 품고 살며, 책을 통해 세상을 바르게 볼 수 있습니다.

『쉽게 읽는 백범일지』돌베개, 『우리들의 일그러진 영웅』다림, 『거짓말 학교』문학동네, 『건강을 지키는 작은 한 걸음』한의, 『청년 노동자 전태일』사계절, 『고정욱 선생님과 함께 읽는 금수회의록』한의, 『그리운 메이 아줌마』사계절, 『까마귀 오서방』문공책들, 『꼬마 옥이』창비, 『너도 하늘말나리야』푸른책들, 『돈 키호테』두산동아주니어, 『강치야 독도야 동해바다야』한겨레아이들, 『둥글둥글 지구촌 인권 이야기』풀빛, 『레 미제라블』대교, 『마사코의 질문』푸른책들, 『마지막 거인』디자인하우스, 『맛있는 음악 공부 : 우리 음악편』창비사, 『목민심서』바리작은집기, 『아버지의 편지』한겨레출판, 『문제아』창비, 『미생물의 신비 발효』주니어김영사, 『셰익스피어 4대 비극』아름다운날, 『소나기밥 공주』창비, 『생각 깨우기』푸른숲, 『사금파리 한 조각 1,2』서울문화사, 『쓸모 있는 자원 쓰레기』주니어김영사, 『씨앗을 지키는 사람들』창비, 『왕따』문학과지성사, 『일곱 빛깔 독도 이야기』이마주, 『흑설 공주 이야기』이마주, 『종이 한 장의 마법지도』김영어린이, 『트리갭의 샘물』대교, 『삼국사기』한솔수복, 『전쟁은 왜 일어날까?』다섯수레, 『톨스토이 단편선』인디북, 『판소리와 놀자』창비 등을 추천합니다.

잘못된 속독 습관
바로잡기

중학교 3학년인 유준이가 어머니와 함께 대치동 학원에 찾아왔습니다. 어머니 말에 따르면 유준이는 초등학교 때까지만 해도 책을 좋아하고 상위권의 성적을 유지했었습니다. 중학생이 되면서 급격히 책을 멀리하더니 성적도 떨어지기 시작했다고 합니다.

아이의 수준을 파악해 보기 위해 "알파고는 인간 돕는 약AI… 자아 갖는 강AI는 먼 얘기"라는 신문기사를 읽고 요약해 보라고 했습니다. 빠른 속도로 기사를 읽어 내려가던 유준이는 곧바로 글쓰기를 시작했습니다. 유준이가 요약한 글은 "인권, 도덕, 책임 등 여러 분야에서 가치 충돌이 발생하고 AI적용과정에서 법, 제도 미비로 사회, 경제시스템 붕괴가 우려된다"는 내용이었습니다. 내용의 일부, 즉 강AI에 대한 내용만 요약했습니다.

유준이의 문제점을 쉽게 파악할 수 있었습니다. 읽기에 문제가 있었던 것입니다. 문장을 읽을 때 순서대로 읽는 게 아니라 위아래로 옮겨가며 읽는 습관을 가지고 있었습니다. 사실 유준이와 같은 아이는 적지 않습니다. 읽기 습관이 제대로 형성되지 않은 상태에서 많은 책을 읽으려다 보니 속독 습관이 생겨버린 것입니다.

속독은 눈 운동을 빠르게 하면 읽기 속도가 빨라지는 원리에서 나온 독서법입니다. 초등학교에 입학하여 읽기를 배운 아이들은 소리 내어 읽기를 시작한 후 몇 년 지나면 자연스럽게 속으로 읽는 묵독으로 넘어갑니다. 유준이처럼 잘못된 읽기 습관을 가진 아이들의 문제는 대부분 이 과정에서 발생합니다. 책을 처음 읽기 시작할 무렵에 소리 내어 읽기를 충분히 하지 않은 상태에서 속으로 읽는 묵독으로 넘어갔기 때문입니다.

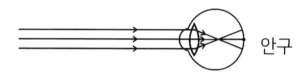

음독의 과정을 충분히 거치지 않은 아이의 눈은 한 번에 2~3단어만 읽는다

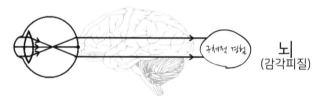

뇌는 언제나 한 번에 여러 단어와 구를 읽는다

묵독하는 아이의 안구를 동영상으로 촬영하면, 음독의 과정을 충분히 거치지 않은 아이는 1행을 읽는 동안 눈을 4회나 5회 고정합니다. 이 경우 1행에서 기껏해야 두 세 단어밖에 읽어내지 못합니다. 게다가 2행이나 3행을 읽으면, 이미 읽은 어구나 문장으로 역행합니다. 이런 상황이 반복되면 읽는 속도가 저하됩니다. 유준이가 바로 이러한 경우였습니다.

뇌는 눈과 달리 한 번에 하나의 단어나 구만 읽지 않습니다. 그런데 필요한 정보가 주어지면 한눈에 하나의 문장 또는 한 단락만 포착합니다. 이 경우 뇌의 활동을 제한하는 안구의 멈춤이나 역행을 교정해야 합니다. 교정하면 아이는 안구의 운동에 얽매이지 않고, 뇌 활동의 속도에 맞추어 빨리 읽을 수 있게 됩니다.

습관을 고치기 위해 유준이에게 스스로 손을 신문기사 위에 올려놓으라고 했습니다. 엄지손가락, 집게손가락, 가운뎃손가락 세 개를 가지런히 펼치고 읽으려는 행을 따라 이동시켰습니다. 손가락의 이동은 안구의 운동보다 빨라야 합니다. 처음에는 잘 안 됩니다. 그래도 안구가 손가락을 따라가도록 노력해야 합니다. 꽤 긴 문장을 두어 번 반복해 읽자 마침내 손가락의 움직임과 같은 빠르기로 글자를 읽을 수 있게 됐습니다. 유준이에게 집에서도 반복하라고 시켰습니다. 손가락의 속도를 올리고 계속 반복하면 읽는 속도가 향상됩니다.

무조건 빨리, 많이 읽는다고 아이의 이해력이나 사고력이 확장되는 것은 아닙니다. 초등학교 시기엔 다양한 읽기 자료를 정독하고 반복해 읽는 올바른 독서 습관이 필요합니다.

최상위권 학생들을 위한 독서의 기술

상급학교에 진학할수록 영어와 수학 때문에 책 읽을 시간이 부족하다고 하소연하는 부모님들이 많습니다. 최상위권 학생들 역시 예외는 아닙니다. 학업 부담이 커지는 상급학교 진학 전까지, 초등학생이라면 다음과 같은 독서의 기술을 익혀둘 필요가 있습니다.

1. 정독으로 독해력을 키웁니다

초등학교 고학년이 되면서 아이들의 독서능력은 한 단계 성장합니다. 특히 6학년 최상위권 아이들은 문학보다는 비문학 도서들을 많이 읽습니다. 그러다보니 설명문이나 논설문과 같은 다양한 형식의 글을 읽게 되는데, 이런 글들은 문장이 길고 문단 구조가 복잡합니다. 눈으로 글자를 읽다가 핵심을 놓치는 경우가 많습니다. 이러한 실수를 하지 않기 위해서는 천천히 정확하게 읽어 책의 주제를 온전히 자신의 것으로 만드는 습관을 길러두어야 독서가 성적으로 연결됩니다.

2. 매주 2권 읽기, 독서는 습관이어야 합니다

최상위권 학생들의 주말은 독서를 하는 시간이어야 합니다. 매주 같은 시간, 같은 장소에서 책을 읽어 나가야 합니다. 이 시간은 자기 자신과 만날 수 있는 시간입니다. 독서를 통해 자신을 돌아보고 생각을 정리하고 생활의 방향을 바로 세울 수 있습니다. 책을 읽으며 성장하는 것을 습관화할 수 있도록 매주 2권, 목록을 정해 책과 하나가 될 수 있도록 노력해야 합니다.

3. 영어 낱말만 외우지 말고, 국어 낱말도 익혀야 합니다

초등학교 6학년이 되면서부터 어려운 어휘와 만나기 시작합니다. 외래어와 외국어, 순우리말과 한자어도 구별할 줄 알아야 합니다. 어린 시절부터 한자 학습을 꾸준히 해 온 학생일지라도 낱말에 대해 바르게 이해하고 활용할 줄 알아야 합니다. 영어 단어는 많이들 외우면서 국어 낱말은 소홀히 하는 경우가 있는데, 모르는 낱말과 만나면 문맥상 의미를 유추하고, 한 단원을 다 읽은 다음 사전을 찾아 뜻을 확인해 나가는 훈련이 필요합니다. 사전을 찾으며 유사한 어휘를 익혀두는 것도 놓치지 말아야 합니다.

4. 독서 후 반드시 책에 대해 스스로 평가합니다

책을 다 읽고 덮는 순간 그 책을 손에서 놓으면 안 됩니다. 그 책의 겉면을 다시 보면서 작가가 전달하고자 하는 의미가 무엇인지 스스로 생각해야 합니다. 독서 일기를 쓰거나, 같은 책을 읽은 친구들과 대화하며 정리하는 것도 좋습니다. 토론을 통해 같은 주제로 다른 관점을 나누는 것도 추천합니다. 혼자 생각하는 것도 좋지만 생각은 금방 달아나버리기 때문에 시간이 지나서 잊어버리는 경우가 많습니다. 가장 좋은 것은 책과 관련된 지속적인 기록을 하고 시간이 지나서 다시 한 번 살펴보며 자신의 생각을 살피고 확인하는 것입니다.

제3부

중·고등
학생을
위한
창의융합
독서법

"필요 이상으로 해놓은 독서가 여유로
이어집니다. 여유는 생각덩어리를
만듭니다. 학습 프로세스를 순환합니다.
이것이 진정한 '여유의 교육'입니다.
여유와 나태를 혼동하면 곤란합니다.
'여유'라는 이름 아래 교사도 학생도 계속
쉽고 편한 것만 찾는 나태함에 빠지는 건
아닐까요? 그래서 점점 학력이 떨어지게
됐고, 지금에 와서야 2009년 개정이다,
2015년 개정이다 하는 새로운 교육과정을
내놓고 있는 것은 아닐까요?"

학부모님들에게 종종 받는 질문이 있습니다. "어떻게 하면 책을 제대로 읽을 수 있나요?" 그에 대한 답이 창의융합독서법에 담겨 있습니다. 1부에서 살펴본 뇌의 학습 프로세스를 독서에 적용시키는 것이 창의융합독서법입니다. 창의융합독서의 핵심은 질문을 만들어내는 것입니다. 질문은 생각이 꼬리에 꼬리를 물게 합니다. 생각에는 두 종류가 있습니다. 처음 든 육감과 다듬어진 생각입니다. 육감이 유용하게 쓰일 때가 있습니다. 중간고사에서 모르는 문제를 찍었는데 열심히 푼 건 틀리고 찍은 건 맞는 경우가 그렇습니다. 책을 읽을 때도 이 능력이 작동합니다. 디테일의 수준이나 논리력은 다를 수 있지만, 누구에게나 떠오르는 건 있습니다. 그래도 안 떠오르면 서문과 목차를 참고합니다. 그러다 떠오르는 것을 읽어내면 됩니다. 육감을 믿고 읽기 시작하면 됩니다. 얼굴을 그릴 때 대강 동그라미만 그려두면 어쨌든 그림이 시작되는 것과 같습니다. 토끼가 될지 원숭이가 될지는 동그라미가 그려진 다음에 고민할 문제입니다.

그런데 육감만으로는 한계가 있습니다. 모의고사에서 틀린 수학 문제를 다시 풀어볼 때는 해결방안을 스스로에게 질문해야 합니다. 도무지 납득할 수 없는 답을 보면 어떻게 해야 할까요? 교과서나 참고서에서 비슷한 문제를 찾아 풀이 과정을 비교하겠죠. 스스로 떠오른 풀이 방법을 고민하는 것입니다. 강물이 강물과 만나 더 큰 바다로 이어지듯 생각은 생각과 만나 더 큰 생각을 낳습니다. 자신의 생각을 확인하고 평가해야 합니다.

생각은 관찰, 통찰, 성찰의 과정을 거친다

생각은 관찰, 통찰, 성찰의 과정을 거칩니다. 하나의 질문을 만들기 위해 이 책 저 책을 읽어보고 유튜브도 보며 관찰합니다. 그러면 무언가 떠오릅니다. 영상 하나가 끝나면 비슷한 영상을 추천하는 유튜브 알고리즘처럼 떠오른 생각도 추천에 추천을 거듭합니다. 모든 가능한 생각을 해내는 것이 통찰입니다. 통찰은 두루 살펴서 꿰뚫어보는 것이니 쉽지 않습니다. 특히 평소에 생각하는 힘이 부족하다면 말이죠.

통찰해서 만들어진 생각을 주제, 가치, 목적, 수단에 따라 분류하고 필요한 생각을 선택합니다. 그렇게 선택한 생각에 나의 근거와 이유를 붙입니다. 생각을 성찰하는 것입니다. 비로소 질문이 만들어집니다.

책은 이때 읽힙니다. 성찰이라는 단계에까지 이르러야 제대로 된 독서가 됩니다. 『강의 : 나의 동양 고전 독법』에서 신영복 교수는 20년 20일간 감옥에서 동양고전을 해석하는 남다른 경지를 보여줍니다. 그 해석 하나하나가 모두 성찰의 결과입니다.

그러나 안타깝게도 우리 뇌는 생각하는 것을 싫어합니다. 최대한 적게 생각해서 문제를 해결하려는 경향이 있습니다. 어떻게 하면 이런 뇌를 잘 설득해서 창의력을 키울 수 있을까요?

창의력을 높이는 다섯 가지 방법

창의력을 높이는 방법은 다섯 가지가 있습니다. 첫 번째는 '숙고'하는 겁니다. 숙고는 상상과는 다릅니다. 『주홍색 연구』코난 도일 저에서 코난 도일은 상상하게 만듭니다. 범인의 정체는 소설의 마지막까지 알려지지 않습니다. 누가 살인을 저질렀는지 알아내고 싶은 독자의 욕망은 일시적 상상에 불과합니다. 홈즈가 왓슨에게 사건의 경위를 설명하고 나면 궁금증이 풀리겠지만, 이와 동시에 상상도 사라집니다.

하지만 『위대한 개츠비』스콧 피츠제럴드 저는 숙고하게 만듭니다. 피츠제럴드는 정해진 답이 없는 질문에 대해 숙고하도록 우리를 이끕니다. 개츠비는 왜 데이지를 사랑하는가? 녹색 불빛은 어떤 의미인가? 아메리칸 드림이란 무엇인가? 가난을 뛰어넘는 성공은 불가능한가? 독자는 몇 번이고 이 이야기를 다시 읽고 이런 질문들에 대해 숙고하게 됩니다. 개츠비에 대한 생각은 책을 덮은 이후에도 해소되지 않습니다. 우리나라에서 개츠비의 인기는 셜록 홈즈에 비할 바가 못 되지만 훨씬 심오한 만족감을 줍니다.

두 번째는 '시도'입니다. 딸아이와 대모산에 오를 때였습니다. 마지막 계단 앞에서 힘들다고 보채는 바람에 돌아 내려와야 했습니다. 정상에 올라야 전망이 가장 잘 보이겠지만, 산을 오르는 시도만으로도 틈틈이 멋진 경치를 감상할 수 있어서 좋았습니다. 마찬가지로 창의력이라는 열매는 정상에 도달해야만 얻을 수 있는 것이 아닙니다. 시도가 중요합니다. 엎질러지는 와인 때문에 식탁보가 더러워지는 게 싫었던 화학자가 셀로판지를 개발했습니다. 한밤중에 울어대는 아기에게 먹이려고 채소를 빻아 분말로 만들다 지친 아버지는 이를 해결하려고 분유를 발명했습니다. 이런 발명가들은 모두가 그러려니 생각하던 불편함을 고치려고 시도한 결과 창의력을 발휘할 수 있었습니다. 무언가를 얻기 위해 도전한다면, 머지않아 시도하는 과정에서 크고 작은 즐거운 보상을 얻을 수 있을 겁니다.

세 번째는 '연결'입니다. 연결을 통해 새로운 것을 연상해내는 능력이 창의력입니다. 예전에 텔레비전에서 개그맨 김형곤 씨가 아들에게 좋은 이름을 지어주는 콩트를 본 적이 있습니다. 역사적으로 오래 산 인물의 이름과 사연을 연결해 어마어마하게 긴 이름을 만들었습니다. "김수한무 거북이와 두루미 삼천갑자 동방삭 치치카포 사리사리센터 워리워리 세브리깡 무두셀라 구름이 허리케인에 담벼락 담벼락에 서생원 서생원에 고양이 고양이엔 바둑이 바둑이는 돌돌이"였습니다. 연상 작용의 전형적인 예를 보여주는 이름입니다. 이런 연상 작용은 기억에서 기억으로 건너뛰는 작용입니다. 연상 작용이 활발한 사람은 비슷한 유형의 사물들을 잘 연결합니다.

　작가주의 감독은 영화의 작가로서 자신의 영화세계를 대변해 주는 특정 영화배우와 오랫동안 호흡을 맞추곤 합니다. 이런 배우를 페르소나라 부릅니다. 감독의 생각을 관객에게 전달하는 연결고리 역할을 합니다. 제92회 아카데미 시상식에서 작품상, 감독상, 국제영화상, 각본상을 수상한 봉준호 감독은 마틴 스코세이지 Martin Scorsese 감독과 마지막까지 경합을 벌였습니다. 〈기생충〉을 포함한 여러 작품에서 봉준호 감독은 배우 송강호라는 연결고리를 통해, 〈아이리시맨〉을 비롯한 수많은 작품에서 마틴 스코세이지 감독은 배우 로버트 드니로 Robert De Niro 라는 연결고리를 통해 자신의 생각을 관객에게 표현했습니다.

　네 번째는 '직관'입니다. 직관은 어떤 일을 할 때 판단이나 추리와 같은 사유 작용을 거치지 않고 대상을 직접적으로 파악할 수 있는 능력을 말합니다. 드라마 〈태조 왕건〉에서 김영철 씨가 연기했던 궁예의 관심법처럼 직관에는 이성이 개입하지 않습니다.

　서기 234년 제갈량은 위나라의 사마의 장군이 이끄는 15만 대군이 진격해 온다는 사실을 보고받습니다. 이에 도포자락만 걸치고 눈에 가장 잘 띄는 곳에 자리를 잡더니 향을 피우고 거문고를 뜯기 시작합니다. 성문에 도착한 사마의는 공격을 멈추고 제갈량을 쳐다보았습니다. 일촉즉발의 위기상황. 창검을 꼬나 쥔 사마의는 잠시 주저하더니 철수 명령을 내립니다. 이런 게 직관입니다. 노련한 사마의가 함정임을 깨닫는 것처럼 본능적으로 인식하는 것이 직관입니다. 그냥 번쩍 하고 떠오릅니다. 축구공이 갑자기 날아올 때 피하는 행동이나 자동차가 급경사를 내려갈 때 오금이 저리는 행위 또는 귀여운 포메라니안 강아지를 보고 미소를 짓는 행위처럼 분석하지 않습니다.

다섯 번째는 '융합'입니다. 정보와 정보를 하나로 엮어내는 겁니다. 내용과 내용을 하나로 섞는 겁니다. 아카데미 시상식 이야기가 나온 김에 영화 〈기생충〉으로 유명해진 짜파구리를 떠올려보겠습니다. 짜장라면인 짜파게티와 우동라면인 너구리를 섞어 만든 라면입니다. 한 번쯤 먹어봤음직한 이 라면들의 조합이 아카데미 수상으로 전 세계적으로 유명해졌습니다. 서로 다른 맛이 융합되어 새로운 맛을 냈습니다. 창의력을 높이기 위해서는 융합이 필요합니다. 연관이 없는, 관계가 먼 것끼리 섞일수록 기발한 생각이 나옵니다. 꼬리에 꼬리를 물고 깊이 파고들어야 융합할 수 있습니다.

창의력을 키우는 가장 좋은 방법은 독서입니다. 책을 읽을 때는 반드시 자신의 생각을 만들어야 한다는 목적의식을 가져야 합니다. 책이 도끼가 되는 것입니다. 그래야 독서가 유의미해집니다. 책읽기가 진정한 의미를 갖기 위해서는 남의 생각을 바탕으로 내 생각을 만들어야 합니다.

독서에서 목적의식 못지않게 중요한 것은 자유분방함입니다. 진지하기보다는 자유분방할 때 더 좋은 아이디어가 나오는 경우도 있습니다. 아내가 모 음료회사에 다닐 때의 일입니다. 미과즙 음료 신제품을 출시하면서 제품 이름을 공모했습니다. 퇴근 전까지 이름을 써내라는 과제가 주어졌습니다. 과일 이름만 즐비하게 나왔습니다. 저와의 데이트 약속 때문에 아내는 대충 아무 이름이나 써내고 나왔습니다. 물어보니 '2% 부족할 때'라고 썼답니다. 저는 그게 뭐냐고 웃었습니다. 그런데 웬일입니까! 그게 제품명으로 확정됐습니다.

창의성을 높이는 방법을 정리해 보겠습니다. 깊이 생각하는 것이 '숙

대지동 독서법

고'입니다. 결과는 모르지만 일단 부딪혀보려는 것이 '시도'입니다. 무언가를 더 새롭게 해보려는 것은 '연결'입니다. 경험에서 우러나오는 것은 '직관'입니다. 목적의식과 자유분방함이 맞아떨어져야 '융합'할 수 있습니다. 결국 이 5가지를 갖추어야 나만의 생각을 해낼 수 있습니다.

창의융합독서의 원리

2015년 개정교육과정에서 강조하는 창의융합 교육이 추구하는 것은 무엇일까요. 결국 '나만의 생각'을 만드는 방법입니다.

저는 학창시절에 일방적으로 주입된 것을 제 생각이라고 믿었습니다. "삶에 대한 절망 없이는 삶에 대한 희망도 없다"라는 알베르 까뮈Albert Camus의 문장을 외우면 실존주의자가 되는 줄 알았습니다. 지금도 과연 제 생각이 얼마나 있는지 모르겠습니다. 그것을 확인하기 위해서라도 책을 읽습니다. 자신의 생각을 확인할 수 있는 유일한 길은 읽고 쓰고 말하는 겁니다. 사람의 말과 글이 그 사람의 생각이고, 곧 '그 사람'입니다. 자신의 생각이 무엇인지 확인하는 독서가 진짜 독서입니다.

먼저 문장을 읽습니다. 책에서 전하고자 하는 저자의 주장을 살핍니다. 그러나 저자의 주장, 즉 문장이 성찰까지 이르게 하는 경우는 거의 없습니다. 읽는 즉시 내 생각이 만들어지는 경우는 와이키키 해변에서 초등학교 동창을 만나는 것만큼이나 어렵습니다.

문장을 파악했다면 정리해야 합니다. 독서기록장도 좋고 간단한 메모도 좋습니다. 맥락을 정확히 이해했는지 스스로 점검하는 정리가 필요합니다. 바로 이 정리가 성찰에 이르게 하고 내 생각을 만들어줍니다. 저자가 그렇게 말하는 배경과 의도가 나에게 순전히 다가오는 것입니다. 정리하는 순간 저자의 책이 내 쪽으로 한껏 다가옵니다.

그러나 이것만으로는 부족합니다. 떠오른 생각을 주변 친구들과 이야기 나누고, 대화할 사람이 없다면 저자와 둘이서라도 토론하는 과정이 필요합니다. 이렇게 독서→정리→토론을 거쳐 '나만의 생각'이 만들어집니다. '창의력'이 생기는 겁니다. '나만의 생각'은 독서를 한층 더 정교하고 탄탄하게 만들어줍니다. 이것은 '배경지식'과도 연결됩니다. 이것이 진정한 창의융합독서입니다. 창의융합독서를 위해서는 세 가지 기초가 필요합니다. 통독과 필사 그리고 독서기록입니다. 이 세 가지를 통해 다음 장에서 소개하는 '구조를 파악하는 창작도서 읽기'와 그 다음 장에서 소개하는 '저자와 소통하는 정보도서 읽기'의 기초를 쌓을 수 있습니다.

몰라도 일단 끝까지 읽는 통독이 필요하다

하시모토 다케시 선생의 〈슬로리딩〉에서 살펴본 것처럼 통독은 책읽기가 익숙하지 않은 사람에게 유용합니다. 피자가 크면 토핑도 푸짐하듯 양이 많을수록 질도 좋아진다는 것에 착안한 방법입니다. 일단 난해한 책과 처음 맞붙었을 때에는 무조건 통독합니다. 바로 이해되지 않아도 읽어나갑니다. 깊이 생각하거나 난해한 문장에 얽매이지 말고 앞으로 나아갑니다. 이해할 수 있는 부문만 징검다리 건너듯 밟으면서 난해한 부분은 건너뛰며 계속해서 읽어갑니다. 주석·인용문헌도 참조하지 않습니다. 어차피 찾아봐도 알지 못합니다. 읽기를 지체하는 요소는 최소화하고 무조건 통독합니다. 최초의 통독으로 반쯤밖에 알지 못하더라도 재독하면 훨씬 잘 알게 됩니다. 이때 우리를 주저하게 만드는 것은 독서에 대한 잘못된 상식들입니다.

<독서에 대한 잘못된 상식>

이해할 수 없는 곳에 주의를 집중해서 읽어라.
모르는 단어를 만나면 사전을 찾아보라.
새로운 정보는 꼼꼼히 체크하라.
읽고 나면 반드시 주석이나 전문가의 해설로 이해도를 높여라.
한 권을 다 읽기 전에 다음 책으로 넘어가지 마라.
금방 까먹을 거라면 읽지도 마라.
한 번 읽어서 모르는 책은 두 번 읽어도 모른다.
고전은 어렵고 지루한 책이다.
그림책은 애들이나 보는 책이다.
같은 책을 두 번 읽는 건 어리석거나 낭비다.

독서에도 고수와 하수가 있습니다. 하수는 문장의 깊은 뜻과 주석을 이해하려 듭니다. 고수는 전체 구조부터 살핍니다. 하수는 첫 줄부터 읽지만, 고수는 중간부터도 읽고, 끝에서부터 거꾸로도 읽습니다. 그래서 하수의 책장에 꽂힌 책은 앞부분만 까맣습니다. 첫 장만 읽다 포기합니다. 책을 읽어보겠다고 마음먹었는데 끝까지 빠른 시간 내에 읽지 못하면 책을 다시 손에 쥘 가능성은 그리 높지 않습니다. 독서에 대한 잘못된 상식은 초보자에게는 도움이 되기는커녕 방해가 됩니다.

저는 우연한 기회에 통독의 필요성을 깨달았습니다. 웅진출판사에서 펴내는 '펭귄클래식'은 모든 주석이 책 맨 뒤에 있습니다. 처음에는 펭귄 클래식이 참으로 불편했습니다. 그러던 어느 날 학생들과 함께 『햄릿』을 읽을 기회가 있었습니다. 웅진출판사의 펭귄클래식이었습니다. 각자 파트를 맡아 연기하며 읽었습니다. 인원이 얼마 없어 한 사람이 두세 명의 역할을 맡았지만 흥미로운 작업이었습니다. 그런데 주석 없이 읽는 『햄릿』의 감동은 페이지 아래의 주석을 참고해서 읽던 것보다 강렬했습니다. 학생들도 대사가 너무 좋다며 만족해했습니다. 역사적 배경을 찾고 상황을 분석하느라 시간을 보내는 대신 희곡의 감동을 온몸으로 받아내니 비로소 작가의 문장이 모두에게 들어온 것입니다.

통독은 창작도서 읽기에만 유리한 게 아닙니다. 마르크스의 『자본론』은 본문보다 주석이 훨씬 많습니다. 어떤 페이지는 전부 주석으로만 빼곡합니다. 주석을 함께 읽다보면 상당한 시간이 소요됩니다. 게다가 그 다음페이지도 그런 식으로 읽어야 할 것을 생각하면 막막합니다. 『자본론』 1권은 1-1권 688쪽과 1-2권 456쪽으로 나뉘어 있습니다. 처음 읽는 독자라면 세세한 주석에 집중하는 동안 방향을 잃게 될 가능성이 높습니다. 이런 뚱뚱한 책을 읽어보겠다고 마음먹었다면 통독은 선택이 아니라 필수입니다. 나무는 보고 숲을 보지 못하는 실수를 해서는 안 됩니다. 통독은 15장에서 소개하는 추천도서 중에서 뚱뚱이 시리즈에 적용해 볼 만한 방법입니다.

어려운 책이 아니라면 통독이 효율적이다

우리는 지금 한정된 시간 안에 한 권의 책에서 될 수 있는 한 많은 것을 얻어내는 기술을 살펴보고 있습니다. 아무리 길고 어려운 책이라도 통독으로 빨리 읽어야만 합니다. 실제로 학교 필독서를 읽어야 하는 학생들은 취향이나 필요와 무관하게 많은 책을 읽어야 합니다. 빨리 읽지 못하면 낭패입니다. 속력을 내어 읽는 방법을 가르치는 책들은 "무조건 빨리 읽는 것이 좋다"고 하지만 그에 대해 전적으로 동의할 수 없습니다. 필요와 목적에 맞게 독서의 속도를 조절해야 합니다. 책의 성격이나 난이도에 따라 독자 스스로 속도를 조절할 필요가 있다는 말입니다.

어휘력이 뛰어난 성인의 경우 전문지, 역사서, 시사 잡지, 과학 잡지와 같은 수준 높은 자료를 읽는 경향이 있습니다. 해프너Hafner, 팔머Palmer, 툴로스Tullos의 연구에 따르면 중학교 3학년 중 읽기 수준이 낮은 학생들은 실용서, 과학책, 취미 도서, 미술, 음악, 역사에 관한 책을 선호하는 경향이 있습니다. 반면, 읽기 수준이 높은 학생들은 역사 소설, 과학 소설, 미스터리, 모험, 고전, 자기통찰 등의 복잡한 책을 선호합니다. 사우스게이트Southgate, 아놀드Arnold, 존슨Johnson 역시 중학생들 중에서 읽기능력이 뛰어난 학생들은 모험에 관한 책을 선호했고, 읽기능력이 낮은 학생들은 만화책을 많이 읽는다는 것을 발견했습니다. 천천히 정성껏 주의를 기울여 읽어서 완전히 이해해야만 하는 책은 극소수입니다. 천천히 읽는 것이 올바른 독서법이라지만 대강 읽어도 되는 책에 시간을 들이는 것은 낭비입니다.

전체를 통독하면서 중요한 부분은 깊이 읽어야

읽을 만한 가치가 있는 책을 찾았는데 자신의 지적 능력을 활용하는 방법을 알지 못하면 제대로 읽을 수 없습니다. 활용하는 방법을 알아도 목적이 없거나 고민하지 않는다면 책에서 아무것도 얻을 수가 없습니다. 유발 하라리 Yuval Noah Harari 의 『사피엔스』를 읽고 토론하는 중학생들이 있었습니다. 윤환이가 말합니다. "인터넷으로 찾아보니 이 책에 대해서는 비난의 목소리가 많습니다. 저 역시 농업혁명에 대한 반전이 놀라웠지만 한편으로는 억지스러워 불편했습니다. 인터뷰를 보니까 저자는 인류가 도태될 것이라고 이야기했던데, 그 부분도 수긍하기 어렵구요."

윤환이가 끌어온 근거는 대부분 인터넷이었습니다. 대화가 진행될수록 책을 다 읽지 않았거나 대강 읽은 것 같아 보였습니다. 이런 경우 저자가 주장하는 범위를 가늠할 수 없습니다. 범위를 저자의 주장으로 한정해야 정확한 비판이 가능합니다. 논거를 책 밖에서 끌어오면 토론이 말싸움으로 번집니다. 논술이라면 낙방이고 구술이라면 탈락입니다.

종문이가 대답합니다. "이 책에서 저자는 전망하려는 의도는 없었던 것 같아요. 전지적 지구시점의 사고방식으로 전체를 조망했다고 보는 것이 옳겠지요. 정확히 말하자면 '내 의견이 옳으니 따라오라'가 아니라 '나는 이렇게 생각했다'는 정도로요."

종문이는 저자의 의도를 정확히 파악했습니다. 책을 꼼꼼히 읽은 것이죠. 이번에는 성은이가 말합니다. "인공지능의 특징이 데이터로 대표되는 '지능'이라면 인간의 특징은 인지 혹은 지각으로 대표되는 '의식'이라는 측면에는 종문이의 말에 동의합니다. 그런데 문제는 그 의식이라는 것 역시 인간의 고유한 것이 아닐 수 있다는 것입니다. 모든 분석력의 핵심은 빅데이터에서 나옵니다. '데이터→지성→분석력'이라는 것이죠. 인간은 인간보다 훌륭한 AI라는 인종을 만들어버렸습니다. 그러니 인공지능은 인간을 뛰어넘을 것이라는 저자의 주장에 동의하지 않을 수 없네

대지동 독서법

요."

　대강 읽은 학생과 꼼꼼히 읽은 학생의 실력 차는 이처럼 확연하게 드러납니다. 책이 너무 두껍거나 읽을 시간이 부족하다면 독서의 목적에 맞는 읽기 속도를 조절하는 것도 요령입니다. 전체를 통독하면서 중요하다 싶은 부분은 깊이 읽어두는 방법을 추천합니다. 많은 독서가들이 애용하는 방법입니다.

독서의 영원한 페이스메이커인 필사를 활용해야

　필사, 즉 베껴 쓰기는 오랜 전통을 가진 독서법입니다. 그러나 쉽지 않습니다. 실제로 학생들에게 세종대왕이 즐겼네, 존 스튜어트 밀이 사용했네 하며 필사를 권하면 책 읽을 시간도 부족한데 무슨 해괴한 소리인가 하고 반응합니다. 필사를 해야 하는 이유부터 생각해 보겠습니다.

　얼마 전 하와이 여행을 준비할 때였습니다. 필사는커녕 책 읽히기도 힘든 장난꾸러기들이 유튜브를 보면서 노트를 펼치고 하나하나 받아 적더군요. 방송 제목이 '주차비 폭탄 와이키키에서 알뜰하게 주차하는 법'이었습니다. 한 번 보면 되지 그걸 왜 받아 적느냐고 물었더니 시간대 별로 무료주차 가능 시간이 다르답니다. "아빠, 칼라카우아 애비뉴 좌측 코인주차는 오후 6부터 오전 10시까지 무료고요, 쿠히오 에비뉴랑 알라와이 대로 사이의 갓길은 견인 시간이 따로 예고되어 있어서 기록 중이예요."

마음이 여행으로 향하면 모험심, 책으로 향하면 호기심, 세상으로 향하면 문제의식, 따르고 싶은 사람에게 향하면 존경심, 영화나 음악, 미술로 향하면 감동이라 했습니다. 이 모두가 연필을 잡고 노트를 펼치게 만드는 동기를 부여합니다. 1부에서 살펴 본 하시모토 다케시 선생의 필사 수업을 떠올려보겠습니다. 하시모토 선생이 필사를 시켰을 때 아이들의 반응은 "네 알겠습니다!"였을까요? 지금의 아이들과 별반 다르지 않았을 겁니다. 그래서 하시모토 선생은 필사할 책을 고를 때 신중했습니다. 모두가 공감할 만한 『도연초』라는 수필집을 선택했습니다.

갓난아기는 엄마가 울면 따라 웁니다. 무거운 짐을 양손에 든 어른이 발로 문을 열려고 애쓰면 예외 없이 문을 열어줍니다. 어릴 적에 옆 친구가 선생님에게 엉덩이를 맞는 소리에 맞지도 않은 내가 더 아팠거나 동생이 종이 끝에 손을 베면 자신이 그런 일을 당한 것처럼 미간이 쏠리고 심장이 아립니다. 이렇게 공감하는 것이 사람입니다. 이 모두 신이 인간의 뇌에 장착해 놓은 공감 장치가 작동했기 때문입니다. 하시모토 선생의 필사는 이 공감 장치를 자극합니다.

필사는 강요가 아니라 자발적으로

발음과 목소리 톤을 교정하기 위해 『내 인생에 힘이 되어준 한마디』정호승 저를 소리 내어 읽으며 스마트폰으로 녹음한 적이 있습니다. 녹음을 들어보니 그냥 읽을 때와는 다른 감동을 느꼈습니다. 필요할 때마다 다시 들으면 읽었던 당시의 느낌이 떠오릅니다. 이렇게 책 속 구절을 소리 내어 읽고 녹음하여 다시 듣는 것도 필사의 일종입니다. 방법보다 중요한 건 동기입니다. 공부 때문에 스트레스를 받는 주인공에게 공감대가 생길

대지동 독서법

때 문장을 필사하면 오래도록 잊히지 않습니다.

필사에는 두 가지 이점이 있습니다. 하나는 온전히 학생 스스로 기량을 끌어올릴 수 있습니다. 텍스트에 집중할 수 있는 것은 물론, 뽑아내는 범위도 학생별로 천차만별입니다. 따라서 잠재적인 학습능력을 끄집어낼 가능성이 훨씬 높습니다.

또 하나는 학생이 학습의 정해진 일정이나 목표에 맞추는 것이 아니라 자신의 실력이 어느 수준에 있는지를, 실력을 높이려면 무엇을 해야 할지를 스스로 알 수 있게 합니다. 일반적인 독서토론수업은 잘하는 부분을 강조하는 데에 초점을 맞추는 반면, 필사는 책을 읽을 때 놓치는 부분을 발견하고 바로잡도록 도와줍니다. 손끝으로 눌러 써가며 가슴 깊이 입력된 필사는 책의 내용을 오래도록 기억하게 합니다. 혹 이렇게 말하는 분이 계실 수도 있습니다. "요즘 학생들이 그럴 시간이 어디 있나요?"

그렇다면 부모님들은 혹시 매일 밤 11시 30분에 아이들이 방에서 무엇을 하고 있는지 알고 계시나요? 공부하는 걸까요? 부모님은 늦게까지 깨어 있는 아이들이 대견하기도 합니다. 내일 아침에 힘들어할까 걱정도 됩니다. 하지만 부모님은 모릅니다. 밤 11시 30분은 내일 자 '네이버 웹툰'이 올라오는 시간입니다. 아이들은 관심이 가면 새벽이든 한밤중이든 호기심을 충족시키지 않고는 못 견딥니다. 읽으라는 책은 안 읽고, 보지 말라는 웹툰은 왜 그리 보고 싶은지요. 그러고 보면 책 읽을 시간이 없다는 건 괜한 변명에 불과한지도 모릅니다.

필요 이상으로 해놓은 독서가 여유로 이어집니다. 여유는 생각덩어리를 만듭니다. 학습 프로세스를 순환합니다. 이것이 진정한 '여유의 교육'입니다. 여유와 나태를 혼동하면 곤란합니다. '여유'라는 이름 아래 교사도 학생도 계속 쉽고 편한 것만 찾는 나태함에 빠지는 건 아닐까요? 그래서 점점 학력이 떨어지게 됐고, 지금에 와서야 2009년 개정이다, 2015년 개정이다 하는 새로운 교육과정을 내놓고 있는 것은 아닐까요? 필사야말로 진정한 여유의 교육입니다. 게임하고 유튜브 보고, SNS를 하는 대신, 충분히 확보해 둔 이 필사의 여유야말로 입시에 도움이 되는 진정한 독서법입니다.

필사능력은 어떻게 키워야 할까?

필사능력은 어떻게 키울까요. 독서가 마라토너라면 필사는 독서를 돕는 페이스메이커입니다. 필사하면 책을 깊이 읽는 데에도 도움이 됩니다. 저자와 작중 인물의 관점에서 생각하고 바라보게 되는 것은 부수적인 효과입니다. 가령 미하엘 엔데Michael Andreas Helmuth Ende의 『모모』 같은 책을 필사하면 경청과 배려심에 대해 깊이 생각해 보게 되고, 『완득이』 같은 책을 필사하면 다문화 가정에 대한 고정관념이 바뀝니다. 캐릭터에 몰입되어 상대방의 눈으로 생각하고 바라보게 됩니다. 책 읽을 시간도 부족한데, 어떻게 필사까지 하느냐고요? 그렇다면 책의 모든 문장을 필사할 필요는 없습니다. 다만, 책을 읽으며 중요하다 싶은 문장만이라도 필사하는 것은 어떨까요? 분명히 아이의 독서능력이 향상될 겁니다.

대학 시절에 도스토예프스키의 소설 『까라마조프가의 형제들』을 읽는데, 셋째 아들 알료샤가 제 동생과 너무 닮았더군요. 첫째 형의 애인인 크루센카가 알료샤에게 들려주는 '파 한뿌리' 이야기와 둘째 아들 이반이 알료샤에게 들려주는 '대심문관' 이야기 그리고 알료샤의 좋은 문장들을 듬성듬성 필사하며 읽었습니다. 어렵게만 느껴지던 책의 이야기들이 제 주변의 일처럼 가깝게 다가왔습니다. 군대를 전역하고 동생이 알료샤처럼 목회자의 길을 걷게 되자 가족들은 놀랐지만 저는 놀라지 않았습니다. 책 속에서 제 동생의 미래를 보았기 때문이죠.

몇 년 전에 아들과 둘이서 청산도 여행을 가서도 비슷한 경험을 했습니다. 패키지여행이라 일행과 한 시간 거리의 작은 섬을 둘러보는데 우리가 제일 꼴찌였습니다. 어린 아들이 풀, 벌레, 나무들을 하나하나 보고 만지는 통에 도무지 진도가 안 나갔죠. 앞사람들이 멀리 갔으니 빨리 따라가자고 해도 아이는 작은 생명체들이 그리 신기한지 도무지 발을 떼지 못하더군요. 마침내 제게 요상한 물체를 들이밀며 이렇게 말합니다. "아빠, 이 거미 진짜 예쁘죠?"

필사는 작은 생명체에 다가서려는 아이의 시선과 같습니다. 작은 디테일은 멀리서는 보이지 않습니다. 그러나 가까이서 보면 작은 것들이 크게 보입니다. 아무리 정독을 하더라도 필사하지 않으면 보이지 않는 것들이 있습니다. 필사를 하면 등장인물에 대해 관심을 갖고, 작가가 펼치는 세상에 대한 애정이 깊어집니다.

필사는 본문을 처음부터 끝까지 전체 문장을 기록하는 것이 가장 좋겠지만 밑줄 치고 싶은 문장만 써보는 것도 좋습니다. 녹음을 해도 좋습니다. 여기서 중요한 것은 이 필사한 내용을 곱씹는 행위입니다. 그래야 필사한 문장이 고스란히 자기 안에 스며들어 실력으로 남습니다.

읽은 책을 제대로 정리하는
독서기록

책을 읽다가 호기심을 끄는 부분을 중심으로 정리한 글은 깊이가 있습니다. 실제로 학생들이 쓴 글을 읽어보면 독서의 깊이와 사고 수준을 파악할 수 있습니다. 좋은 글과 약간 부족한 글의 차이는 엄밀히 말하면 호기심의 차이입니다. 호기심을 적절한 단어 조합과 문장 구성으로 표현한다면 누구나 좋은 글을 쓸 수 있습니다. 문제는 적절한 단어 조합과 문장 구성은 독서만으로 해결할 수 없다는 점입니다.

책을 많이 읽으면 글쓰기는 저절로 는다고 말하는 사람이 있습니다. 근거 없는 말입니다. 글쓰기 실력은 실제로 시도해야 늡니다. 써보지 않으면 어떻게 써야 하는지 알 수 없습니다. 떠밀리듯 쓰기 시작하면 그 다음에는 어휘력 부족에 시달립니다. 어휘력이 부족하면 글의 분량을 채우기도 어렵고 재미도 없습니다. 간신히 어휘력을 약간이라도 보완하면 이번에는 문장 구성이 문젭니다. 같은 유형의 문장만 반복해서 쓰기 때문입니다.

글을 많이 읽으면 머릿속에 쓸거리가 쌓이지만 그대로 글이 되는 것은 아닙니다. 대치동 학원가에는 외국에서 오랫동안 생활하다 돌아온 리터니 학생들이 제법 많습니다. 이들의 사고체계는 대체로 개방적이고 창의적입니다. 호기심도 강합니다. 그러나 자신의 생각을 한글로 표현하는 데는 꽤 서툽니다. 사고력이 발달했고 호기심도 풍부하지만 어휘력이 부족하거나 한국어 구조에 익숙하지 않아서 글을 못 쓰는 겁니다. 그런 학생들도 글의 구조를 정하고 채워 넣는 식으로 글을 쓰면 실력이 금세

늪니다.

저는 학생들에게 글 문단의 소제목을 먼저 작성하고, 서론·본론·결론을 구분해 글을 쓰는 방식을 추천합니다. 소제목은 독자가 자신의 배경지식을 활성화하며 읽을 준비를 하게 만듭니다. 서론에서는 독자의 관심을 고려한 재미있는 이야기로 시작하되, 중간에 흥미로운 이야기와 앞으로 주제를 연결하는 초점을 제시합니다. 본론에서는 차근차근 근거를 들고 그 근거를 설명합니다. 이러한 노력은 마무리할 때까지 지속합니다. 읽는 사람을 배려하며 서비스하듯 진지한 자세로 글을 써야 합니다. 글의 내용은 물론이고 형식적 요소인 구조나 맞춤법에 신경 쓰는 것도 중요합니다. 구체적인 방법은 다음과 같습니다.

몰라보게 향상되는 8가지 글쓰기 요령

책을 읽었는데 독서기록장을 써야 할 엄두가 안 나는 경우가 있습니다. 어떻게 써야 하는지 방법을 모르는 경우도 허다합니다. 서술형평가가 날로 중요해지는 이때에 애써 잘 읽은 책을 정리하지 못한다면 억울합니다. 수시와 정시에 대비하는 몇 가지 글쓰기 요령을 알려드립니다.

① 띄어쓰기에 유의합니다.

사실 항상 틀리는 부분은 정해져 있습니다.

- "명치유신은 안되었을 것이라고 믿는다."

→ 명치유신은 안 되었을 것이라고 믿는다.

— 이광수, 『도산 안창호』

부정어를 나타낼 때는 '안'과 '못'은 한 칸 띄어 적습니다.

- "엄마를 잃어버린지 일주일째다."

→ 엄마를 잃어버린 지 일주일째다.

— 신경숙, 『엄마를 부탁해』

'지'는 불확실을 나타낼 때는 붙이고, 시간을 나타낼 때는 띄어 적습니다.

- "아이폰을 배려하기는 커녕 경쟁하는 느낌이었다."

→ 아이폰을 배려하기는커녕 경쟁하는 느낌이었다.

— 월터 아이작슨, 『스티브 잡스』

'는커녕'은 조사로, 보조사 '는'에 보조사 '커녕'이 결합한 말입니다.

- "마음은 있어도 실행하기는 어려울텐데."

→ 마음은 있어도 실행하기는 어려울 텐데.

— 막심 고리키, 『어머니』

'텐데'는 의존 명사로, 의존 명사는 앞말과 띄어 적습니다.

② 문장성분 간의 호응을 생각합니다.

영어의 문장성분은 주어, 동사, 목적어, 보어, 수식어 등 다섯 가지
인 반면 한글은 주어, 서술어, 목적어, 보어, 관형어, 부사어, 독립

어 등 일곱 가지입니다. 주어와 동사가 붙어 있는 영어와 달리 우리 말은 주어와 서술어가 멀어 호응 관계에 문제가 생길 확률이 높습니다. 각별한 주의가 필요합니다. 영문법에 익숙한 학생들이 가장 혼동하는 것은 부사어와 서술어의 호응입니다.

• "드디어 청이는 인당수에 몸을 던졌다."

→ 마침내 _{드디어} 청이는 인당수에 몸을 던졌다.

─ 『심청전』

'드디어'는 여러 고비나 시간 끝에 기대하거나 바라 마지않았을 때 쓰는 부사입니다.

• "너무 신선한 느낌이 들었다."

→ 무척 _{참, 매우} 신선한 느낌이 들었다.

─ 루트번스타인, 『생각의 탄생』

'너무'는 '꼭 알맞은 정도나 표준을 넘었을 때 또는 바람직 못한' 경우에 쓰는 부사입니다.

③ 단문과 중문을 적절하게 섞어 씁니다.

이해하기 쉬워야 좋은 문장입니다. 흔히 어니스트 헤밍웨이나 김훈 작가 등처럼 글을 잘 쓰는 사람은 단문으로 쓴다고 합니다. 문제는 그런 사람들의 글을 읽어본 사람이 적다는 점입니다. 글을 못 쓰는 사람들이 문장을 길게 쓰는 이유는 국어 교과서 때문입니다. 교과서에서는 완성도 높고 현란한 긴 문장이 빈번하게 등장합니다. 전달할 내용이 많아지다 보면 문장이 금세 길어지고 어려워집니다. 짧아야 좋은 줄은 알겠지만 담을 내용이 많아지니 사면초가입니다. 이때는 한 문장을 짧게 하되 문장의 개수를 늘리는 것이 좋습니다. 주인공이 되기 전에 수많은 단역으로 연기력을 끌어올린 배우 유해진, 조진웅처럼 작가는 긴 문장을 쓰기 위해 수많은 단문을 연습합니다. 문학작품이라면 긴 문장으로 멋을 부릴 수 있습니다. 그러나 실용 글에서는 가급적 단문으로 쓰는 게 좋습니다. 물론 단문만 사용한다고 모두 헤밍웨이나 김훈 작가가 되는 것은 아닙니다. 단문을 중심으로 하되 필요할 때 장문을 한두 개 섞는 것이 요령입니다. 단문 8개에 장문 2개 정도 사용하면 리듬감을 잘 살릴 수 있습니다.

④ 수식어를 절제합니다.

가능한 수식어를 적게 쓰는 것이 좋지만 꼭 써야 한다면 꾸미는 말에 최대한 가까이 붙여 써야 의미가 정확히 전달됩니다. 긴 수식어는 앞에 두고 중요한 수식어는 뒤에 둡니다. 수식받는 말이 모호한 경우에는 쉼표를 사용합니다. "깨끗한 독서실의 의자는 기분이 좋다"에서 깨끗한 것이 독서실인지 독서실 의자인지가 모호합니다. 독서실 의자가 깨끗한 것이라면 "깨끗한, 독서실의 의자는 기분이 좋다"라고 써야 의미가 정확해집니다.

⑤ 수동태와 수사법 표현에 주의합니다.

영어의 수동태 때문에 수동문을 사용하는 학생들이 많습니다. 이렇게 쓰면 우리말은 주체가 드러나지 않아 문장에 힘이 없습니다. 또 문장이 길어지고 이해하기 어렵습니다. "국민들의 현명한 판단이 요구된다", "타자가 공을 놓친 것으로 보여진다" 같은 문장은 "국민들이 현명하게 판단해야 한다", "타자가 공을 놓친 것으로 보인다"로 고쳐 써야 명확합니다. 또 수사법을 활용하면 문장이 풍성해집니다. 수사법의 종류는 56가지나 되지만 주로 사용하는 것은 비유법과 은유법입니다. 이 두 가지만 사용해도 주장하는 의미가 훨씬 설득력 있게 전달됩니다. '닭장 같은 아파트'라고 쓰면 비유가 되고, '아파트는 현대인의 닭장'이라고 쓰면 은유가 됩니다.

⑥ 접속사 대신 다양한 연결 어미를 사용합니다.

'그리고', '그러면서', '그런데', '그러나' 등의 접속사가 계속 중복되면 청소기가 못을 빨아들이듯 매끄럽지 못하고 툭툭 걸리거나 거슬립니다. '~이고', '~이면서', '~이랑' 등의 연결 어미를 사용해서 문장을 매끄럽게 만들 수 있습니다.

⑦ 문장의 끝에 다양한 종결 어미를 사용합니다.

종결 어미에는 평서형, 의문형, 명령형, 청유형 등이 있습니다. 그중 평서형을 가장 많이 사용합니다. 평서형은 '이다', '있다', '것이다'를 말합니다. 평서형뿐 아니라 의문형, 명령형, 감탄형, 청유형 등을 사용해 문장의 끝을 주거니 받거니 구성하면 가독성이 높아집니다.

⑧ 다 쓰고 나면 소리 내어 읽어봅니다.

손바닥 두 개가 잘 맞아야 "짝!" 하고 소리 나듯 글의 앞과 뒤가 어울려야 잘 읽힙니다. 어울리려면 주장과 근거, 제시와 비유가 적절해야 합니다. 비유가 적절해야 의미 전달이 명확해집니다. 문장 단위로 읽는 것이 좋습니다. '철수는'으로 시작했으면 '책'과 '읽었다'라는 두 개의 단어를 연결해서 읽습니다. '철수는 책을 읽었다'라는 문장이 만들어집니다. 다음 문장을 연결합니다. '무척이나 재미있었다.' 연결이 자연스러우면 잘 쓴 글입니다. '철수는 책을 읽었다. 심각하게 재미있었다'처럼 무언가 연결이 매끄럽지 못하면 문법에 맞지 않거나 앞에서 살펴본 문장 간의 호응이 맞지 않은 경우입니다. 반대로, 자전거로 내리막길을 내달리듯 술술 읽히면 문제가 없는 문장입니다. 우리는 국문법과 영문법도 모자라 제2외국어 문법도 배웁니다. 이런 문법들이 추구하는 것은 정확한 문장입니다. 읽는 글에 운율까지 느껴진다면 2백 점짜리 문장입니다.

12.
구조를 파악하는
창작도서 읽기

중·고등학생이 되어 만나는 책은 초등학교 때와 달리 글밥도 많고 두께도 제법 두툼합니다. 글밥과 두께 때문에 아무리 좋은 책이라도 모두 읽기 어렵습니다. 하여 시중에는 좋은 책을 소개한 도서목록들이 넘쳐 납니다. 이때 필요한 것이 바로 좋은 책을 '제대로' 읽는 능력입니다.

남미 출신의 작가 알베르토 망구엘Alberto Manguel은 '의문을 찾아내기 위해 책을 읽는 독자'가 훌륭한 독자라고 말합니다. 좋은 책이든 나쁜 책이든 어떤 책이든, 읽는 사람이 받아들이는 수준에 따라 얻는 것이 다르다는 말입니다. 여기서 '읽는 사람이 받아들이는 수준'이란 무엇일까요? 독서에는 목적이 있습니다. 그 목적에 맞는 독서능력이 바로 수준입니다. 계속 강조합니다만 얼마나 많은 책을 읽었는지는 의미 없습니다. 입시, 자기계발 등의 목적이 있는 독서는 물론이고 심심풀이나 재미로 하는 독서 역시 마찬가지입니다. 얼마나 제대로 읽었는지가 중요합니다. 정보도서는 물론이고 이야기로 이루어진 창작도서를 읽을 때도 마찬가지입니다.

올바른 창작도서 읽기가 필요한 이유

창작도서를 올바르게 읽는 법을 설명하기 위해 먼저 기출문제를 몇 문항 살펴보겠습니다.

[오뒷세우스는 살아서 저승을 여행하다가 아킬레우스의 혼백을 만나 대화를 나누고 있다.]

"펠레우스의 아들 아킬레우스여, 아카이아 인人*들 중에서 가장 강력한 자여, 나는 예언자 테이레시아스에게 물어보러 왔소이다. 어떻게 하면 내가 바위 많은 이타케에 닿을 수 있겠는지, 그가 혹시 어떤 조언을 해줄 수 있을까 해서 말이오. 나는 아직도 아카이아 땅에 가까이 다가가지도 못하고 내 자신의 나라를 밟아 보지도 못한 채 끊임없이 고통만 당하고 있소. 그러나 아킬레우스여, 그대로 말하면 어느 누구도 일찍이 그대처럼 행복하지 못했고 앞으로도 그럴 것이오. 그대가 아직 살아 있을 적에 우리들 아르고스 인들이 그대를 신처럼 공경했고, 지금은 그대가 여기 죽은 자들 사이에서 강력한 통치자이기 때문이오. 그러니 아킬레우스여, 그대는 죽었다고 해서 슬퍼하지 마시오." 이렇게 내가 말하자 그는 지체 없이 이런 말로 대답했소.

"죽음에 대하여 나를 위로하려 들지 마시오, 영광스런 오뒷세우스여. 나는 죽은 자들 모두를 통치하느니 차라리 시골에서 머슴이 되어 농토도 없고 가산家産도 많지 않은 다른 사람 밑에서 품팔이를 하고 싶소. 자, 그대는 내 의젓한 아들 소식이나 전해 주시오. 그 애는 제일인자第一人者가 되기 위하여 전쟁터로 나갔소? 아니면 그러지 않았소? 그리고 나무랄 데 없는 내 아버지 펠레우스에 관해서도 들은 것이 있다면 말씀해 주시오. 그분께서는 아직도 뮈르미도네스 족族*** 사이에서 명예를 누리고 계시오? 아니면 노령老齡이 그분의 손발을 묶었다고 해서 헬라스와 프티아***에서 사람들이 그분을 업신여기고 있소? 나는 이제 더 이상 햇빛 아래서 그분을 보호하지 못하며, 넓은 트로이아에서 가장 용맹한 적들을 죽이고 아르고스 인들을 지켜주던 때처럼 그렇게 강력하지도 못하오. 그때의 힘을 지니고 내가 잠시나마 아버지의 집에 갈 수 있었으면!"

※ 아카이아 인: 고대 그리스 인. 아르고스 인이라고 일컫기도 함.

※※ 뮈르미도네스 족: 아킬레우스의 부족

※※※ 헬라스와 프티아: 아킬레우스 아버지의 영토

[문제 4] 오뒷세우스와 아킬레우스가 죽음을 대하는 태도를 비교하고, 그 차이가 어디서 오는지 설명하시오.

[문제 5] 제시문을 근거로, 아킬레우스가 이승으로 살아 돌아간다면 어떤 삶을 살지 유추해 보시오.

《2016학년도 서울대수시모집 일반전형 면접 및 구술고사》 중에서 문제 4는 고전의 제시문을 이해하고 분석할 수 있는 능력을 평가합니다. 오뒷세우스와 아킬레우스의 대화는 삶, 죽음, 행복, 명성, 권력 등 다양한 주제에 걸쳐 있습니다. 그중에 죽음에 초점을 맞추어 두 인물의 가치관의 차이를 설명할 수 있는지를 묻는 문제입니다. 출전은 호메로스의 『오뒷세이아』천병희 옮김입니다. 수험생의 이해를 돕기 위해 일부 표현을 수정했다고 합니다.

문제 5는 제시문을 근거로 상황을 유추하는 분석력과 창의력을 평가합니다. 아킬레우스는 "죽은 자들 모두를 통치하느니 차라리 시골에서 머슴이 되어 (중략) 품팔이를 하고 싶소"라고 말하지만 곧이곧대로 믿으면 출제자의 의도를 파악하지 못한 것입니다. 곧이어 영웅적인 삶에 대한 은근한 관심과 미련을 표명하기 때문입니다. 학생들이 이 대목의 숨은 의미를 정확히 읽었는지를 묻습니다. 창작도서를 다양하게 읽지 않으면 풀기 어려운 문제입니다. 기출문제 하나를 더 살펴보겠습니다.

긍정적 사고는 성공이 선한 사람에게 주어지는 보상이고, 실패가 구조적인 조건이 아니라 나쁜 태도의 결과라고 믿고 싶은 욕망에서 비롯되는 집단적인 환상이다. 우리 사회에서 긍정적 사고는 종종 부富를 획득하고 성공을 이루며 질병을 극복하는 비결로 제시된다. 우리는 인종, 계급, 성차性差 같은 불평등한 조건이 아니라 개인의 태도가 성공을 이끌어낸다고 믿고 싶어 한다. 낙관주의가 물질적인 성공의 열쇠이고 긍정적 사고를 통해서 낙관적인 태도를 기를 수 있다면 실패에 대한 변명은 있을 수 없다. 그러나 긍정적 사고의 이면裏面에는 개인에게 모든 책임을 지우는 논리가 자리 잡고 있다. 자본주의 사회에서는 누군가가 실패해야 다른 누군가가 성

대치동 독서법

공할 수 있지만, 긍정적 사고의 이념은 성공이 노력하기 나름이고 실패가 당사자의 탓이라고 역설한다. 긍정적 사고를 하는 사람들에게 부는 유리한 조건을 독점한 결과가 아니라 성공이 가시화된 형태이며, 건강은 환경과는 무관한 태도의 문제이다. 하지만 긍정적 사고를 거부하는 불신자들, 실패자들과 패배자들, 불평분자들은 개인적인 기질을 세상을 설명하는 틀로 받아들일 수 없다. 이렇게 부정적 사고를 하는 사람들에게는 분명히 실패에 따르는 이점이 있다. 파산을 겪고 병마와 싸우는 동안에도 웃음을 잃지 않아야 할 의무에서 벗어난 덕택에 이들은 실패의 경험을 바탕으로 일상생활에 만연한 불평등에 맞설 수 있다.

2-1. 본인이 읽은 책에서 적절한 인물 하나를 예로 들어서, 위 제시문에서 규정하는 '긍정적 사고'를 하는 사람과 '부정적 사고'를 하는 사람이 각각 그 인물의 삶을 어떻게 평가할지 설명하시오.

2-2. 위 제시문은 '긍정적 사고'의 문제점과 '부정적 사고'의 이점을 부각시킨다. '부정적 사고'에는 어떤 문제점이 있을 수 있는지 설명하시오.

《2015학년도 서울대수시모집 일반전형 면접 및 구술고사》 중에서

제시문은 미국적 낙관주의의 근간을 이루는 '긍정적 사고'의 문제점을 지적하고 '부정적 사고'를 그 대안으로 내세웁니다. 제시문에 따르면 '긍정적 사고'와 '부정적 사고'는 다음과 같이 해석됩니다. '긍정적 사고'는 개인의 낙관적 태도와 성실함이 세속적 성공과 역경 극복의 비결이라고

믿는 태도입니다. 결과적으로 사회의 지배 구조 유지에 봉사합니다. '부정적 사고'는 실패의 경험을 바탕으로 '긍정적 사고'에 대한 비판적 거리감을 확보하게 된 상태입니다. 부정적 사고를 통해서 개인은 성공과 실패의 배후에 자리 잡은 불평등한 사회 구조를 직시할 수 있습니다.

문제 2-1은 제시문에 대한 이해력과 제시문을 독서 경험과 연결하는 창의력을 평가합니다. 깊고 넓은 독서 경험이 요구됩니다. 문제 2-2는 제시문을 비판적으로 이해하는 분석력을 평가합니다. 지문 자체를 분석할 수 있는 독서력이 요구됩니다. 모두 개인과 사회에 대한 이야기이자, 사회 제도와 구조에 대한 개념 이해를 바탕으로 합니다. 특히 '본인이 읽은 책에서 적절한 인물 하나를 예로 들라'는 요구에 답하기 위해서는 제시문의 내용에 부합하는 인물이 담긴 책을 읽어야 합니다.

적절한 인물 하나를 예로 들기 위한 책은 어떤 것이 있을까요? 자서전·위인전·평전·소설·희곡·에세이·르뽀 등이 대표적일 겁니다. 이런 경우, 특히 수험생이라면 자서전·위인전·평전 등을 많이 읽어두어야 할 것 같지만 꼭 그렇진 않습니다. 가령 조남주의 『82년생 김지영』은 소설일까요? 아니면 페미니즘 르뽀일까요? 존 스타인벡 John Ernst Steinbeck, Jr.의 『분노의 포도』는 소설일까요? 아니면 자본주의의 문제점에 대한 사회과학서적일까요? 말할 것도 없이 이들은 모두 소설로써 베스트셀러에 속합니다. 그러나 『82년생 김지영』은 우리나라는 물론 일본과 중국에서도 페미니스트 논란을 야기했고, 존 스타인벡은 공산주의자로 오인받아서 FBI의 추격까지 받았습니다. 이런 책을 제대로 읽어낸 독자라면 위 문제에 적절히 답할 것입니다. 한 권의 책을 읽더라도 정확히 이해하고, 창의적인 생각으로 분석하는 것이 중요하다는 말입니다.

대치동 독서법

지금부터 창작도서를 읽기 위한 방법을 살펴봅니다. 방법은 '독서의 계기와 동기를 만들 것', '힘든 고비를 넘기고 일단 읽어볼 것', '열린 틈을 파고드는 작품과 만날 것', '구조를 파악할 것', '독서토론을 할 것', 이렇게 다섯 가지입니다.

독서의 계기와 동기를 만들어라

첫 번째는 '독서의 계기와 동기를 만들 것'입니다. 시카고대학교는 시카고 플랜으로 유명합니다. 시카고 플랜은 그레이트 북스 100권을 재학생들에게 읽히는 과정을 말합니다. 이 100권에는 인류의 위대한 지적 유산인 철학과 문학 등의 고전이 총망라되어 있습니다. 시작은 1929년 로버트 허친스Robert Maynard Hutchins 총장이 시카고대학교에 부임하면서부터입니다. 허친스 총장은 존 스튜어트 밀의 '고전 읽기 독서법'을 충실히 따른다면 학생들의 수준을 높일 수 있다고 생각했습니다. 그리하여 이른바 '시카고 플랜'을 발표합니다.

시카고 플랜이 시행되자 그동안 책이라고는 교과서밖에 몰랐던 시카고대학생들은 고전을 읽지 않을 수 없었습니다. 울며 겨자 먹기 식으로 위대한 고전 100권을 읽기 시작했죠. 처음에는 아무런 변화가 없었으나 고전을 한두 권씩 읽으면서 바뀌기 시작합니다. 책 속의 지식과 지혜가 학생들에게 전해지기 시작한 것입니다. 그 결과 노벨상 수상자가 속출하기 시작합니다. 이 사실이 알려지자 시카고대학교에서 읽는 도서목록이 인터넷에 떠돌기 시작했습니다. 고전 읽기의 중요성을 강조하는 책들도 우후죽순 생기고 방송국에서도 촬영했습니다.

그렇다면 시카고대학교의 추천도서목록 100권을 읽으면 노벨상을 수상할 수 있을까요? 이는 하나는 알고 둘은 모르는 겁니다. 책을 읽으려고 책장에 앉았는데 그레이트 북스 100권이 한꺼번에 꽂혀 있다고 생각해봅시다. 어디서부터 무슨 기준으로 읽어야 할지 막막할 것입니다. 책을 읽으려면 계기를 만들 필요가 있습니다. 이왕이면 잘 읽어야겠다는 마음이 필요합니다. 시카고대학교의 로버트 허친스 총장은 100권의 목록을 학생들에게 공개하면서 책을 읽을 때 세 가지의 동기를 갖고 읽도록 했습니다.

첫째, 가슴에 품고 싶은 인물을 탐색할 것.
둘째, 영원불멸의 가치를 발견할 것.
셋째, 그 가치를 실현할 수 있는 꿈을 찾을 것.

독서의 동기는 내적 동기와 외적 동기가 있습니다. 내적 동기는 스스로 만족하기 위해 읽는 것이고, 외적 동기는 누군가에게 보여주기 위해 읽는 것입니다. 내적 동기가 바람직하지만, 습관이 안 되면 쉽지 않습니다. 그렇다면 외적 동기라도 꾸준히 자극해야 합니다. 방법은 누군가에게 보여주는 것입니다. 보여주는 것을 즐겨야 합니다. 남에게 보여주기 위해서라도 더 열심히 읽으려고 노력해야 합니다. 저는 20여 명의 직원들과 〈그레이트 코스〉라는 모임을 진행한 적이 있습니다. 3년간 100권의 책을 읽는 프로그램이었습니다. 일종의 외적 동기였죠. 100여 권의 좋은 책을 읽는

대작들 독서법

과정도 좋았지만 '나는 이런 책도 읽는다'는 보여주기식 뿌듯함이 더 크지 않았나 싶습니다.

무엇이든
처음이 어렵다

두 번째는 '힘든 고비를 넘기고 일단 읽어볼 것'입니다. 직원들과 〈그레이트 코스〉를 시작하던 첫날을 아직도 생생히 기억합니다. 첫 번째로 읽은 책은 『논어』였습니다. 흔히 재미없는 어른의 이야기를 '공자님 말씀'이라고 하듯, 잔소리만 빼곡히 쓰인 그 책 말이죠. 〈그레이트 코스〉에서는 한 달에 두 권의 책을 읽었는데 다른 한 권은 최인호의 『소설 공자』였습니다. 이 책과 함께 읽으니 어렵던 공자의 일대기가 머릿속에 그려지면서 『논어』의 내용이 파악되기 시작했습니다. 첫 달을 어떻게든 시작하니 다음부터는 순조롭게 읽을 수 있었습니다. 우유도 어른의 경우는 안 먹다 먹으면 배탈이 납니다. 그러나 일단 먹어버릇하면 그 다음부터는 즐겁게 먹을 수 있습니다. 인이 배기는 거죠.

독서도 처음 한 줄이 어렵습니다. 처음엔 힘들지만 일단 읽어나가면 언젠가는 수월해집니다. 분량은 많은데, 대여섯 장도 넘기지 못할 때가 가장 힘듭니다. 하지만 이 순간을 넘어서면 점점 쉬워집니다. 그리고 어느덧 마지막 장을 넘기는 순간이 다가옵니다. 어려운 책을 읽을 때는 그 책과 함께 읽을 수 있는 쉽고 재밌는 책을 함께 읽는 것도 좋은 방법입니다.

열린 틈 aperture 이 있는
책이 좋다

세 번째는 '열린 틈을 파고드는 작품과 만날 것'입니다. 중학생 대상 독서캠프를 진행할 때였습니다. 필독서로 『위대한 개츠비』스콧 피츠제럴드 저를 선정했습니다. 이 책은 영미권 추천도서 10위 안에 항상 드는 명저로 꼽힙니다. 반면 우리나라에서는 그만큼의 영예는 누리지 못하고 있습니다. 왜 그럴까요? 소설가 김영하는 한국어 번역이 '느낌'을 온전히 전달하지 못하기 때문이라고 지적합니다. 느낌을 다르게 만드는 것은 외적 요인과 내적 요인이 있습니다. 1920년대라는 시대적 차이, 미국이라는 문화적 차이, 동양과 서양의 차이, 존댓말 없는 영어과 우리말의 차이 등은 외적 요인입니다. 남녀의 차이, 나이의 차이, 독서력의 차이, 연애 중인지 솔로인지의 차이, 미혼과 기혼의 차이 등은 내적 요인입니다.

독서캠프 필독서로 『위대한 개츠비』를 선택한 이유는 이런 요인에 따라 읽는 사람에게 다른 '느낌'을 주기 때문입니다. 김영하 작가는 이처럼 느낌이 다른 이유는 반말로 된 영어와 존대말이 있는 우리말의 위계 때문이라고 봤습니다.[26] 외적 요인으로 본 거죠. 그러나 제가 볼 때는 이에 대해 사람마다 다르게 느낀다는 측면에서 내적 요인에 가깝습니다. 광고에서 말하는 일종의 '열린 틈 aperture' 말입니다. 열린 틈은 '비좁은 인식의 틈을 파고들어 마음을 연다'라는 의미로 사용되는 광고용어입니다. 그레이엄 그린 Graham Greene이 『권력과 영광』에서 '어린 시절에는 문이 열리고 그 문으로 미래가 들어오는 한순간이 존재한다'라고 말한 그 '한순간'이나 프랑스 문화철학자 롤랑 바르트 Roland Gerard Barthes가 '푼크툼

Punctum'이라고 부른 것도 같은 의미입니다. 바르트는 푼크툼이 없는 예술은 이미 생명력을 잃은 것이나 다름없다고까지 말합니다.

독서에도 '열린 틈'이 있습니다. 어떤 책이든 모든 독자에게 전하고자 하는 보편적인 메시지가 있습니다. 이 메시지는 누구에게나 동일하게 읽힐 수도, 그렇지 않을 수도 있습니다. 그러나 일치할수록 좋습니다. 청소년들에게 필요한 책은 보편적인 메시지만 제공하는 책이 아닙니다. 보편적인 메시지는 독자를 단순한 수용자에 머물게 합니다. 작가의 의도를 알아차리는 똑똑한 구경꾼 정도에 만족하도록 만들죠.

창의융합독서의 본질은 '열린 틈'을 충족하는 데 있습니다. 책 한 권을 읽고 자기만의 감정이나 느낌이 만들어지지 않았다면 좋은 책이라고 보기 어렵습니다. 다양한 '열린 틈'을 찾아낼 수 있어야 좋은 책입니다. 독자와 저자 사이에 연결고리가 만들어지고, 그 고리를 통해 개인적인 경험이 전달되면서 나만의 영감을 불러일으키는 책이 매력적입니다. 공감대를 형성하는 책도 좋습니다만, 때론 살짝 거슬려도 좋습니다. 눈 언덕 하나 없는 스키장처럼 매끈한 책이라면 독자가 생각할 기회를 가질 수 있을까요? 한참 곱씹어봐야 의미를 알 수 있는 책, 천천히 읽어야 읽히는 책, 책을 덮고 누군가와 이야기를 나누고 싶어지는 책, 그래서 궁금하고 생각하게 하는 책도 좋습니다.

책의 구조를 이해하면
술술 읽힌다

네 번째는 '구조를 파악할 것'입니다. 『위대한 개츠비』가 우리나라 사람들에게 인기 없는 이유는 책의 복잡한 구조 때문입니다. 저는 학생들에게 이 책에서 무엇이 가장 궁금했느냐고 물었습니다.

"왜 개츠비가 위대한지 모르겠어요"라는 답변이 가장 많았습니다. 제목이 잘못됐네, 역설적인 표현이네 등등 의견이 분분합니다만 단서는 책 속에 있습니다. 이 책의 독서 포인트는 '작가와 화자의 견해가 다른 것'입니다.

〈위대한 개츠비의 대립되는 두 시선〉

구조1 : 작가의 시선
- 개츠비를 위대하기는커녕 '대단한' 물건 취급한다.
- 불법적인 방법으로 한탕 크게 하고 싶어 하는 사람이다.

구조2 : 화자의 시선
- 닉의 주변에는 속물로 가득 차 있다.
- 데이지라는 보잘것없는 존재를 사랑하는 개츠비
- 바람둥이 톰과 달리 진심으로 '사랑'을 믿는 개츠비

작가는 시종일관 개츠비를 이상한 사람 취급합니다. 밀주업자에 다혈질이고 학벌도 속인 사기꾼으로 몰아세웁니다. 하지만 유일하게 개츠비의 위대함을 알아보는 사람이 있습니다. 화자인 닉 캐러웨이죠. 닉에게 개츠비는 '평생 동안 네다섯 번밖에 볼 수 없는 미소를 보여준 사람', '지

진계와 같이 예민한 감수성을 지닌 사람', '다른 이들을 모두 합친 것보다 더 가치 있는 사람'입니다. 오직 닉의 눈에만 그렇게 보이죠. 많은 사람들이 이 책을 재미없어하는 이유는 이런 대립 구조가 쉽게 파악되지 않기 때문입니다. 이런 책은 어떻게 읽어야 할까요?

1) 저자의 의도를 찾아낸다

개츠비의 위대함에 대해 수진이가 이렇게 대답합니다. "개츠비의 데이지에 대한 지고지순한 사랑은 위대한 것 같아요." 그렇습니다. 작가는 시종일관 데이지가 사랑할 만한 가치가 없는 속물임을 강조합니다. 돈을 좋아하고 개츠비의 직원들을 내보냅니다. 그래도 개츠비는 데이지를 사랑해 줍니다. 데이지의 단점을 몰랐기 때문일까요? 책 초반에 닉은 사촌 데이지의 목소리에 대해 이렇게 묘사합니다.

"나는 데이지 쪽으로 다시 눈길을 돌렸다. 그녀는 낮게 떨리는 목소리로 나에게 무언가를 묻고 있었다. 그 목소리는 한마디 한마디가 두 번 다시 연주될 수 없는 음조를 배열한 것 같아서, 듣는 쪽의 귀가 그 높낮이를 따라 오르락내리락하지 않으면 안 될 정도였다."

매력적인 데이지와 그녀의 목소리를 설명하는 내용입니다. 후반부에 닉과 개츠비, 데이지와 톰 뷰캐넌이 모여서 담소를 나누는 과정에서 독자는 이 말의 의도를 파악하게 됩니다.

그때 개츠비는 이렇게 말했다.

"데이지의 목소리는 돈으로 가득 차 있지요."

바로 그랬다. 전에는 미처 깨닫지 못했는데, 데이지의 목소리는 돈으로 가득 차 있었다. 높아졌다 낮아졌다 파동 치는 그 목소리의 무진장한 매력은 바로 그것이었다. 짤랑거리는 돈 소리, 심벌즈의 노래 같은 돈 소리……하얀 궁전 저 높은 곳에 있는 공주, 황금의 아가씨….

개츠비야말로 데이지가 속물이라는 사실을 누구보다 잘 알고 있었습니다. 그럼에도 그 사랑을 포기하지 않았던 것이죠. 개츠비의 사랑은 스스로에 대한 사랑이었던 겁니다. 개츠비의 위대함에 대해 찬반 토론을 마치고 발표하는 과정에서 세현이가 이렇게 말하더군요. "그렇게 훌륭한 재능을 세상을 위해 사용했으면 어땠을까요? 보잘것없는 과거의 여자에게 재능을 바친 개츠비는 위대하지만 위대하지 않습니다."

이 발표를 듣는 순간 많은 학생들 사이에서 탄성이 터졌습니다. 『위대한 개츠비』와 같이 높은 평가를 받지만 좀처럼 읽어내기 어려운 책은 먼저 저자의 의도를 집중적으로 파악하는 것이 바람직합니다. 책을 하나의 이야기라고 가정할 때, 뼈대가 줄거리라면 저자의 의도는 플롯이라고 할 수 있습니다.

2) 책의 구조는 플롯으로 파악하라

"성공적인 스토리텔링은 어떤 사건에 의해 삶의 균형이 무너진 주인공이 조력자에 의해 그 균형을 회복하고 여러 적대자와 맞서는 사건으로 구성됩니다."[27] 형사 콜롬보의 시나리오를 쓴 작가 로버트 맥키Robert McKee의 말입니다. 맥키에 따르면 작가는 가장 먼저 주인공 삶의 균형을 깨뜨립니다. 균형을 찾기 위해 적대자와 주인공을 돕는 조력자의 갈등으로 이야기를 전개하게 됩니다. 이야기를 다듬는 것을 로널드 B. 토비아스 Ronald B Tobias 는 플롯Plot이라고 말합니다.[28] 그렇다면 도대체 플롯은 무엇이고 플롯과 줄거리는 어떻게 다를까요?

농경지에 정착하여 농사짓기 전에 인류는 짐승을 사냥하거나 양떼나 가축 등을 이동시키며 살았습니다. 이동하는 동안 밤이면 모닥불 가에 둘러앉아 그날그날 있었던 일에 대해 밤새 떠들고는 했습니다. 그들의 대화는 사냥이나 이동 중에 일어난 일들을 사건의 순서대로 설명하는 식이었습니다. 이 설명이 바로 줄거리입니다.

반면에 플롯은 창작도서에서 등장하는 사건의 논리적인 패턴과 효과를 위한 배치를 일컫는 말입니다. 인물, 주제, 배경, 문체 등과 함께 이야기를 구성하는 기본 요소입니다. '구성'이라고도 부르죠. 플롯은 줄거리와 차이가 있습니다. "시우가 백점을 받고 나서 주하도 백점을 받았다." 두 가지 사건에 대해 간단히 나열하는 것, 이것은 줄거리입니다. 그러나 시우의 백점이라는 첫째 장면과 주하의 백점이라는 둘째 장면을 연결 짓고, 한 행동을 다른 행동의 결과로 만들면 플롯이 됩니다.

"시우가 백점을 받자 자극을 받은 주하도 백점을 받았다." 이것은 줄거리입니다. 사건의 시간적 기록이죠. 줄거리를 듣는 사람은 다음에 '무엇'이 일어날지를 알고 싶어 합니다. "시우가 백점을 받았다는 소식에 자극을 받은 나머지 열심히 공부를 했다는 내용이 밝혀지기 전까지는 아무도 주하가 백점을 받았다는 사실을 알지 못했다." 이것은 플롯입니다. 사건의 시간적 기록보다 더 중요한 요소를 가지고 있죠. 플롯은 듣는 사람에게 궁금증을 유발합니다. "어째서 그런 일이 일어나지?"[29]

줄거리는 사건을 연속적으로 이어놓은 설명에 불과합니다. 사건이 일어나고 다음 일이 일어나는 것을 나열할 뿐이죠. 그러나 플롯은 행동의 원인과 결과가 사슬처럼 연결되어 있습니다. 삶이라는 것은 온통 인연과 우연의 일치로 이루어져 있습니다. 그러나 그것이 글이나 영화로 만들어진다면 독자나 관객은 우연보다는 필연을, 인연보다는 개연성을 원합니다. 무엇보다 전체를 아우르는 일관성이 요구됩니다. 플롯을 이해하면 이야기의 일관성을 보다 쉽게 파악할 수 있습니다.

창작도서건 정보도서건 좋은 책이라면 일관된 구조를 가지고 있으니 파악하기 쉽습니다. 아무리 노력해도 일관성을 발견하기 힘든 책이라면 베스트셀러라 해도 나쁜 책일 가능성이 있습니다. 스스로 독서력이 부족하다고 위축될 필요가 없다는 말입니다. 나쁜 것은 대개 책 쪽입니다.

생각의 폭을 넓히는 독서토론을 시도해 보자

다섯째는 '독서토론을 할 것'입니다. 중학교 2학년인 영준이 어머니가 어느 날 저를 찾아오셔서 하소연하셨습니다. "아이와 토론하는 게 너무 힘들어요. 사춘기가 되면서부터 자신의 의견과 맞지 않는 주장을 무조건 배척하는 거예요. 토론 시간에도 이러면 어떡하죠?"

저는 어머님께 다른 사람의 의견과 맞지 않는 영준이의 생각이 무엇이냐고 물었습니다.

"하기 싫은 공부를 왜 해야 하는가, 공부가 싫은데 대학엔 왜 가야 하는가, 맘에 맞는 친구들만 있는 것도 아닌데 학교는 왜 다녀야 하느냐 등 수도 없이 많아요."

남자아이들은 체격이 커지면서, 공격적 성향을 분출하도록 하는 테스토스테론testosterone이라는 호르몬이 전체 인생에서 이때 가장 많이 분비됩니다. 영준이는 부모님께 반항하기 위해 말끝마다 그럴듯한 논리를 붙여 반대한 겁니다. 어머니는 토론수업에서도 아이가 그러면 어떻게 하느냐고 걱정했습니다. 토론에서 다루는 안건은 대개 개인적, 사회적으로 답을 구할 만한 가치가 있는 것입니다. 무의미한 주제를 다루는 데 시간을 쓰는 것은 토론이 아니지요.

교육현장에서 이런 고민을 하시는 부모님들을 많이 만납니다. 토론을 통해 얻고자 하는 것은 문제에 대한 정답도 아니고, 이기기 위한 궤변도 아닙니다. 토론은 개인이나 사회 발전에 더 도움이 되는 것은 무엇인지 살피고 개선 방향을 찾는 것입니다.

학생들과 수업을 하다보면 복잡한 상황을 꼼꼼히 따져 토론합니다. 다양한 안건을 다루는 토론을 합니다만 대부분의 아이들은 잘하는 아이의 의견에 동조합니다. 토론 수업은 일부로 편을 갈라 찬반 입장을 정해줍니다. 토론은 정해진 대로 하되 나중에 글 쓸 때는 자신의 입장대로 정리하도록 하면 논리 정연한 사고력이 만들어집니다.

1) 논리 정연한 사고를 만드는 토론

토론을 마친 아이들이 쓴 글을 보면 토론 때 주어진 입장을 고수하는 경우가 상당히 많습니다. 이유를 물어보면 '특정 입장'을 지지하는 근거를 찾고, 설명하며, 반론에 재반론하는 사이 자연스럽게 그 입장에 설득

되어 버린 것입니다. 생각하고, 숙고하고, 숙고한 생각을 말하며, 토론으로 생각을 교환하다 보면 주장의 찬성과 반대에 상관없이 논리정연해지는 겁니다. 이런 과정이 반복되면 어떤 주제에도 명확한 근거를 제시할 수 있게 됩니다.

독서토론은 생각덩어리를 만드는 가장 좋은 방법입니다. 또한 다양한 안건을 다루고 자신만의 의견을 남들 앞에서 말하게 된다는 점에서 자신이 누구인지를 명확히 알도록 해줍니다. 사람의 생각은 제각각입니다. 나와 같을 수도, 다를 수도 있습니다. 토론하면서 다른 사람의 생각과 자신의 생각에 어떤 차이가 있는지를 확인하다 보면 자신의 편협함도 극복할 수 있습니다. 생각이 깊고 단단해지는 겁니다.

물론 혼자서도 토론할 수 있습니다. 저자와 둘이서 토론하는 겁니다. 이런 과정을 통해 아이들은 차츰 자기 자신을 찾아갑니다. 책에 등장하는 인물의 삶에 대해 토론하지만 사실 그 모든 결론과 근거와 설명에는 자신이 투영됩니다. 앞에서 알아본 '열린 틈'이 생기는 것이죠.

2) 말하기보다 중요한 듣기

토론에서 이기는 전략은 말하기라고 생각하는 학생들이 많습니다. 틀렸습니다. 상대방 주장의 흐름이나 근거, 그 근거에 대한 부연 설명, 설명에 뒤따르는 세부 내용을 구분하지 못하면 질문도 반론도 할 수 없습니다. 토론에서 이기는 비결은 듣기에 있습니다. 잘 듣기 위해서는 상대가 한 말의 핵심과 변두리를 구분해서 메모해야 합니다.

대화에는 말이 오갑니다. 상대가 말하면 나에게도 말할 시간이 주어집니다. 주어진 시간에 제대로 말하기 위해서는 잘 들어야 합니다. 듣기

대치동 독서법

는 가장 중요한 학습 기술입니다. 학교에서도 마찬가지입니다. 선생님이 말씀할 때 딴짓하는 학생이 좋은 성적을 거두기는 어렵습니다.

토론 메모는 약간의 기술이 필요합니다. 주장을 중심으로 메모하고 변두리 정보는 주장의 범주에 묶어 넣습니다. 그림이나 기호를 사용하면 빠르게 정리할 수 있습니다.

잘 듣는다는 것은 수동적으로 가만히 앉아 있는 것이 아닙니다. 적극적이고 능동적인 듣기를 말합니다. 귀 기울이는 겁니다. 귀로는 듣고 눈으로는 상대의 입을 관찰합니다. 『생각의 탄생』에서 루트번스타인Root-Bernstein이 강조하는 것도 결국은 관찰입니다. 그것도 고도로 집중하는 관찰입니다. 말하는 내용에 집중하지 않고 엉뚱한 것에 관심을 빼앗기면 꼭 들어야 할 것을 놓칩니다. 듣기와 읽기는 결국 상대의 의중을 잘 파악해야 하므로 독서의 범주에 포함됩니다. 독서는 저자와 토론하는 과정입니다. 책은 비판적으로 읽어야 합니다. 저자와 한 걸음 떨어져 저자의 주장에서 사실과 의견을 구분해야 합니다. 자신의 가치관에 견줄 수 있어야 합니다. 저자의 주장을 받아들일지 말지를 판단해야 합니다. 백짓장도 맞들면 낫듯이, 토론하면 책을 훨씬 더 잘 읽을 수 있습니다.

[연습 1] 토론수업을 통한 창의융합독서

창작도서는 대체로 등장인물이 많고 설명과 묘사, 대사들이 길고 자세하여 자칫하면 글의 핵심과 이야기를 놓치기 쉽습니다. 그래서 읽기도 어렵고 학생들이 지루해합니다. 이런 경우에는 책을 입체적으로 살펴볼 필요가 있습니다. 그러지 않고 책상에 오래 붙어 앉아서 독서하는 것은 비밀번호를 모르는 금고 앞에서 다리가 저리도록 쪼그리고 앉아 아무 번호나 계속 눌러대는 것과 같습니다. 미네소타대학의 메이어스-레비 J. Meyers-Levy 교수는 천장 높이를 30센티미터 높일 때마다 사람들의 문제해결능력에 변화가 생기는 것을 발견했습니다. 공간의 형태에 따라 생각하는 방식도 달라집니다. 천장이 높고 넓은 공간에서는 사람들의 관점이 넓어지고 새로운 아이디어가 발휘됩니다. 독서도 마찬가지입니다. 생각이라는 천장의 높이만 조금 더 높여도 창의적으로 생각하게 됩니다. 이미 머릿속에 들어 있는 정보만 가지고 생각하는 것보다 생각의 높이를 조금 더 높여야 합니다.

허먼 멜빌의 『모비 딕』 비교해서 읽기

1부에서 교육부의 목적이 '창의융합형 인재를 육성하는 것'이라는 것과 함께 〈독서교육 사고유형 분류표〉를 살펴보았습니다. 이 표를 활용해 앞에서 살펴본 『위대한 개츠비』를 입체적으로 살펴보겠습니다. 실제로 수시와 수능에서는 두 작품 또는 책을 비교해 읽어야 하는 문제가 자주 출제되는데, 대치동에서 실제로 이루어지는 독서토론수업을 예로 들어 보겠습니다.

앞에서는 『위대한 개츠비』의 구조 안에서 등장인물을 살펴보았다면 이번에는 다른 작품을 통해 책의 등장인물을 이해해 보겠습니다. 비교해서 읽을 작품으로 학생들에게 『모비 딕』 허먼 멜빌 저 을 추천했습니다. 학생들은 해당 책을 읽고 정리한 다음 다시 만나기로 했습니다. 다른 책도 많

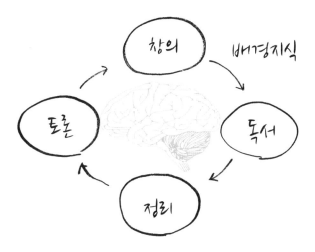

지만 『모비 딕』을 추천한 이유는 『위대한 개츠비』ㅁ유무료의서를 번역한 김태우 교수의 해설 때문입니다.

"모비 딕의 에이해브 선장에게 우리가 어떤 위대성을 부여할 수 있다면 그것은 오직 〈모비 딕〉을 우화로 읽을 때만 가능해 보인다. 즉 에이해브 선장을 모비 딕으로 표상되는 악의 정수 또는 자연의 파괴적 힘에 맞서 초인적 의지로 죽음조차 불사하여 이룰 수 없는 자신의 꿈을 이루기 위해 인간의 한계를 초월하고자 하는 인물로 해석할 때만 비로소 그를 영웅이나 위대한 인간의 전형으로 이해할 수 있게 된다는 것이다. 이런 상황에 비추어 보았을 때 개츠비 역시 표면적인 모습보다는 하나의 상징적 존재로서 해석할 때 비로소 그가 갖는 참된 가치와 위대성을 드러내 보일지 모른다."

『모비 딕』의 줄거리는 이렇습니다. 주인공 이스마엘은 아브라함이 낳은 아들로 추방되어 황야를 떠도는 방랑자의 이름입니다. 그는 성경 속의 젊은 이스마엘과 마찬가지로 육지 생활에 큰 불만을 품고 포경선 피쿼드 호를 타게 됩니다. 여관에서 식인종의 야만인 퀴퀘그와 만나 친해집니다. 포경선의 선장 에이해브는 '모비 딕'이라는 이름을 가진 머리가 흰 거대한 고래에게 한쪽 다리를 잃고 복수심에 불타 있으며, 선장은 고래 기름을 얻기 위한 항해 목적은 아랑곳하지 않습니다. 무리한 항해를 말리는 1등 항해사인 스타벅의 충고를 무시한 채 모비 딕을 쫓아 항해를 계속합니다. 마침내 모비 딕의 모습을 발견합니다. 선장이 쏜 작살은 명중했지만 고래는 결국 에이해브를 바다 속으로 끌고 들어가 버리고, 피쿼드 호도 침몰합니다. 동료 퀴퀘그가 미리 만들었던 관을 타고 혼자 살아남은 이스마엘은 후에 이 이야기를 전하게 됩니다.

위대한 개츠비 VS 모비 딕

『모비 딕』의 줄거리를 듣고 학생들은 나름대로 『위대한 개츠비』와 비교하면서 정리를 했습니다. 한참 정리를 한 뒤 한 학생들이 이렇게 묻습니다. "선생님, 에이해브가 개츠비네요. 그럼 모비 딕은 누군가요?" 이 질문에 답하기 위해서는 먼저 『위대한 개츠비』의 등장인물을 살펴봐야 합니다.

〈위대한 개츠비의 주요 등장인물〉

▷ 내레이터: 닉 캐러웨이
▷ 주인공: 제이 개츠비
▷ 주인공의 상대: 데이지
▷ 주인공의 조력자: 톰 뷰캐넌

대치동 독서법

자, 이번에는 『모비 딕』의 주요 등장인물과 비교해 보겠습니다. 이스마엘은 작품의 화자, 즉 내레이터입니다. 이미 남의 아내가 되어 사랑해선 안 될 데이지에게 집착하는 개츠비처럼 에이해브 선장은 너무 거대해서 잡을 수 없는 고래 모비 딕을 추적합니다. 데이지의 남편 톰 뷰캐넌은 신분차별과 빈부격차를 인정하는 현실적인 인물이며, 에이해브 선장을 따르는 일등항해사 스타벅은 "모비 딕이 아니라 현실적인 꿈을 쫓으라"고 선장에게 조언하는 현실주의자입니다. 스타벅스 커피의 이름을 이 스타벅에서 따온 걸로 잘 알려져 있죠.

위대한 개츠비와 모비 딕의 등장인물 비교

작품	위대한 개츠비	모비 딕
내레이터	닉 캐러웨이	이스마엘
주인공	제이 개츠비	에이해브
주인공의 상대	데이지	모비 딕
주인공의 조력자	톰 뷰캐넌	스타벅

한 작품은 주인공의 이름에 '위대한'이라고 붙여 제목을 정했고, 한 작품은 주인공의 상대 이름을 제목으로 정했습니다. 한 작품은 주인공을 강조했고, 한 작품은 주인공의 상대역을 강조했습니다.

내레이터의 역할도 서로 다릅니다. 『위대한 개츠비』의 내레이터 닉 캐러웨이는 주인공을 존경하고 아끼지만 『모비 딕』의 내레이터 이스마엘은 에이해브가 어떤 일을 하건 아무 관심 없습니다. 오히려 선장을 다음과 같이 묘사합니다. "선장은 자기가 새 공기를 마신다고 생각하겠지만, 사실은 그렇지 않다. 세상사에서도 지도자가 모르는 사이에 일반대중이 지도자를 이끌어 가는 경우가 많다. 내가 이 고래잡이 항해에 나선 것은 신의 섭리에 따라 오래전에 작성된 웅대한 프로그램의 일부를 이루고 있을 게 분명하다."

『위대한 개츠비』라는 제목의 정확한 의미는 "닉의 입장에서 바라보는 『나에게는 위대한 개츠비』"입니다. 제목은 '나에게는'이 생략된 것입니다. 그래서 읽는 사람마다 다른 '열린 틈'을 주는 것이죠. 반면,『모비 딕』에서 에이해브를 위대하게 보는 인물은 아무도 없습니다.

개츠비는 위대한가?

이제까지 나온 내용을 중심으로 학생들은 토론했습니다. 토론에 앞서 학생들과 간단한 퍼즐 맞추기를 했습니다. 한쪽에는 등장인물의 이름을 적고 한쪽에는 학생들이 생각하는 등장인물의 성격을 적었습니다. 과연 등장인물은 어떤 성격을 가지고 있을까요?

개츠비	철없는
에이해브	뚝심의
데이지	집념의
모비 딕	공포의
톰 뷰캐넌	현실적인
스타벅	냉소적인
닉 캐러웨이	다정한
이스마엘	위대한

먼저 개츠비를 살펴보겠습니다. 닉에게는 위대해 보일지 모르겠지만 독자에게는 과연 그렇게 보일까요? 오히려 데이지라는 보잘것없는 여성에게 집착하므로 '집념의'가 어울릴 것 같습니다. 에이해브는 어떨까

대치동 독서법

요? 오로지 모비 딕만 잡으려는 외골수이니 '뚝심의' 인물입니다. 데이지는 '철없는' 사람이죠. 모비 딕은 그저 '공포의' 대상입니다. 톰 뷰캐넌은 '현실적인' 인물입니다. 때론 한눈도 팔지만 결국 아내에게 돌아오는 남자의 전형입니다. 그에게 모험은 사치입니다. 스타벅도 마찬가지로 '현실적인' 사람입니다. 에이해브가 모비 딕을 잡으려고 할 때마다 정신 차리라고 충고합니다. 때론 죽으려고도 하지만 결국은 선장을 돕는 순종적인 인물입니다. 닉 캐러웨이는 '다정한' 사람입니다. 개츠비를 위대하게 보는 다소 이상주의자에 속합니다. 이스마엘은 '냉소적인' 사람입니다. 선장은 선장이고 나는 나입니다. 그가 보기에 선장은 미쳤을 뿐 그 이상도 그 이하도 아닌 것이죠.

독서 융합과정으로 창의력 높이기

학생들은 책을 읽고, 다른 책과 비교해서 읽은 뒤 등장인물에 대한 정리와 퍼즐 맞추기 그리고 토론을 마쳤습니다. 이 과정을 뇌의 학습 프로세스에 담아보면 다음 페이지와 같은 그림이 그려집니다.

상상의 힘은 무한합니다. 세상을 바꾼 발명품은 모두 상상의 산물입니다. 불편함을 고치려는 고민이 상상을 거쳐 실천으로 이어진 것입니다. 인간이 위대한 이유도 상상할 수 있기 때문입니다. 상상력을 기르는 것은 교육의 중요한 목표이며, 특히 자라나는 아이들에게는 매우 필요한 것입니다.

안타깝게도 현실에서는 청소년들의 생각을 가두는 교육에 많은 시간과 돈을 쓰는 것 같습니다. 예를 들면 아이가 어떤 글을 읽으면 그 글을 잘 읽었는지를 확인하는 '최선'의 방법으로 문제집을 들이밀고, 아이들은 문제에 대한 답을 맞히는 데만 골몰합니다. 그 답을 다 맞혀 이른바

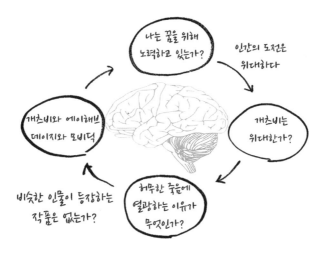

100점을 받으면 아이도 어른도 비로소 안심합니다.

그러다 보니 아이들은 점점 세상 모든 일에는 답이 있다는 편견에 사로잡힙니다. 답을 벗어난 생각은 어디서든 그 가치를 인정받지 못합니다. 그런데 딱 떨어지는 정답을 찾는 일이 어디 그리 쉬운가요.

문제에 대한 답 찾기를 반복하느라 아이들의 상상력이 꺾여서는 안 됩니다. 마음껏 상상하게 해주고 때로 목적에서 벗어나는 말을 하더라도, 누군가와 대화 또는 토론을 통해 좀 더 가치 있는 것으로 바꾸어 나아가는 경험을 하도록 도와주어야 합니다.

[연습 2] 교사가 지도하는
창의융합독서

성찰적 관찰 정리에서 추상적 가설 토론로 연결하는 것이 융합독서라고 했습니다. 그리고 이 책에서 말하는 토론은 그룹토론과 교사와의 토론 그리고 저자와의 토론이라고 했습니다. 이번에는 교사와의 토론을 통해 창의융합독서를 해보겠습니다. 다음은 셰익스피어의 4대 비극 가운데 하나인 『오셀로』를 읽고 한 학생이 쓴 글입니다.

"학교에서 『오셀로』라는 셰익스피어의 작품을 읽었다. 이 작품에서 믿음이라는 단어의 의미를 생각해 보았다. 믿음이란 사람이 사람을 믿는 것이다. 그런데 이 책에 등장하는 믿음은 두 가지가 존재했다. '좋은 믿음'과 '나쁜 믿음'이 그것이다. '좋은 믿음'은 꼭 믿어야 하는 신뢰 같은 것이다. 아내 데스데모나를 믿어야 하는 것은 당연한 것이다. 이것은 일종의 '좋은 믿음'이다. 하지만 이아고의 거짓말을 믿고 자신의 아내를 죽인 것은 '나쁜 믿음'이다. 이 책을 읽고 나니 좋은 믿음과 나쁜 믿음을 구분하는 것이 중요하다는 것을 느낄 수 있었다."

학생들이 쓰는 가장 일반적인 유형의 독후감입니다. 이 정도는 줄거리만 알면 충분히 쓸 수 있습니다. 깊이 읽고 다양하게 생각하지 않으면 아무리 많이 읽어도 사고력은 향상되기 어렵습니다. 사고력은 관찰, 비교, 분류, 추론, 유추 등을 통해 사실들 사이의 관계와 구성 등을 파악하는 능력입니다. 요즘 수학, 과학, 사회 등의 과목은 긴 서술형 문제를 읽고 그 문제를 이해해야 할 뿐만 아니라 분석, 추론, 종합과 같은 사고력을 동원해야만 문제해결이 가능하도록 출제되고 있습니다. 또한 사고력이 깊은 아이일수록 정형화된 문제해결 방식이 아니라 남이 생각하지 못한 기발한 방식으로 문제를 해결합니다. 따라서 책을 좀 더 입체적으로 읽힐 필요가 있습니다.

호기심에서 출발하는 창의융합독서

『오셀로』를 읽은 학생들에게 물었습니다. "너희들, 알라딘이라는 영화 봤지? 거기에 등장하는 앵무새 이름이 뭔지 아니?" 아무도 대답하지 못했습니다. "이아고란다. 오셀로에 등장하는 악역의 이름에서 가져온 거지." 그제야 학생들은 이아고가 그렇게 유명한 악당인 줄 몰랐다며 웅성거립니다. 민지가 이아고에 대해 이렇게 말합니다.

"선생님, 저는 이아고를 보고 인간이 저렇게까지 무서울 수 있다는 데에 놀랐어요. 상관인 오셀로를 자기 마음대로 휘두르는 게 영화 〈저스티스 리그〉에서 배트맨과 슈퍼맨, 원더우먼을 동시에 골탕 먹이는 렉스루터보다 섬뜩했어요."

영화나 소설 등의 이야기에는 선과 악이 등장합니다. 셰익스피어의 천재성은 그가 가진 인간에 대한 놀라운 통찰력에서 비롯되는 것이죠. 저는 민지에게 이렇게 되물었습니다.

"그런 영화에 등장하는 악역의 실제 모델이 있겠지? 마찬가지로 오셀로에 등장하는 이아고 역시 실제 모델이 있지 않겠니?"

학생들은 이구동성으로 "셰익스피어 같은 천재는 상상력을 발휘해서 만들 수 있겠죠"라고 대답합니다. 과연 그럴까요? 학생들에게 "다음 주까지 셰익스피어가 상상력으로 인물을 만들어냈다고 생각한다면, 그 근거를 찾아오라"고 했습니다. 드디어 창의융합독서가 시작된 것입니다.

다시 모인 자리에서 학생들은 가장 인상 깊었던 이아고의 대사를 발표했습니다. 그때 민지가 이아고의 비범함을 드러내는 문장을 소개했습니다.

대치동 독서법

"공손하게 굽실거리는 수많은 녀석들은 주인의 나귀와 흡사하게 죽만 얻어먹고 세월을 보내다가 늙으면 쫓겨난단 말입니다. 하지만 또 다른 부류는 높으신 분들에게 봉사하는 척하지만 그들을 이용하여 착실히 번성하고 자기네 실속을 두둑하게 차렸을 땐 자기 자신들에게 충성을 맹세한단 말입니다. 저는 제 자신이 그런 사람임을 공언합니다."

이 문장을 읽고 절로 미소가 지어졌습니다. 이제 아이들이 창의융합독서를 할 준비가 되었다고 생각했기 때문입니다. 셰익스피어William Shakespeare는 대개 실존인물을 자신만의 언어로 재탄생시킵니다. 스코틀랜드 신화에서 소재를 가져온 『햄릿』이 그렇고 실화를 소재로 한 『율리우스 카이사르』, 『안토니우스와 클레오파트라』가 그렇습니다. 셰익스피어만 그랬던 것은 아닙니다. 도스토예프스키의 장편소설 『죄와 벌』은 1866년 1월 12일 모스크바에서 대학 휴학생 다닐로프Danilov가 고리대금업자 포포프Popov와 그의 하인을 잔혹하게 칼로 찔러 살해하고 금품을 강탈하는 사건을 모티브로 만든 작품입니다. 스탕달Stendhal의 『적과 흑』은 프랑스의 '도피네'라는 지방에서 실제 일어난 〈베르테 사건〉을 모티브로 썼습니다. 출세에 모든 것을 건 주인공 줄리앙 소렐의 성공과 좌절을 그려 당시 지배계급의 모순을 날카롭게 비판했습니다. 이 책의 제목은 1800년대 당시 출세 코스인 군인과 성직자를 뜻하는데 '적'은 군복의 붉은색을, '흑'은 성직자의 검은색을 나타냅니다.

책 밖에서 책 안으로 들어가는 독서법

그렇다면 『오셀로』의 모티브는 무엇일까요? 줄거리를 먼저 간략하게 살펴보겠습니다. 이탈리아 베니스의 명장 오셀로 장군은 남미 출신으로 혼혈인 외국인 용병입니다. 오셀로의 나귀를 끄는 이아고는 외국인에게 복종하는 자신의 신세가 못마땅합니다. 그러던 어느 날 이탈리아의 점령지인 키프러스 섬에 터키인이 침범한다는 소식을 듣고 오셀로가 파병을 갑니다. 아내 데스데모나와 부관 카시오 그리고 이아고를 데리고 말이죠. 키프러스 섬에서 이아고는 카시오를 이용해 오셀로를 파멸로 이끌고 자신도 구속됩니다. 결국 키프러스 섬은 부관 카시오가 맡게 됩니다.

줄거리를 보니 『오셀로』에서 이아고의 비밀을 풀 수 있는 단서가 몇 가지 보입니다. '키프러스 섬'과 '나귀' 그리고 오셀로, 카시오, 이아고의 관계입니다. 이 단서를 통해 일본 전국시대에서 모티브를 얻었음을 알 수 있습니다. 이탈리아 국민인 등장인물들이 굳이 배를 타고 키프러스 섬으로 이동한 이유는 배경이 섬나라 일본이기 때문입니다. 전국시대 초기에 도요토미 히데요시는 오다 노부나가의 나귀를 끄는 기수였습니다. 따라서 등장인물 세 사람은 일본 전국시대를 통일한 오다 노부나가, 도쿠가와 이에야스 그리고 도요토미 히데요시를 모티브로 한 것입니다.

이 사실을 뒷받침하기 위해서는 두 가지 전제가 필요합니다. 첫째는 일본의 도요토미 히데요시를 영국에 사는 셰익스피어가 알고 있어야 합니다. 둘째는 도요토미 히데요시가 셰익스피어보다 먼저 살았어야 하죠.

1585년에 도요토미 히데요시는 조선을 포함한 스페인령 필리핀인 루손, 태국, 고산국(대만의 옛 이름), 류큐(오키나와의 옛 이름) 왕국과 포르투갈 선교사 편으로 인도에 있는 포르투갈령 고아 등의 세계 여러 국가에 다음과 같은 오만방자한 국서를 보냅니다.

"나는 태양의 아들이며, 그 근거는 어머니의 태몽 때문이다. 대륙을

대치동 독서법

정복하여 제국의 정치를 억만 년을 시행하겠으며, 늦게 따라오는 나라는 용서치 않을 것이다."

이 소식은 포르투갈령의 고아를 통해 유럽에 전해집니다. 해괴망측한 국서를 보내 전 세계인의 비웃음을 산 도요토미 히데요시는 먼저 조선을 공격하여 임진왜란을 일으킵니다. 셰익스피어가 『오셀로』를 쓴 1604년은 도요토미 히데요시가 전 세계에 국서를 보낸 지 20여 년이 지난 후입니다. 이 무렵에 한 이탈리아 화가가 그렸다는 오다 노부나가의 초상화가 발견됩니다. 이미 이 사실이 유럽에 널리 퍼져 있던 것으로 추정할 수 있는 것이지요.

	셰익스피어	도요토미 히데요시
시대	1564~1616	1537~1598
보스	오셀로 (무어 인의 신분으로 이탈리아 장군의 위치에 오름)	오다 노부나가 (호전적 성격 때문에 동생 노부유키가 옹립되자 모반으로 정권을 잡음)
기수	이아고 (열등감의 화신)	도요토미 히데요시 (열등감이 있음)
최후의 승자	카시오 (이탈리아 인의 정통성)	도쿠가와 이에야스 (가문의 정통성)
기수의 행동	오셀로를 조종해서 카시오와 데스데모나를 공격하고 오셀로를 파멸로 몰아넣음.	오다 노부나가가 다져 놓은 기틀 위에 일본을 통일함.
결말	•오셀로는 아내를 죽이고 자살함. •이아고는 구속됨. •카시오가 키프로스 사령관이 됨.	•오다 노부나가는 자살함. •도요토미 히데요시는 조선을 침공함. •도쿠가와 이에야스가 일본을 통치함.

원작의 모티브가 알려진 『죄와 벌』이나 『적과 흑』 역시 이런 식의 창

의융합독서가 가능합니다. 상상의 힘은 무한합니다. 세상을 바꾼 발명품은 모두 상상의 산물입니다. 인간이 위대한 것도 상상할 수 있기 때문입니다. 상상력을 기르는 것은 교육의 중요한 목표이며, 특히 자라나는 아이들에게는 더욱 더 그렇습니다.

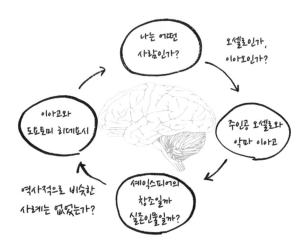

이제까지 해왔던 대로 문제에 대한 답을 찾는 데에 연연해서는 안 됩니다. '2015년 개정교육과정' 이후 창의융합교육이 중요해지고 있습니다. 또 앞으로 정시 비중이 확대되어 수능 국어 영역이 갈수록 어려워질 텐데요. 수능 국어 영역뿐만 아니라 수시 논술 등에 대비하려면 창의융합독서가 필요합니다.

중·고등학생을 위한 창작도서
필독 20권 해설

1. 고전 문학 4권

『청소년을 위한 한국고전문학사』(류대곤, 김은정 외), 『삼국유사』(일연 외),
『구운몽』(김만중 외), 『청소년을 위한 연암 박지원 소설집』(박지원 외)

먼저, 『청소년을 위한 한국고전문학사』류대곤, 김은정 저를 추천합니다. 이 책은 한국 고전문학이 시간의 흐름에 따라 어떻게 유기적으로 발전·변화해 왔는지 고찰합니다. 고대 가요부터 조선 후기 가사와 시조, 민요와 한시, 판소리와 민속극까지 흐름을 잡아 놓으면 고2~고3에서 개별 작품들의 문제풀이로 나아가는 기초가 됩니다. 『삼국유사』일연 저는 고구려, 백제, 신라 삼국뿐 아니라 고조선에서부터 고려까지, 우리 민족의 흥망성쇠의 역사를 폭넓게 다룹니다. 단군 신화를 비롯한 우리 민족의 신화와 설화 그리고 불교와 민속 신앙 자료가 한데 아우러져 있습니다. 『구운몽』김만중 저은 조선 중기의 전형적인 양반 사회의 이상을 반영한 본격적인 고전 소설입니다. 귀족 문학에서 평민 문학으로 넘어가는 과도기적인 작품이며 현실에서 꿈으로, 다시 현실로 돌아오는 환몽 구조 몽자류 소설의 효시입니다. 『청소년을 위한 연암 박지원 소설집』박지원 저은 주류 사회에서 벗어난 소외된 이들을 주인공으로, 역설과 해학으로 버무려 냉철한 시각과 날카로운 비판의 목소리를 담은 연암의 글들을 선보입니다. 1장에 실린 〈마장전〉, 〈예덕선생전〉, 〈민옹전〉 등은 연암이 18세부터 30세까지 지은 것으로, 『방경각외전』에 실린 작품들입니다. 2장에 담긴 〈호질〉과 〈허생〉은 44세에 지은 『열하일기』에 실린 것이며, 3장의 〈열녀 함양박씨전〉은 57세에 지은 작품입니다.

『혈의 누』(이인직 저), 『무정』(이광수 저), 『만세전』(염상섭 저), 『태평천하』(채만식 저)

『혈의 누』이인직 저 는 신소설의 효시로 거론되는 작품입니다. 『금수회의록』안국선 저과 비교해 볼 때 신소설의 특징이 잘 드러납니다. '일청전쟁'으로 시작되는 친일파 저자의 사고방식을 냉정하게 분석해 보고, 권영민 교수님의 특강과 함께 19세기 후반 개화계몽기부터 일제강점기, 한국전쟁, 남북분단, 산업화를 거쳐 오늘에 이르기까지 한국인의 삶을 고스란

히 기록해 온 한국 현대문학의 흐름을 살피기 바랍니다.『무정』이광수 저
에서는 신소설의 과도기적 성격을 탈피한 최초의 본격적인 현대 장편소
설의 특징이 나타납니다. 근대적 의식과 자아의 각성, 서술이 비약적이
고 추상적인 데서 나아가 구체적이고 치밀하게 된 변화, 구어체와 드라
마적 요소를 읽어내면 좋습니다.『만세전』염상섭 저에서는 '혈의 누'의 옥
련이 부부, '무정'의 형식과 선형, 영채와 병욱 등 유학 갔던 이들이 돌아
오는 길을 보여줍니다. 원제인 '묘지'가 위축된 당대의 삶을 은유하듯이
3·1운동 이전의 사회 현실을 그립니다. 동경東京-고베神戶-시모노세키下
關-부산-김천-대전-서울로 이어지는 기행적 구조를 배경으로 리얼리티
를 드러냅니다.『태평천하』채만식 저는 식민지의 어두운 현실을 풍자적 기
법으로 비판한 소설입니다. 세상이 어떻게 되든 자기 집안만 성하면 그
만이라고 생각하는 인색한 고리대금업자 윤직원 영감이 집안의 유일한
희망인 작은 손자가 사회주의 운동을 하다 체포되었다는 소식을 듣는다
는 세대 간 갈등 구조를『삼대』염상섭 저와 비교해 읽는 문제도 시험에 자
주 출제됩니다.

『광장』(최인훈 저), 『난장이가 쏘아올린 작은 공』(조세희 저),
『프롤로그 에필로그 박완서의 모든 책』(박완서 저), 『황만근은 이렇게 말했다』(성석제 저)

『광장』최인훈 저은 해방과 전쟁, 분단으로 이어지는 한국 근현대사와 궤를 같이하는 주인공 이명준의 깊은 갈망과 고뇌를 그립니다. 남북 간의 이념, 체제에 대한 냉철하고도 치열한 성찰, 삶의 일회성에 대한 첨예한 인식, 개인과 사회·국가 간의 긴장과 갈등, 인간의 자유와 사랑 같은 본질적인 주제에 대한 폭넓은 성찰을 담아낸 한국 현대 문학사 최고의 고전입니다. 『난장이가 쏘아올린 작은 공』조세희 저은 1978년 6월 초판 발행 이래 우리 문단 사상 가장 오래도록 팔린 스테디셀러로 꼽힙니다. '뫼비우스의 띠'부터 '칼날', '우주 여행', '난장이가 쏘아올린 작은 공', '육교 위에서', '궤도 회전', '기계 도시', '은강 노동 가족의 생계비', '잘못은 신에게도 있다', '클라인씨의 병', '내 그물로 오는 가시고기'까지 일독을 권합니다. 『프롤로그 에필로그 박완서의 모든 책』박완서 저은 작가의 타계 9주기를 추모하며 그의 문학정신을 기리고 다시금 되새기자는 의미에서 작품 한켠에 숨 쉬고 있던 저자의 생생한 육성을 한곳에 모아 엮은 책입니다. 소설, 산문, 동화의 서문과 발문에 실린 '작가의 말' 67편을 망라하여 수능 출제작인 '나목'부터 연대순으로 정리한 이 책은 작품을 세상에 내놓는 작가의 소회뿐만 아니라 당시의 시대상과 상세한 고찰 등을 더욱 솔직한 목소리로 들려줍니다. 『황만근은 이렇게 말했다』성석제 저는 모든 면에서 평균치에 못 미치는 농부 황만근의 일생을 묘비명의 형식을 삽입해 서술한 표제작이자 수능 출제 작품 『황만근은 이렇게 말했다』를 포함하여, 『쾌활냇가의 명랑한 곗날』, 『욕탕의 여인들』, 『책』, 『천애윤락』, 『천하제일 남가이』 등 일곱 편의 중·단편을 한 권으로 엮었습니다. 세상의 통념과 질서를 향해 작가 특유의 유쾌한 펀치를 날리는데, 비극과 희극, 해학과 풍자 사이를 종횡무진합니다.

『신경림의 시인을 찾아서 1』(신경림 저), 『언어로 세운 집』(이어령 저),
『우리가 인생이라 부르는 것들』(정재찬 저), 『김수영을 위하여』(강신주 저)

『신경림의 시인을 찾아서 1』(신경림 저)은 시인이자 시 비평가인 신경림이
우리 현대시 대표시인 22인의 고향과 유적을 답사하며 그들의 시세계와
삶에 대한 이해를 꾀한 산문 모음집입니다. 정지용에서 윤동주, 유치환,
박목월을 거쳐 신동엽, 김수영, 천상병에 이르기까지, 우리 시문학사의

고전이 된 작품을 남긴 작고_{作故} 시인들을 다룬 기행-평전 모음집입니다. 저자는 시를 가장 잘 이해하려면 그 시인이 어떤 환경에서 자랐고, 어떤 조건 아래서 살았으며, 그 시를 쓸 당시 무슨 생각을 하고 있었는가를 알아야 한다고 조언합니다. 한국 대표 시인들의 고향과 유적을 직접 찾아다니며 기록한 시인들의 시세계와 삶에 대한 이야기를 생생하게 들려줍니다. 『언어로 세운 집』_{이어령 저}은 저자가 직접 선정한 한국의 대표적인 명시 32편을 독창적인 시각으로 해설한 책입니다. 시대적 배경이나 시인의 전기적 배경에 치우쳐 시를 오독해 온 우리에게 시어 하나하나의 깊은 의미를 일깨워주고, 문학 텍스트 속에 숨겨진 상징을 기호학으로 분석함으로써 일상의 평범한 언어에 감추어진 시의 아름다운 비밀을 파헤쳐 보여줍니다. 『우리가 인생이라 부르는 것들』_{정재찬 저}은 인생의 무게 앞에 지친 이 시대의 모든 이를 위하여 자기 삶의 언어를 찾도록 이끌어줄 열네 가지 시 강의를 담았습니다. 밥벌이, 돌봄, 배움, 사랑, 건강, 관계 등 우리가 인생이라 부르는 것들에 관한 지혜를 60여 편의 시에서 찾아 우리에게 들려줍니다. 『김수영을 위하여』_{강신주 저}는 시인이자 혁명가였고, 진정한 인문정신의 소유자였던 김수영을 인문학자 강신주가 자신의 이야기를 덧입혀 읽어 내려간 책입니다.

『권영민 교수의 문학 콘서트』(권영민 저), 『이강백 희곡전집1』(이강백 저),
『마흔, 영화를 보는 또 다른 시선』(윤성욱 저), 『소설 구십년대』(공진욱 외 저)

『권영민 교수의 문학 콘서트』(권영민 저)는 한국 근현대 예술가들의 삶과 문학으로 배우는 인간다운 삶의 가치를 표방합니다. 한국 문학의 역사와 우리말의 아름다움을 세계적으로 널리 알리기 위해 오랜 시간 노력해 온 권영민 서울대 명예교수가 그동안 근현대 문학과 미술 작가들의 삶과 작품을 조명하여 정리한 내용입니다. 저자는 윤동주의 원고 노트를 소중히 간직한 후배 덕분에 윤동주가 차가운 후쿠오카형무소에서 눈감은 후에나마 세상에 나올 수 있었던 유고시집『하늘과 바람과 별과 시』, 일본의 한국어 말살 정책으로 발표하지 못한 시들을『청록집』으로 펴내면서 한국 현대시의 새로운 출발을 알렸던 박목월과 조지훈의 첫 만남, 서로의 천재적 예술성과 고뇌를 이해하고 이를 시와 그림으로 탄생시킨 이상과 구본웅의 우정 등, 그동안 자세히 알지 못했던 작품 속 뒷이야기들을 통해 삶과 문학의 긴밀한 연결을 입증합니다. 『이강백 희곡전집1』이강백 저에 수록된 여섯 편의 희곡 '다섯', '셋', '알', '파수꾼', '내마', '결혼'은 1971년부터 1974년까지의 작품들입니다. 『마흔, 영화를 보는 또 다른 시선』윤장욱 지은 '황산벌'부터 '동주', '밀양' 등 25편의 영화가 우리에게 던진 질문에 답합니다. 우리는 영화 속에서 인생의 희로애락을 경험합니다. 더불어 내가 아닌 영화 속 주인공의 삶을 통해 우리가 살면서 마주하게 될 수많은 질문에 대한 해답을 찾기도 합니다. 작가는 상처와 위로, 암울했던 시대로부터의 탈주, 갈림길에서의 선택, 폭력과 저항, 만남과 헤어짐이라는 커다란 주제와 관련된 영화를 통해 우리 삶에서 마주하게 되는 문제를 다룹니다. 총 아홉 편의 작품이 수록된『소설 구십년대』공선옥 외 저는 저마다 고독한 개인으로 남게 된 한국사회의 우울한 풍경을 보여줍니다.

13.
저자와 소통하는
정보도서 읽기

    책을 선택하는 것은 편의점에서 음료수를 고르거나 버거킹에서 와퍼를 주문하는 것과는 다른 차원의 문제입니다. 초등학교 때부터 책읽기 훈련이 되어 있는지, 이제 막 독서를 시작하려는 건지, 책을 좋아하는 편인지, 싫어하는 편인지, 창작도서를 선호하는지, 정보도서를 선호하는지, 서양고전을 좋아하는지, 동양고전을 좋아하는지를 생각해 보고, 그 취지에 맞는 책을 골라내야 합니다. 가장 중요한 것은 학생의 수준입니다. 수준을 고려하지 않는 천편일률적인 추천도서는 피해야 합니다.

    고르는 데에도 방법이 필요합니다. 책의 종류에 따라 읽기가 달라지기 때문입니다. 사실 우리의 일상은 읽기의 연속입니다. 선생님의 판서, 교과서, 참고서, 필기한 노트, 친구의 카톡 메시지, 페이스북과 블로그, 심지어 쇼핑몰의 신상 후기까지 읽어야 할 것들로 넘쳐납니다. 기록이 기억을 이긴다는 말이 있듯, 모든 것은 기록으로 남고 우리는 그것을 읽습니다. 그런데 알게 모르게 읽기 과정에서 사용하는 방식이 하나 있습니다.

바로 범주화입니다. 교과서와 참고서, 국영수와 기타 과목, 학교 숙제와 학원 숙제, 절친 톡과 반친구 톡, 학원 톡 등으로 분류하고 카테고리를 나누는 것입니다.

정보도서의
카테고리를 넓혀라

지금 제 앞에는 토끼, 원숭이, 풀밭, 숲속이라는 네 개의 그림이 있습니다. 이 네 가지를 어떤 기준으로 범주화할 수 있을까요?

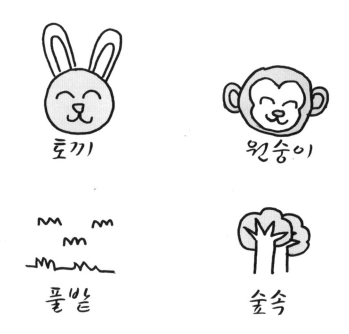

토끼-원숭이, 풀밭-숲속으로 묶으면 분류 중심 사고방식입니다. 동물과 식물 혹은 이동할 수 있는 것과 없는 것으로 묶었네요. 종류별, 특성별로 범주화했습니다.

토끼-풀밭, 원숭이-숲속으로 묶으면 관계 중심 사고방식입니다. 토끼가 사는 곳과 원숭이가 사는 곳, 토끼의 먹이와 원숭이의 먹이로 묶었네요. 필요한 역학 관계에 따라 범주화했습니다. 범주화의 기준이 바로 카테고리입니다.

책에서 카테고리란 무엇인가요? 읽을 책의 분야입니다. 소설, 에세이, 시, 인문, 역사, 종교, 사회, 과학, 철학, 경제경영, 자기계발, 위인전, 자서전, 문제집 등 다양합니다. 여기서 말하는 카테고리는 그것의 본뜻과는 좀 다릅니다. 카테고리는 본래 성질이 같은 것들의 존재 형식을 의미합니다. 아리스토텔레스Aristotle는 실체, 분량, 성질, 관계, 장소, 시간, 위치, 상태, 능동, 수동의 10가지를 존재 형식, 즉 카테고리로 제시했습니다. 생각을 일목요연하게 정리하고 체계화하는 수단으로 카테고리 개념을 사용한 것입니다. 독서에도 우리만의 카테고리가 필요합니다. 카테고리는 많을수록 좋습니다. 세분화할수록 목적에 맞는 책을 정확히 찾을 수 있기 때문입니다. 그럴수록 학창시절에 놓치지 말아야 할 책을 만날 확률이 높아집니다. 카테고리를 많이 나눴다고 해서 이것을 모두 읽을 필요는 없습니다. 책의 성격과 목적에 따라 이 가운데 필요한 카테고리와 버릴 카테고리를 선택하는 것이 중요합니다.

이번 장에서 우리는 네 가지 독서법을 배웁니다. '정보도서의 비중을 높이기', '목차와 문장구성을 꼼꼼히 파악하기', '질문하며 읽기' 그리고 '저자와 소통하며 읽기'입니다.

중학생이라면
정보도서의 비중을 높이자

첫 번째는 '정보도서의 비중을 높이기'입니다. 외교관과 심리학자가 꿈인 수민이는 이번에 중학생이 됩니다. 책을 참 잘 읽는데 역사물을 싫어하고 소설을 좋아하는 편독습관이 있습니다. 수민이는 중학교에 입학하면 학업량이 늘어날 것 같아 독서에 부담을 느끼고 있었습니다.

대치동 학원에서 간단한 독서능력을 검사했습니다. 검사결과 수민이는 창의력과 추론력은 뛰어난 반면 사실을 파악하는 능력은 부족한 것으로 나타났습니다. 자신의 경험과 배경지식으로 글의 의미를 색다르게 해석하고, 글 속에 숨겨진 의미를 해석하는 능력이 뛰어난 것이죠. 반면 설명·설득·논설 등의 정보도서를 싫어했습니다. 현상을 분석하고 인과관계를 파악하거나 습득한 정보를 활용하는 능력이 부족했죠. 이런 능력은 상대방과의 상호작용을 통해 문제를 파악하고 협의해야 하는 외교관이나 심리학자가 되려는 수민이에게 꼭 필요합니다. 좋은 독서태도를 가지고 있지만 소설을 주로 읽는 수민이 같은 경우 중·고등학교 학업을 수행하는 데 독서가 자칫 부담될 수 있습니다. 중학교 시기에는 정보도서를 이해하는 것이 무엇보다 중요합니다. 수민이는 정보도서의 비중을 높이기 위해 우선은 도서를 분류할 필요가 있습니다. 책의 종류를 분류하는 가장 쉬운 방법은 아이와 함께 책꽂이의 책을 함께 정리하면서 자연스럽게 독서 취향을 파악하는 것입니다.

1) 정보도서와 창작도서로 나눕니다

먼저 정보도서와 창작도서로 나눕니다. 정보도서는 또 사회, 역사, 과학, 수학, 철학, 인물 등으로 나누어 봅니다. 책을 분류하다 보면 아이가 주로 어떤 책을 읽고, 어떤 책을 기피하는지를 한눈에 알 수 있습니다. 두 번 이상 읽은 책은 너덜너덜해졌을 것이고 일부만 읽었거나 읽지 않은 책은 깨끗하겠죠. 아이의 관심 분야가 무엇인지 드러났다면 이와 관련하여 더 폭넓은 지식이 담긴 수준 높은 책을 권해 주세요. 반대로 즐겨 읽지 않는 분야라면 이해하기 쉬운 책을 권해 주세요. 이런 방법은 아이가 평소에 읽지 않던 책에 대해 관심을 불러일으키기도 합니다. 이렇게 아이의 관심사가 높으면 수준 높은 책을, 관심은 적지만 읽어야 할 책이라면 쉬운 책을 권하여 정보도서의 비중을 높여줍니다. 이때 정보도서는 다시 이론서와 실용서로 나눌 수 있습니다.

2) 이론서와 실용서로 나눕니다

이론서와 실용서는 출판사나 서점에서 사용하고 있는 일반적인 분류 기준을 따르면 됩니다. 이런 분류 기준은 미술이나 과학에서 사용하는 순수와 응용의 개념과 비슷합니다. 회화, 동양화, 서양화 등은 순수미술이고, 산업디자인, 광고디자인, 시각디자인 등은 응용미술입니다. 화학, 물리, 생물 등은 순수과학이고, 로봇과학이나 생명과학 등은 응용과학입니다.

이와 마찬가지로, 철학이나 인문학에 대한 책이라면 이론서에 해당됩니다. 요리책이나 컴퓨터와 관련된 책은 실용서로 분류되지요. 입시를 위한 참고서나 문제집도 실용서입니다. 자기계발이나 경제경영 서적도 실용서로 분류합니다. 이론적인 근거를 기반으로 하지만 자기계발을 하거나 경제활동을 유지하는 방법을 알려주기 때문입니다.

실용서를 제목으로 알 수 있는 경우도 있습니다. 제 서가에는 『그릿』앤젤라 더크워스 저이라는 책이 꽂혀 있습니다. 동생 집에 갔더니 『그릿 실천법』캐런 바루크 펠드먼 저이라는 책이 있더군요. 제목에 '실천' 또는 '방법'이라는 문구가 있으면 실용서입니다.

부제는 좀 더 여러 정보를 알려줍니다. 『시크릿』이라는 책을 쓴 작가 론다 번은 시크릿에 담긴 이론을 실천하기 위한 책을 여러 권 펴냈습니다. 『시크릿-데일리 티칭』론다 번 저, 『매직-28일간의 시크릿 연습』론다 번 저, 『히어로-당신이 원하는 삶으로 안내하는 비밀 지도』론다 번 저 등을 보면 부제로 실용서임을 밝히기도 했네요. 제목과 부제를 잘 보기만 해도 분류하기 쉬운 책들입니다.

제목이나 소제목만으로는 분류할 수 없는 경우도 있습니다. 그런 경우는 어쩔 수 없이 책을 좀 더 살펴보는 수고가 따릅니다. '해야 한다', '~를 하여야만 한다', '방법이다', '효과적이다', '노하우', '성과' 등의 단어가 등장하면 실용서로 분류합니다. '이다', '있다', '한다'라는 단어가 등장하면 주제에 대한 생각이나 근거를 밝히는 데 치중하므로 이론서로 분류합니다. 수민이에게 필요한 책은 그중에서 이론서입니다.

한 가지 당부하고 싶은 것이 있습니다. 이론서와 실용서를 구분하는 것은 콜라나 사이다를 고르는 것처럼 취향의 문제가 아닙니다. 가령 경제경영서는 일반적으로 실용서이지만 『장하준의 경제학 강의』장하준 저처럼 대중적인 이론서도 있습니다. 『지적인 대화를 위한 넓고 얕은 지식』채사장 저과 같은 이론서는 실용적인 책입니다. 출판사 스스로도 구분하지

대기동 독서법

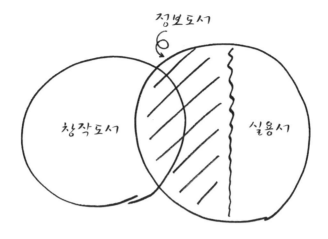

못하는 경우가 있습니다. 『생활의 발견』(린위탕 저)처럼 철학과 문학의 성질을 반씩 지닌 책이나 『월든』(헨리 데이비드 소로 저)처럼 사회학과 에세이의 경계에 있는 책이 그렇습니다. 정확하게 구분해내기 어려운 경우도 많지만 저자가 주제에 접근하는 방식을 이해하는 것만으로도 어떤 책인지 알 수 있습니다.

목차와 문장 구성을
꼼꼼히 파악하라

두 번째는 '목차와 문장 구성을 꼼꼼히 파악하기'입니다. 어린 시절에 저희 집은 만화가게를 했습니다. 동네에서 가장 크다는 의미로 만화백화점이라 이름 지었습니다. 만화만 있는 요즘 만화방과 달리 당시 가게 한 구석에는 소설과 베스트셀러도 구비해 두었습니다. 어머니가 저녁 준비를 하실 때면 대신 가게를 봤습니다. 그때가 제게는 이 책 저 책 마음껏 뒤적이는 시간이었습니다. 그때 인기를 끌었던 책은 얼마 전에 별세하신 이규형 감독님의 『청춘스케치』였습니다. 학생이 볼 책은 아니었지만 워낙 호기심이 왕성할 때라 몰래 봤습니다. 호기심을 자극하는 장면이 있나 없나를 보기 위해 목차부터 읽었습니다. 목차는 어머니가 밥을 하는 짧은 시간 안에 책의 주요장면을 포착해야 하는 긴박한 순간에 충실한 내비게이션 역할을 했습니다.

책의 구성요소를 알면 윤곽이 잡힙니다. 목차에는 키워드도 있습니다. 무엇보다 목차를 보면 책의 배경지식을 한눈에 알아볼 수 있습니다. 내용 구성이 어떻게 돼 있는지 일목요연하게 정리되어 있기 때문입니다. 목차야말로 독자의 마음을 움직이게 하고 책에서 떠나지 못하도록 붙들어두는, 독자를 위한 출판사의 내비게이션입니다.

방금 모 출판사에서 감사하다며 책 선물을 보내왔습니다. 한 권은 베스트셀러인 『역사의 쓸모』최태성 저이고, 한 권은 여성운동가의 일대기를 그린 『이이효재』박정희 저이고, 나머지 한 권은 에세이인 『우리만 아는 농담』김태언 저이네요.

셋 중에서 어떤 책부터 읽으면 좋을까요. 또 어떤 책은 안 읽어도 좋을까요. 이때 필요한 것 역시 목차입니다. 앞에 있는 세 권의 책을 꼼꼼히 읽을 필요가 있는지 없는지를 판단하기 위해서는 목차를 봐야 하는 것이죠. 목차를 보면 얻는 게 많습니다. 호기심을 유발합니다. 책의 흐름을 읽을 수도 있습니다.

얼마 전에 아이들의 옷을 사러 아울렛에 간 적이 있습니다. 아내는 죽 둘러보고 아이들에게 필요한 옷을 순식간에 선택했습니다. 겉도는 저를 보더니 "당신도 하나 골라요"라고 말하더군요. 부랴부랴 제가 입을 만한 옷을 들춰보았습니다. 남성복 코너를 여기저기 둘러보았지만 결국 고르지 못했습니다. 그러다 내려오는 길에 가판대에서 세일을 하더군요. 입지도 않을 옷들을 충동구매해 버렸습니다. 아내와 저의 쇼핑 차이는 무엇일까요? 아내는 사려고 하는 옷의 종류와 품목이 머릿속에 있는 것이고, 저는 그렇지 않은 겁니다.

책의 목차를 파악했으면 관심 있는 챕터를 하나 읽으면서 문장의 구성을 살펴봅니다. 구성을 파악하면 읽어야 할지 말아야 할지 판단이 섭니다. 구성이 좋은지를 판단하려면 논술문의 6단 논법을 생각하면 됩니다. 논술문이라면 6단 논법이 안정감 있습니다. 6단은 '안건-결론-이유-근거-반론꺾기-예외를 포함한 정리'를 말합니다. 예를 들어 '왕따는 본인에게 책임이 있다'는 글을 분석해 보겠습니다.

1. [안건] 왕따는 본인에게 책임이 있다는 주제에 대해 써보겠습니다.
2. [결론] 저는 왕따는 본인에게 책임이 있다는 주제에 반대합니다.
3. [이유] 왕따나 학교폭력은 개인이 혼자 해결할 수 없는 어려운 문제이기 때문입니다.
4. [근거] 첫째, 왕따는 사회적인 측면에서 문제가 있습니다. 반 친구들이 친구를 왕따시키는 것을 방관한 선생님과 어른의 문제이기도 하고, 같은 반 친구임에도 불구하고 약점을 잡아 괴롭히는 학급 전체의 책임입니다. 둘째, 왕따는 개인적인 측면에서 문제가 있습니다. 가해자가 피해자가 될 수도 있으므로 우리 누구나 왕따에 처할 위험이 있기 때문입니다.

5. [반론꺾기] 물론 반대하는 입장에서는 친구의 태도가 소극적이고 존재감이 낮다는 주장도 할 수 있고, 스스로 이겨내려는 의지가 부족했기 때문에 '본인에게 책임이 있다'고 할 수 있을 겁니다. 그러나 할머니와 어렵게 살아가고 있는 친구 혼자서는 해결하기 어려운 문제이고, 가난은 선택되어지는 것이 아니기 때문에 본인에게 심각한 상처를 줄 뿐 아니라 사회에도 영향을 줍니다. 그러므로 왕따 문제는 학교와 선생님, 주변 어른들, 우리 모두가 관심을 가지고 책임을 져야 할 문제입니다.

6. [예외를 포함한 정리] 왕따의 문제를 본인에게 책임을 묻는다면 혼자 해결할 수 없는 개인은 심각한 고통을 받게 됩니다. 그러므로 오늘의 가해자가 내일은 피해자가 될 수 있는 것이 바로 왕따 문제입니다. 따라서 주변인이나 사회가 관심을 가지고 지켜봐야 할 것이므로 '왕따는 본인에게 책임이 있다'는 안건에 반대합니다.

6단 논법은 사실 일상생활에서 사용하는 대화나 글쓰기의 기본입니다. '안건-결론-이유'는 기본 말하기입니다. 예를 들면 "어머니, 밥 주세요. 배고파요"입니다. '안건-결론-이유-근거'까지 쓰면 추가 말하기입니다. "어머니, 밥 주세요. 배고파요. 하루 종일 공부를 너무 열심히 했나봐요"입니다. 이 뒤에 반론꺾기와 예외를 포함한 정리를 더하면 정식 말하기가 됩니다.

이런 구성을 파악해 두면 책을 읽을 때 도움됩니다. 광고·마케팅에서는 소비자의 관심을 끄는 단계를 AIDMA로 구분합니다. '주의Attention-흥미Interest-욕구Desire-기억Memory-행동Action'입니다. 좋은 글도 마찬가집니다. 사회과학 서적은 '주장-이유-근거와 예시-재주장'이나 '주장-반론 소개-반박'을 기본구조로 사용합니다. 또 6단 논법을 사용하기도 합니다. 경제경영서는 '도입-연구 방법-결과-쟁점결과-쟁점-결론'으로 구성됩니다. 구성이 섬세할수록 문장의 완성도 역시 높은 편입니다.

구성의 틀을 다양하게 알고 있으면 책을 좀 더 빨리 이해할 수 있겠지만 이 모든 내용을 기억할 필요는 없습니다. 기본 말하기인 '안건-결론-이유'만 알면 충분합니다. 나머지는 미사여구입니다. 사족이라고 봐도 무방합니다. 대부분의 독서기록장은 이 틀을 사용합니다. 독서기록장에 이유와 근거까지 넣어주면 남이 읽어도 그럴싸한 글이 됩니다. 기본 틀만 알면 문장의 구성이 한눈에 파악됩니다. '안건-결론-이유-근거-반론꺾기-예외를 포함한 정리'까지 하면 철학자 헤겔이 주장한 정반합 구성이 됩니다. '안건-결론-이유-근거'는 정이고 '반론꺾기'는 반입니다. '예외를 포함한 정리'는 합입니다.

독서기록장에 학교나 사회의 의견을 '반론꺾기'에 추가하고 '예외를 포함한 정리'를 달아 6단 논법으로 마무리하면 논술문이 됩니다. 처음부터 '반론꺾기'와 '예외를 포함한 정리'까지 함께 쓰면 사설이나 연설문이 됩니다.

질문하며 읽는 4단계 독서법

세 번째는 '질문하며 읽기'입니다. 흔히 시인에게는 상상력이 필요하다고 합니다. 그렇다면 시를 읽는 사람에게는 상상력이 필요없을까요? 그렇지 않습니다. 〈꽃〉을 쓴 것은 김춘수 시인이지만 그 시가 나에게 다가오는 상상력을 발휘해야 합니다. 교실에서 수업을 듣는 것과 책읽기는 비슷해 보이지만 차이점도 있습니다.

눈앞에 선생님이 계시면 모르는 것을 물을 수 있습니다. 일부러 궁리하거나 생각하지 않아도 됩니다. 하지만 독서는 다릅니다. 독자 자신이 물음에 대답하지 않으면 안 됩니다. 내면의 나와 만나는 순간입니다. 독서는 스스로 묻고 답하는 과정입니다. 자기와의 대화입니다. 상식과 통념, 편견, 선입견, 관례, 답습에서 벗어나 비판의식을 갖고 질문해야 합니다. 옳다고 배웠고, 그렇다고 암기했던 사실에 관해 의심해 볼 필요가 있습니다. '조선을 건국한 정도전이 옳은 걸까, 고려를 지키려던 정몽주가 옳은 걸까?' 그리고 반문합니다. '왜 새로운 나라가 필요했을까?' 순종적으로 받아들였던 지식을 스스로에게 되묻는 순간 뇌는 생각을 시작합니다. '정도전이 왜 그랬지?', '정몽주는 무슨 생각이었을까?', '이성계는 어떤 왕이 되고 싶은 거지?' 질문이 꼬리에 꼬리를 물어야 잘 읽을 수 있습니다. 질문이 계속되면 호기심이 왕성해집니다. 왜? 무엇 때문에? 어쩌려고? 언제? 어디서? 무엇을? 그래서? 누구와? 어떻게? 잘못되면? 이런 질문에 답하다 보면 술술 읽힙니다.

질문은 질문→반문→정리→풀이의 네 단계를 거칩니다. 먼저 질문을 합니다. '뭘 모르나?' 나에게 묻는 것이 질문의 기본입니다. 최근의 관심사에 대해 되짚어보는 것도 필요합니다. 다음은 반문합니다. 내 질문에 대한 저자의 답변에 되물어야 합니다. '과연 그럴까?' 어떤 근거로 그렇게 말하는지 비판적 사고가 필요합니다. 그 다음은 정리합니다. 저자가 말한 내용을 요약하거나 한 줄로 정리합니다. 가령 카프카의 『성』에 대해 알베르 까뮈는 "이방인으로서 새로운 곳에 적응하려는 인간의 고뇌"라고 정리했습니다. 저는 "보편적인 진실은 없으며 오로지 내가 믿는 사실만이 진실이다"라고 정리했습니다. 정답이 있을 리 없습니다. 이해력과 요약능력만 있으면 충분합니다. 마지막으로 풀이를 합니다. 왜 그렇게 요약하고 정리했는지를 다른 사람에게 설명할 수 있어야 합니다.

저자와 소통하며 읽기

네 번째는 '저자와 소통하며 읽기'입니다. 학교에서 선생님께 배우는 것만이 공부는 아닙니다. 보고 듣고 느끼는 모든 것이 공부입니다. 관찰과 통찰, 궁금증과 호기심만 있으면 모든 것에서 배울 수 있습니다. 리얼리티 방송에서도 배우고 영화에서도 배웁니다. 반대로, 학교 수업을 주입식으로 받으면 자기 생각이 만들어지지 않습니다. 사실 주입식 수업이 학생에게는 가장 편합니다. 스스로 책을 읽고 이야기를 나누며 글을 쓰는 것은 아무래도 피곤하기 때문입니다.

좋은 교육이란, 배울 때는 힘들어도 시간이 지나고 나서 돌아볼 때 가치 있다고 생각되는 것입니다. 의미 있는 수업은 학생이 편한 수업이 아니라 적절히 불편함을 겪는 수업입니다. '과연 이 사람은 어떤 근거에서 이런 말을 할까' 하는 의문을 갖고 까칠하게 또 삐딱하게 생각해야 합니다. 교실에서 선생님의 설명을 들을 때와는 달리 독서할 때는 스스로 생각해야 합니다. 자기 생각이 만들어져야 진정한 학습이 이루어집니다.

철학자 최진석 교수가 '사유의 높이'라고 말하는 그것, 주어진 내용 습득은 잘하는데 문제제기와 문제해결능력은 약한 것이 우리나라 사람들의 특징입니다.

문제해결능력을 높이려면 창의적 사고가 필요합니다. 이는 말하기와 글쓰기로 길러집니다. 주어진 내용을 이해하고 분석하는 역량은 읽기와 듣기를 많이 하면 키워집니다. 특히 소통하며 읽기를 위해서는 문제제기할 수 있는 비판적 사고가 필요합니다. 문제제기와 문제해결능력을 키우기 위해서는 문제의식이 있어야 합니다. 문제의식을 키우기 위해서는 호기심과 궁금증이 요구됩니다. 호기심과 궁금증은 문맥을 정확하게 읽어낼 줄 아는 능력에서 비롯됩니다.

가령 토끼 한 마리가 지나가는데 원주민이 "가바가이"라고 외쳤습니다. 마침 그 옆을 지나가던 저는 그 말이 "오, 토끼다"인지 "오, 먹을 것이다"인지 "사냥하러 가자"인지 알 방법이 없습니다. 정보가 더 쌓이면 다소 뜻이 명확해질 수도 있지만 그럼에도 불구하고 단어 자체로는 정확한 뜻을 알기 힘듭니다. 단어의 '비결정성' 때문입니다. 비결정성은 미국 철학자 윌라드 반 오만 콰인Willard van Orman Quine이 만든 말입니다. 비결정 단어를 정확하게 읽어내기 위한 방법으로는 메모하며 읽기, 중요한 단어 찾기, 중심문장 발견하기가 있습니다.

1) 메모하며 읽기

책을 읽다 저자의 생각과 자신의 생각이 일치하지 않는 지점에서는 메모를 해두는 것이 필요합니다. 독서, 토론, 학습을 아무리 열심히 해도 메모하지 않으면 아무 소용이 없습니다. 메모하지 않으면 책장을 덮는 순간 모든 생각이 사라집니다. 책을 읽는데 딸아이가 장난치는 바람에 책을 놓친 적이 있습니다. 도무지 어디까지 읽었는지 알 수가 없었습니다. 대강 잡아 읽었더니 이미 읽은 부분이었습니다. 방금 읽은 부분도 기억하지 못하는데 읽다가 무릎을 친 좋은 구절이라 한들, 메모하지 않으면 사라지는 것이 당연합니다. 메모는 그 자체가 글쓰기이고 생각하는 과정입니다. 무엇보다 메모를 해야 뇌가 새로운 생각을 합니다. 뇌는 가급적 생각하지 않으려고 합니다. 메모하는 순간 뇌를 자극합니다. 생각난 것을 열심히 기록하고 메모하면 뇌가 신이 나서 뇌의 학습 프로세스를 가동시킵니다. 구체적 경험을 성찰적 관찰로 넘깁니다. 추상적 가설을 활동적 실험으로 전환합니다.

메모는 완전한 것이 아닙니다. 생각의 조각을 키워드 중심으로 써놓은 것입니다. 그렇기 때문에 생각을 더욱 적극적으로 돕습니다. 과거에 한 생각을 낯설게 봄으로써 객관적으로 재평가해 볼 수 있고, 당시에 설익은 감정을 좀 더 구체적으로 보완해 줍니다.

무엇보다 메모의 가장 큰 장점은 어려운 책도 읽게 만든다는 점입니다. 메모를 한다는 것은 내가 지금 읽은 부분에 공감한다는 표현도 될 수 있지만 역으로 어렵게 읽힌다는 신호가 될 수도 있습니다. 메모한 이유를 뇌가 분명히 알아차리면 독서의 깊이는 한층 깊어집니다.

2) 중요한 단어 찾기

서울대 추천도서인 『역사란 무엇인가』E. H. 처럼 독자에게 많은 질문을 하는 책이라면 한 번에 쉽게 읽을 수는 없습니다. 인터넷 뉴스와는 읽기의 차원이 다르죠. 이런 경우 일반적인 독자들은 "아, 이거 어려운 책이네" 하면서 책을 덮습니다. 가령 『역사란 무엇인가』에는 이런 문장이 있습니다.

"역사란 역사가의 주관적 해석이며, 객관적으로 모두가 같은 의미를 말하는 것은 불가능하다. 역사는 사실이냐 아니냐를 말하는 것이 아니라 그 역사가 현실에 주는 의미가 무엇이냐에 초점이 맞추어져 있다."

여기서 주요단어를 찾아보겠습니다. '주관적 해석', '객관적', '불가능', '사실이냐 아니냐', '현실에 주는 의미' 정도가 되겠네요. 이것은 시작에 지나지 않습니다. 저자의 생각을 이해하려면 문맥을 파악해야 합니다. 앞뒤를 연결해야 '문맥'을 이해할 수 있습니다. 번역서는 대개 저자의 주장을 서문에 밝힙니다. 서문만 읽어도 집필의도를 파악할 수 있습니다.『역사란 무엇인가』는 역자 서문에 집필의도를 담고 있습니다.

"강연을 정리한 이 책이 우리나라에 처음 소개된 것은 1966년이었다. 이른바 군부독재시절로 일컬어지는 이 시기에 제대로 만들어진 역사 이론서가 시중에 있을 리 없었다. 따라서 '역사는 과거와 현재의 끊임없는 대화'라는 명언을 담고 있는 이 책은 대학가를 중심으로 대학생과 몇몇 지식인들 사이에서 마치 복음처럼 받아들여졌다."

역자의 주장을 뒷받침하는 근거를 파악해 보겠습니다. '군부독재시절', '대학생과 지식인들의 복음' 등의 단어가 눈에 띕니다. 이는 주장에 대한 근거입니다. 이렇게 주요단어부터 찾아야 비로소 문맥을 이해할 수 있습니다.

3) 중심문장 발견하기

학교에서 미괄식과 두괄식에 대해 배웠습니다. 두괄식은 하고 싶은 말을 먼저 하고 부연 설명하는 것이고, 미괄식은 일반적인 사실부터 말하다가 하고 싶은 말을 나중에 하는 것입니다. 두괄식은 결론을 미리 알 수 있어서 읽기 편합니다. 미괄식은 설명이 잘되어 있으면 읽는 맛이 있습니다. 결국 중심문장은 문장의 앞 또는 뒤에 있습니다. 다음은 모든 역사가 중요하지는 않다는 말을 두괄식으로 표현한 E. H. 카의 문장입니다. '그 나름대로의 이유'라는 주요단어를 앞으로 빼서 독자의 이해를 돕고 있습니다.

"역사가는 그 나름대로의 이유를 가지고 시저가 루비콘이라는 작은 강을 건넜다는 것이 역사적 사실이라고 결정한다. 한편 그전 또는 그후 수백만의 사람이 루비콘 강을 건넜어도 그것은 아무런 흥미도 끌지 못한다. 여러분이 30분 전에 걸어서 혹은 자전거를 타고 혹은 차를 타고 이 건물에 도착한 사실은 시저가 루비콘 강을 건넜던 것처럼 과거의 사실이다. 그러나 그 사실은 아마도 역사가에 의해 무시될 것이다."

중요한 문장을 알아채는 단서는 단어입니다. 단어를 바탕으로 저자의 주장을 발견합니다. 위 문장에서처럼 두괄식 문장에서 저자의 주장은 초반에 결론의 형태로 서술되어 있습니다. 따라서 두괄식이라면 글의 첫 부분에, 미괄식이라면 글의 마지막 부분에 결론을 주장하는 문장이 있습니다.

[연습] 혼자 하는
창의융합독서

앞서 창작도서 읽기 편에서 우리는 창의융합독서의 두 가지 토론 방식을 살펴보았습니다. 그룹토론과 선생님과 함께하는 토론이었습니다. 매번 함께 토론하면 좋겠지만 일반적으로 독서는 혼자 하는 활동입니다. 혼자 하는 독서를 위한 좋은 방법, 정말로 간단하지만 뛰어난 토론 방법이 하나 있습니다. 바로 '저자와 토론하기'입니다. 방금 읽은 내용이나 정리한 부분을 가지고 내가 읽은 다른 책과 비교하는 것입니다. 배경지식이 있다면 저자와의 토론이 가능하겠지만, 그렇지 않다면 책 내용을 파악하는 데 그치고 말 것입니다. 그동안 읽은 책들을 통해 독서가 잘되었는지 아닌지를 피드백하는 셈이죠. 이는 간단하고 명확한 독서법입니다. 앞에서 독서는 "①독서 ②정리 ③토론 ④창의 ⑤배경지식"의 반복이라고 말했습니다.

고등학생인 상임이가 제게 해준 이야기를 들려드리겠습니다. 주말에 할머니, 할아버지와 함께 외식했을 때 있었던 일입니다. 처음 가본 집에서 코끝을 자극하는 고기 냄새가 났습니다. 상임이 가족은 식당 손님들이 다들 먹는 그 메뉴를 시켰습니다. 다름 아닌 '돼지불고기 쌈밥'이었습니다. 상임이는 주문을 하는 아버지를 보며 이런 생각을 했습니다. '소화시키면 그만인 한 끼 식사도 주변 사람의 선호도에 따라 고르는데, 하물며 우리가 늘 손에 쥐고 다니는 스마트폰은 얼마나 신중하게 고를까?' 문득 함께 식사하는 가족들의 스마트폰 브랜드가 궁금해 물었습니다.

대치동 독서법

엄마: 삼성 갤럭시S 10

아빠: 삼성 갤럭시노트 10

삼촌: 애플 아이폰 7S

할아버지: 삼성 갤럭시S 7

할머니: 삼성 갤럭시A

상임이: 삼성 갤럭시S 8

역시나 갤럭시와 아이폰 사용자뿐이었습니다. 다른 사람들이 사는 브랜드를 그대로 사는 거죠. 상임이는 스티브 잡스가 사망한 후 아이폰 점유율이 예전만 못하다고 생각했습니다. 그때 얼마 전까지 아이폰을 사용하던 엄마가 말했습니다. "스티브 잡스는 대형 화면의 전화기를 선호하지 않았어. 나는 새로 대표를 맡은 팀 쿡Tim Cook이 애플을 망쳤다고 생각해." 아이폰을 사용하시는 삼촌도 거들었습니다. "나는 옛날 디자인이 좋아. 그래서 신제품이 나와도 계속 구형 폰을 고집하지." 늘 삼성폰만 사용하시는 아빠도 거듭니다. "지금의 아이폰은 묘하게 맘에 안 들어. 팀 쿡도 별로고. 뭐랄까…… 애플은 창의적이라는 느낌이 더 이상 안 들어. 상임이 너는 어떻게 생각하니?" 상임이는 스티브 잡스를 어릴 적 위인전으로만 봐서 딱히 할 말이 없었습니다. 한 가지 확실한 것은 스티브 잡스를 좋아했던 사람일수록 팀 쿡을 싫어하는 정도가 더 큰 것 같았죠.

다음 날 상임이는 서점에 들러 『팀 쿡』린더 카니 저이라는 책을 샀습니다. 책을 보니 팀 쿡이 경영을 맡은 이후 애플은 3배 성장했습니다. 매출이 1,000조 달러를 돌파한 세계 최초의 기업이 되었습니다. 또 그는 별문제 없이 스티브 잡스에게 경영권을 물려받았습니다. 그런데 사람들은 왜 그렇게 팀 쿡을 못마땅해할까요? 상임이는 책을 읽고 나서 더 궁금해졌습니다.

스티브 잡스와 율리우스 카이사르 비교하며 읽기

책을 다 읽고 상임이는 스티브 잡스처럼 창의적인 창업자와 팀 쿡처럼 안정적인 후계 구도를 성공적으로 이룬 사례를 찾기 위해 인터넷을 뒤져봤습니다. 『팀 쿡』에는 스티브 잡스가 사망한 나이가 56세라고 되어 있었습니다. 검색을 해보니 로마시대에도 56세에 죽은 황제가 있습니다. 율리우스 카이사르Gaius Iulius Caesar죠. 상임이는 집 안 책장에 꽂혀 있는 『로마인 이야기』시오노 나나미 저 제5권을 펼쳤습니다.

율리우스 카이사르는 마흔이 넘어 정치에 입문하여 로마제국을 크게 번창시킨 인물입니다. 삼두정치로 혼란스럽던 로마를 통폐합하고 스스로 황제가 되어 로마제국의 전성기를 이끌었죠. 전쟁터를 누비며 신변에 위협을 느꼈을까요? 그는 일찌감치 황제로 대성할 만한 인물을 후계자로 두었는데, 로마 최고의 황제로 불리는 아우구스투스Imperator Caesar Divi Filivs Augvstvs였습니다. 반역자의 칼에 죽어가면서도 율리우스 카이사르가 무사히 아우구스투스에게 정권을 넘길 수 있었던 이유는 무엇이었을까요? 율리우스 카이사르는 아우구스투스 옆에 아그리파Marcus Vipsanius Agrippa라는 호위무사를 두었기 때문입니다. 아그리파는 병약한 황제 아우구스투스와 어린 시절부터 함께 성장해 형제처럼 지낸 인물입니다. 그의 철저한 호위 아래 아우구스투스는 로마제국 최고의 태평성대를 이룩하게 됩니다.

대지동 독서법

스티브 잡스와 팀 쿡의 비밀

상임이는 다시 애플에 대해 생각하기 시작했습니다. 산전수전 다 겪은 스티브 잡스는 일찍부터 CEO 감으로 자신과 전혀 성격이 판이한 인물인 '팀 쿡'을 내정합니다. 구체적으로 언제 CEO로 발탁했는지는 자신의 죽음을 예측하는 것만큼이나 어려웠겠지만 IBM에서 근무하던 팀 쿡을 눈여겨보고 애플 호에 태운 것이 스티브 잡스라고 책에 소개되어 있습니다.

"저는 모든 것을 접했을 때보다 더 낫게 만들어놓고 떠나는 것이 기업 윤리라고 생각합니다." 2013년 듀크대학의 동창회 행사장 연단에서 한 팀 쿡의 연설을 보면 자신의 역할이 멋진 율리우스 카이사르가 아니라 차분하고 안정적인 아우구스투스임을 잘 알고 있던 것 같습니다. 스티브 잡스는 팀 쿡에게 창조적 디자인을 책임지는 조너선 아이브 Jonathan Paul Ive 라는 빼어난 조력자를 남겨두었습니다.[30] 마치 아우구스투스의 약점을 보완하는 아그리파처럼 말이죠.

책에는 팀 쿡이 미연방수사국 FBI 의 아이폰 통화내역의 공개 요청을 거부하는 에피소드가 등장합니다. "개인의 프라이버시는 존중되어야 합니다. 우리가 파는 아이폰은 우리 것이 아니라 고객의 것입니다."

상임이는 팀 쿡과 애플의 정책에 공감했습니다. 팀 쿡이 이끄는 애플의 성공이야말로 스티브 잡스의 작품이 아닐까 하는 생각이 들었습니다. 그리고 스스로 생각해 보았습니다. '과연 나는 스티브 잡스처럼 고집스런 스타일일까, 아니면 팀 쿡처럼 주변 사람과 조화롭게 지내는 차분한 스타일일까?'

이제까지 살펴본 상임이의 독서를 뇌의 학습 프로세스에 담아보면 다음 페이지와 같은 그림이 그려집니다. 창의융합독서의 핵심은 읽은 책을

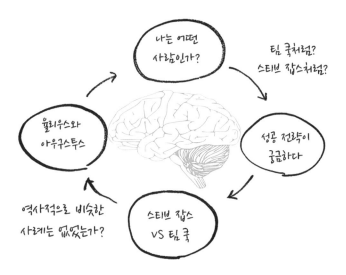

다른 것과 연결하는 것입니다. 다른 것은 역사가 될 수도 있고 뉴스가 될 수도 있습니다. 단언컨대 책을 많이 읽었지만 국어 시험 성적이 나쁜 이유는 '③토론'을 제대로 하지 않기 때문입니다. 그룹을 이루어 수업하는 것이 현실적으로 부담스럽기 때문입니다. 그러나 '저자와 토론하기'만 실천해도 충분히 실력을 향상시킬 수 있습니다.

창의융합독서법을 실전에 활용하기

창의융합독서법을 훈련하는 것이 실전에 어떤 도움을 줄 수 있는지 확인하기 위해 수시 기출문제를 살펴보겠습니다.

(가) 좋은 집터란 다음과 같다. 무릇 사람은 양기陽氣를 받아서 살아가는데, 양기를 주는 것은 하늘의 햇볕이다. 하늘이 적게 보이는 곳에서는 양기가 적어서 결단코 살 수 없다. 그래서 들이 넓으면 넓을수록 집터는 더욱 아름답다. 햇볕이 잘 들고, 달빛과 별빛이 항상 환하게 비치며, 바람과 비, 추위와 더위를 비롯한 기후가 충분히 알맞은 곳이면 반드시 인재가 많이 배출되고 질병도 적다. 가장 피해야 할 곳은 산줄기가 나약하고 둔하여 생색이 나지 않거나 부서지고 기울어져서 길한 기운이 적은 형상이다. 땅에 생색이 나지 않고 길한 기운이 없으면 인재가 나지 않는다.

(나) 오스트레일리아 원주민 사회는 오랫동안 축산업이나 정착 농업을 시작하지 못했다. 오스트레일리아는 기후가 매우 건조할 뿐만 아니라 토양이 대단히 척박한 대륙이기 때문이다. 더구나 연중 기후가 불규칙하여 심한 가뭄이 몇 년씩 지속되기도 하고, 폭우가 쏟아져 홍수가 나기도 한다. 이러한 환경의 열악함을 극복하기 위해 오스트레일리아 원주민들은 정착 농업을 대신하여 '부지깽이 농법'이라 불리는 방법을 활용하였다. 이 방법의 특징은 주기적으로 땅에 불을 지르는 것인데, 여기에는 몇 가지 목적이 있었다. 불이 나면 동물들이 도망쳐 나오므로 즉시 잡아먹을 수 있고, 수풀로 우거졌던 곳이 불에 타서 시원하게 뚫린 초원으로 변하므로 사람들이 다니기가 편해진다. 불탄 초목의 재는 원주민들이 먹는 고사리 뿌리뿐 아니라 캥거루가 먹는 풀의 성장을 촉진시켜 그 초원을 오스트레일리아 최고의 사냥감인 캥거루의 이상적인 서식지로 만들었다.

[문제 2] 자연환경에 대한 (나)와 같은 적응 방식과 유사한 사례 두 가지

를 들고, 이러한 적응 방식이 가져올 수 있는 긍정적 또는 부정적 효과에 대해 논하시오.

《2019학년도 서울대수시모집 일반전형 면접 및 구술고사》 중에서

제시문 (나)는 열악한 오스트레일리아 자연환경에 대한 인간의 능동적 적응 방식을 보여줍니다. 제시문 (가)에 등장하는 인간의 자유로운 선택과 변경, 극복의 가능성을 제공한다는 '가능론' 또는 '환경가능론'의 관점을 말합니다.

우선 제시문을 분석한 뒤 인간과 자연환경과의 관계에 대한 주요 관점을 이끌어내는 것이 필요합니다. 이때 요구되는 것은 문해력, 독해력, 독서력입니다. 이를 토대로 자신이 이끌어낸 관점의 공통점과 차이점을 논리적으로 설명할 수 있어야 합니다. 환경가능론적 관점에서 주어진 자연환경에 대한 인간의 능동적이고 적극적인 대처에 해당하는 현실 사례를 찾아볼 수 있어야 합니다. 평소 창의융합독서를 훈련한 학생이라면 유리합니다. 이에 따른 긍정적 영향이나 부정적 효과를 배경지식이나 경험 등을 바탕으로 논리적으로 설명할 수 있기 때문입니다. 또 제시문에 대한 이해력 및 비교 분석력을 갖추어야 합니다.

평소에 꾸준히 독서하는 것은 물론 깊이 있는 정리와 토론을 해둘 필요가 있습니다. 이를 통해 개념을 확장할 수 있는 응용력과 자신의 주장을 뒷받침하는 논증력을 기른다면 이 기출문제는 충분히 해결할 수 있습니다.

대치동 독서법

[교과개념] 환경가능론, 환경결정론, 생태학적 관점, 전통적인 자연관
[교과서] 《국어 I》 미래엔, 《독서와 문법》 창비, 《사회》 지학사, 《한국지리》 비상교육
[추천도서] 이중환, 《완역정본택리지》, 휴머니스트, 2018
　　　　　재레드 다이아몬드, 《총, 균, 쇠》, 문학사상, 2013

이 기출문제 외에도 특목고 입시와 다른 대학에서 가장 많이 참고하는 서울대 신입학생 수시모집 일반전형 면접 및 구술고사 기출문제의 출제 유형을 분석해 보면 창의융합독서가 더더욱 필요하다는 것을 알 수 있습니다. 제시문의 주제는 인문학과 사회과학으로 구분되어 출제됩니다. 서울대 입시에서 인문학은 문학과 예술에 관한 것이 4회, 동양고전, 언어 및 수사학과 관련된 것은 2회, 기타 서양고전 및 환경윤리에 관한 주제가 각각 1회씩 출제되었습니다. 사회과학은 정치와 경제 관련 주제 3회, 사회 분배와 정의 관련 2회, 기타 심리, 뇌과학, 지리, 환경결정론에 관한 주제가 각각 1회씩 출제되었습니다.

서울대 신입학생 수시모집 일반전형 면접 및 구술고사 제시문 주제

년도	오전				오후			
	인문학		사회과학		인문학		사회과학	
2020	**예술** 송경운/순응 최북/저항	예술가상 비교와 선택 예술 외 영역 의의/한계	**정치** 재정 자립도 재무 건전성	의사결정 문제 설명 유사 사례와 문제 해결	**진리** 미신/무신론 편견/혁신	(나) 저자가 (가) 평가 적절 사례로 지지/반박	**경제** 공유경제 렌털/ Airbnb	공유경제 유형 비교 사회경제적 문제 해결

297

2019	**예술** 키플링 세익스피어	공통적 지향과 비교 연극 연출가 조언	**정치** 환경보호 BRICS	아마존 국제회의 초청받은 3주장	**동양 고전** 백락 천리마 인공지능	4C2 독자 선택예측 알고리즘	**지리** 좋은 집터 부지깽이법	인간과 자연환경 사례와 긍부정
2018	**예술** 백남준 오페라 견월망지	융복합 설명 특징 말하기 지속가능성예 시 설명	**경제** 효율성 임금 보조금 체중 보조금	정책 취지 설명 유인 한계 및 개선방안	**언어** 유세 수사학 연설기술	설득 성공 상황 설명 정치 반대 정 당한지	**심리** 니체 타자기 뇌과학 아이트래커	공통 논지 설명 행동 패턴 영향 의견
2017	**윤리** 생태주의 인간중심 생명공학	자연에 대한 태도 비교 지향해야 할 태도	**사회** 정의의 기원 젠더와 차별	사회적 합의와 정의 및 한계 사회적 차별과 배제	**문학** 무의미한 인생 도리안 그레이	무의미한 인생 사례 유의미한 인생 평가	**정치** 방관자 효과 도덕감정	도덕적 행위 저해 요소 국제구호 실효성
2016	**동양고전** 맹자 양혜왕편 제선왕 흔종	왕다운 왕' 말한 이유 이어질 현자의 말	**경제** 소득 행복감 삶의 질 A. Sen	3C1 선택 열흘간의 고용 방안	**서양고전** 죽음관 오딧세우스 아킬레우스	죽음에 대한 태도 비교 어떤 삶을 살지 유추	**사회** 세대 차이 연령 기준	평화시장 전태일 (1970) 고용제한 법률 변화
2015	**언어** 빈말과 거짓말	오도하는 사례 빈말 현상 원인	**정치** 표의 등가성 미국 투표율	자료 추론 대의민주주의 구현	**문학** 낙관주의 긍정적 사고	본인이 읽은 책에서 인물 부정적 사고 의 문제	**경제** 뉴욕 택시 준거점 선호	통상적 기회비용 행동경제학 사례

대지동 독서법

중·고등학생을 위한
정보도서 필독 20권 해설

1. 인문 4권

『책은 도끼다』(박웅현 저), 『역사의 역사』(유시민 저),
『처음 읽는 서양철학사』(안광복 저), 『동양철학에세이』(김교빈 외 저)

인문 분야 독서는 인문학에 관심을 갖는 것에서 시작됩니다. 인문학은 인간의 상상력문학과 기억력역사 그리고 이성철학에 기반합니다. 초등학생 때부터 문학과 역사 책을 읽으면 수능 비문학 독서 영역의 인문 분야 문제를 푸는 데 큰 도움이 됩니다. 고등학교 입학 전에 인문 분야 독서에 도움이 되는 책으로 4권을 추천합니다. 『책은 도끼다』박웅현 저는 김훈, 최인훈, 이철수, 김화영, 손철주, 오주석, 법정 스님부터 밀란 쿤데라, 레프 톨스토이, 알랭 드 보통, 장 그르니에, 알베르 카뮈, 니코스 카잔차키스에 이르기까지 시대와 지역을 뛰어넘어 저자가 매혹됐던 작가들의 이야기와 그들의 문장을 소개합니다. 이 책을 읽다 보면 무뎌졌던 감각과 시선이 한층 새롭게 깨어나고 확장됨을 느낄 수 있게 됩니다. 『역사의 역사』유시민 저에서는 헤로도토스, 투키디데스부터 사마천, 이븐 할둔, 랑케, 마르크스, 후쿠야마, 박은식과 신채호, 백남운, E. H. 카, 슈펭글러, 토인비, 헌팅턴, 재레드 다이아몬드와 유발 하라리까지 만날 수 있습니다. 『처음 읽는 서양철학사』안광복 저 개정판에서는 탈레스부터 가다머까지 39명의 서양남자 철학자와 한나 아렌트가 소개됩니다. 인문 분야 수능 기출문제 비문학 제시문에서 만나게 될 아리스토텔레스나 포퍼 같은 학자들을 중동고 선생님이 친절하고 재미있게 설명하므로 술술 잘 읽힙니다. 『동양철학에세이』김교빈 외 지는 공자와 맹자, 노자와 장자, 묵자와 순자, 법가와 명가, 농가와 주역까지 춘추전국시대부터 이어지는 동양고전 학자와 개념들을 알기 쉽게 설명해 줍니다.

『지적 대화를 위한 넓고 얕은 지식』(채사장 저), 『처음 읽는 헌법』(조유진 저),
『식탁 위의 경제학자들』(조원경 저), 『사회과학 명저 재발견』(유근배 외 저)

『지적 대화를 위한 넓고 얕은 지식』채사장 저은 인류 역사에서 자본주의 경제, 정당 정치와 사회 구조 그리고 윤리 쟁점으로 이어지는 사회 분야의 수능 지문을 독해하는 데 유용한 기본 개념서입니다. 수정자본주의와 신자유주의, 진보와 보수 같은 다양한 사회과학 개념들을 그림 및

301

도표와 함께 잘 정리해 줍니다. 『처음 읽는 헌법』조유진 저에서는 친일 재산 몰수 규정 합헌, 호주제 헌법 불합치 같은 세상을 바꾼 헌법재판소 TOP10 사건과 관련 법률 개념을 흥미롭게 다루고 있습니다. 통치구조와 기본권으로 구성된 헌법의 기초 원리도 알게 됩니다. 『식탁 위의 경제학자들』조원경 저은 우리의 행복이 어떻게 측정되는지 경제학을 통해 설명한 폴 새뮤얼슨부터 자유로서의 경제발전론을 말한 아마르티아 센, 일자리가 남아도 증가하는 실업률에 대해 설명한 피터 다이아몬드, 인간 심리와 경제의 상관관계를 보여준 로버트 쉴러, 혁신이 만들어낸 새로운 불평등을 이야기한 앵거스 디턴까지 22명의 노벨경제학상 수상자들의 핵심 이론을 최대한 쉽게 설명해 줍니다. 『사회과학 명저 재발견』유근배 외 저는 서울대학교 사회과학연구원에서 4권까지 펴낸 시리즈입니다. 이 책의 명저들은 '로마클럽보고서'나 '정치적 자유주의'처럼 강의에서 많이 소개되고, 사회과학 전공자들이 많이 참고하고 있음에도 불구하고, 다른 분야의 연구자나 학생들에게는 거의 소개되지 않던 현대 주요 사회과학 저서들입니다. 학생들이 자신의 전공 이외의 학문 분야에 대해 관심을 기울이지 않고, 비록 전공이 다를지라도 최소한 알아야 하는 다른 전공 분야의 기초 저작들에 대해 문외한에 가까운 현실에서, 통합적인 안목을 지니고 사회 현상을 이해하는 데에 크게 기여합니다.

3. 과학 4권

『과학은 그 책을 고전이라 한다』(강양구 외 저), 『다윈의 서재』(장대익),
『관계의 과학』(김범준 저), 『과학용어도감』(미즈타니 준 저)

　『과학은 그 책을 고전이라 한다』(강양구 외 저)는 과학의 대중화를 위해
힘쓰는 35명의 추천위원과 6명의 선정위원이 논의를 거쳐 선정한 '과학
고전 50'의 서평을 한데 엮었습니다. 과학자와 과학 저술가, 과학 기자
등이 직접 엄선한 50권의 과학고전을 소개함으로써 독자들에게 과학

책읽기의 왕도를 가리키는 나침반이 됩니다.『다윈의 서재』장대익 저는 현대과학 이론의 최첨단을 소개하는 서울대 자유전공학부 장대익 교수의 '다윈 삼부작' 중 하나입니다. 우리 시대의 과학고전으로 찰스 다윈부터 에르빈 슈뢰딩거, 에드워드 윌슨, 칼 세이건, 리처드 도킨스, 장회익, 말콤 글래드웰, 제레미 리프킨까지 46명의 저자가 쓴 56권의 과학책을 과학자의 시각에서 분석하고 해설해 줍니다.『관계의 과학』김범준 저은 연결, 관계, 시선, 흐름, 미래라는 주제 안에서 상전이, 링크, 인공지능, 중력파, 암흑물질 등의 핵심 개념을 다루어 복잡하고 무질서해 보이는 복잡계 전체를 읽을 수 있도록 도와줍니다.『과학용어도감』미즈타니 준 저은 물리, 전기, 화학, 생물, 지구과학, 우주 분야로 나누어 각 분야에서 자주 쓰이는 과학용어의 개념을 쉽게 찾을 수 있도록 구성했습니다. 용어 하나에 오직 하나의 개념만 설명하는 방식이 아니라, 다양한 개념을 연결할 수 있도록 연관 페이지로 안내하고, 직관적인 그림을 통해 과학용어를 입체적으로 이해하는 데 크게 도움이 됩니다.

대치동 독서법

『4차 산업혁명, 당신이 놓치는 12가지 질문』(남충현 외 저), 『포노 사피엔스』(최재붕 저),
『과학의 품격』(강양구 저), 『뻔하지만 뻔하지 않은 과학지식 101』(조엘 레비 저)

『4차 산업혁명, 당신이 놓치는 12가지 질문』남충현 외의 부제는 '4차 산
업혁명 핵심 쟁점 총정리'입니다. 2016년에 발간된 『4차 산업혁명』클라우
스 슈밥 저의 2019년 버전이자, 인공지능AI과 사물인터넷IoT, 핀테크와 블
록체인, 스마트헬스 같은 신기술 개념들을 알기 쉽게 소개합니다. '스마

트폰이 낳은 신인류'라는 부제의 『포노 사피엔스』최재붕 지도 '문명을 읽는 공학자'로서 비즈니스 모델 디자인과 기계공학의 융합, 인문학 바탕의 동물행동학과 기계공학의 융합 등 학문 간 경계를 뛰어넘는 활약을 이어가고 있는 명실공히 국내 최고의 4차 산업혁명 권위자인 저자가 디지털 신기술에 대해 쉽고 친절하게 설명합니다. 『과학의 품격』강양구 저에서는 과학기술 시대를 살아가는 평범한 사람이 과학기술과 어떻게 관계를 맺을 수 있을까에 대해 다룹니다. 황우석 사태부터 미세먼지, 기후변화까지 이 책에 실린 다양하고 구체적인 과학 이야기는 '인간의 얼굴'을 한 과학기술의 중요성을 강조하며 관계 맺기의 가이드 역할을 해줍니다. 『뻔하지만 뻔하지 않은 과학지식 101』조엘레비 저에 실린 '저절로 엉키는 줄'부터 '탄산을 잡아둘 수 있다면' 같은 101가지 문제와 질문은 집안 같은 개인적인 공간에서 자연과 인간의 성질부터 우주의 근본적인 원리까지 아우르는 주제로 구성됩니다. 각 항목에는 그림을 곁들인 이야기가 흥미로운 정보, 가상의 상황 설정, 간결한 설명과 함께 담겨 있습니다.

대치동 독서법

『예술에 대한 일곱 가지 답변의 역사』(김진엽 저), 『클릭, 서양미술사』(캐롤 스트릭랜
드 저), 『오주석의 옛 그림 읽기의 즐거움』(오주석 저), 『건축, 사유의 기호』(승효상 저)

　　서울대 미학과 김진엽 교수가 집필한『예술에 대한 일곱 가지 답변의
역사』(김진엽 저)는 '예술이란 무엇인가'라는 질문에 대한 답변의 역사를 일
곱 가지 예술 이론으로 정리합니다. 예술이란 세계를 모방하는 활동이라
고 정의한 고대 그리스 모방론부터 표현론과 형식론, 예술 정의 불가론

과 제도론, 다원론을 거쳐, 번식 및 생존과의 연관성 아래서 예술을 바라보는 진화심리학적 입장까지 쉬운 문체로 탐색합니다. 서양미술사의 전통적인 고전이라 일컬어지는 곰브리치의 『서양미술사』는 부담스러운 두께와 쉽게 읽어내기 어려운 내용 때문에 초보자에게는 다가가기 힘든 책입니다. 『클릭, 서양미술사』개롤 스트릭랜드 저의 가장 큰 장점은 쉽고 재미있다는 점입니다. 방대한 미술사를 빼곡한 텍스트보다는 화보집처럼 시원시원하고 큰 도판으로 채웠으며, 중요한 핵심만을 골라 명쾌하게 서술했기 때문입니다. 최근 현대미술의 경향을 분석해 수록한 것도 강점입니다. 『오주석의 옛 그림 읽기의 즐거움』오주석 저은 조선 시대 대표 화가 9명의 명화 12점을 충실하게 해설하는 작품으로 우리 옛 그림을 제대로 감상할 수 있는 안목을 키워주는 우리 문화유산 안내서입니다. 김명국의 〈달마상〉, 안견의 〈몽유도원도〉, 윤두서의 〈진단타려도〉, 김정희의 〈세한도〉, 정선의 〈인왕제색도〉, 김홍도의 〈씨름〉과 〈무동〉 등 12편의 명화가 간직한 숨은 이야기들과 의미를 자세히 설명합니다. 『오주석의 한국의 미 특강』오주석 저과 함께 읽으면 더욱 좋습니다. 『건축, 사유의 기호』승효상 저에는 로드하우스부터 가우디의 이상도시까지 17개의 건축물들을 통해 타성과 관습에 저항하며 새로운 시대를 꿈꾸었던 위대한 건축가들의 건축과 예술관을 소개합니다.

제4부

수능
지문이
만만해지는
첨삭지도

"최첨단

4차 산업혁명 시대,

인공지능도

대신해 줄 수 없는

인간 고유의 영역이자 능력,

독서력을

키워야 합니다.

수능 국어 영역의 '독서' 문제를

독서 없이

풀 수 있다면

단언컨대, 사이비입니다."

수능 국어 영역 지문은 독서 없이는 이해하기 힘듭니다. 이번 장에서는 수능 국어 영역의 출제 경향과 지문을 독서와 연결시켜 설명하겠습니다. 이에 대해 가능한 쉽게 살펴볼 테지만, 실제 기출문제를 소개하고 있으므로 조금 어렵게 읽힐 수 있습니다. 그럼에도 불구하고 상세히 소개하는 이유는 다음과 같습니다.

첫째, 지금까지 배운 독서법이 실전에 어떻게 적용되는지를 알아보기 위해서입니다. 정시의 국어 영역 지문과 수시의 논술·구술에 대비하기 위해서는 독서가 필요합니다. 기출문제를 푸는 기술을 익히기에 앞서 지문을 파악하는 효과적인 독서법을 고민해야 합니다. 이는 수능 수학이나 영어를 공부하는 방법과는 다릅니다.

둘째, 독서의 깊이를 자가진단하고 독서 실력을 향상시키기 위해서입니다. 여기서는 수능 국어 영역의 문제를 중심으로 살피지만, 독서는 국어뿐 아니라 다른 과목의 성적과 관련 있습니다. 가령 수능 사회탐구 영역에는 사회적인 이슈가 많이 등장하므로 독서를 통해 관련 지식을 쌓아야 합니다. 과학탐구 영역 역시 독서를 통해 배경지식을 쌓아야 합니다. 수능 시험에 대비하기 위해서는 단순히 책을 읽는 것에 그치지 말고 누군가에게 설명해 줄 수 있는 수준으로 정리해 두어야 합니다.

셋째, 독서의 방향과 범위를 정하는 데 도움이 됩니다. 수능 국어는 화법과 작문, 문법, 독서, 문학의 네 가지 영역으로 출제됩니다. 여기서 다루는 각 지문에 대한 해설을 통해 유아부터 고등학생까지 독서의 올바른 방향과 범위를 가늠해 볼 수 있습니다.

수능 국어는
어떻게 출제될까?

많은 전문가들이 수능을 준비하는 수험생에게 "기초 없이 국어 과목에서 1등급을 얻는 것은 불가능하다"고 조언합니다. 불수능이든 아니든 상당한 난이도를 지닌 독서비문학 영역의 지문을 이해하고, 이를 바탕으로 지문에 딸린 문제를 풀 수 있어야 한다는 말입니다. 한때 KBS한국어능력시험, 국어능력인증시험ToKL이 비교과 스펙으로 유행했던 시절도 있었습니다. 하지만 최근에는 어른들을 대상으로 한다는 점에서 추천하지 않습니다.

현재 예비중3부터 예비고1 학생이라면 수능 고1 모의고사 기출문제를 활용하는 것이 좋습니다. 2017~2019년 고1 3월 모의고사의 경우 등급별 기준 점수는 1등급 92~86점, 2등급 85~80점, 3등급 75~70점입니다. 기출문제의 난이도는 고3 수능에 비해 낮지만, 중학생용으로는 적합한 진단 기준입니다. 원점수로 90점이 넘는 학생이나 80점도 받지 못한 학생들 모두 화법/작문, 문법, 독서(비문학), 문학 영역에 대한 분석이 선행되어야 합니다.

수능 시험에서 국어 영역은 8시 40분부터 10시까지 80분 동안 풀게 됩니다. 15문제씩 3파트로 총 45문제가 출제됩니다. 2016학년도까지는 16~30번 비문학 독서 영역, 31~45번 문학 영역으로 출제되다가 2017학년도부터 2020학년도까지는 16~45번에 비문학 독서와 문학 영역이 번갈아 배치되고 있습니다. 2020년 수능 국어의 문제는 다음과 같습니다.

〈2020학년도 수능 국어 문제 유형 분석〉

- 1~3번 : 학생의 '볼펜' 관련 발표 지문
- 4~7번 : '인공 지능' 관련 화법과 작문이 함께 출제된 유형
- 8~10번 : '지역 방언의 보호' 관련 작문
- 11~15번 : 지문을 전제로 출제된 문법 문제
- 16~20번 : 비문학 독서 영역, 인문 분야 철학 중에서 '인식론'에 대한 지문
- 21~25번 : 고전문학 운문 '월선헌십육경가(신계영)'와 산문 '어촌기(권근)'의 복합 지문
- 26~29번 : 비문학 독서 영역, 과학기술 분야 중에서 '동종 이식과 이종 이식'에 대한 지문
- 30~32번 : 현대문학 소설 '자전거 도둑(김소진)' 출제
- 33~36번 : 고전문학 소설 '유씨삼대록(작자 미상)' 출제
- 37~42번 : 비문학 독서 영역, 사회 분야 법과 경제 중에서 'BIS 비율'에 대한 지문
- 43~45번 : 현대문학 시 '바람이 불어(윤동주)'와 '새(김기택)' 두 편 출제

지금부터 2020학년도 수능 국어 짝수형 문제를 중심으로 실제 수능 지문의 해결 방법을 살펴보겠습니다. 내용이 부담스러우신 학부모님들

은 일단 다음 장으로 넘어가서 끝까지 다 읽은 뒤에 나중에 다시 읽어보시기 바랍니다.

[1~3] 다음은 학생의 발표이다. 물음에 답하시오.

안녕하세요. 여러분의 필통에는 어떤 필기구가 가장 많은가요? (청중의 답을 듣고) 네, 제 생각대로 볼펜이 많군요. 그럼 사람들은 왜 볼펜을 애용할까요? 값이 싸고 휴대하기 편해서이기도 하지만 또 다른 장점이 있습니다. 그래서 오늘은 볼펜이 사람들에게 널리 사용되는 이유를 말씀드리겠습니다.

먼저 볼펜은 글씨를 쓸 때 종이가 찢어지거나 볼펜 끝 부분이 망가지는 일이 적습니다. 이게 왜 장점일까요? (자료 1을 가리키며) 보시는 것처럼 볼펜이 사용되기 이전부터 쓰이던 만년필은 모세관 현상에 의해 힘들이지 않고 글씨를 쓸 수 있습니다. 하지만 펜촉이 날카로워 종이가 찢어지기도 하고, 거친 표면에 글씨를 쓰면 펜촉이 망가지기도 쉽습니다.

아, 질문이 있으시네요. (㉠ 청중의 질문을 듣고) 겉으로는 잘 보이지 않지만 종이의 섬유소가 가는 대롱의 역할을 하기 때문에 펜촉에 있던 잉크가 모세관 현상에 의해 종이로 흘러가서 쉽게 필기할 수 있는 겁니다. 이해되셨나요? (청중이 고개를 끄덕이는 것을 보고) 네, 그럼 발표를 이어 가겠습니다.

(자료 2를 가리키며) 보시는 것처럼 볼펜은 글씨를 쓸 때 볼과 종이의 마찰에 의해 볼이 구르지요. 이 과정에서 볼의 잉크가 종이에 묻으며 글씨가 써집니다. 그런데 볼펜의 볼이 빠진 경험이 한 번쯤 있으시죠? (자료 3을 가리키며) 보시는 것처럼 볼펜은 잉크가 들어갈 대롱의 끝에 볼을 넣은 후 밑 부분을 오므려 볼이 빠지지 않도록 하는데요, 볼이 빠지는 문제를 정밀한 기술로 보완하고 있습니다.

또한 볼펜은 종류가 다양하여 사람들이 필요에 따라 고를 수 있어서 좋습니다. 글자가 물에 잘 번지지 않는 유성 볼펜, 필기감이 부드러운 수성 볼펜, 여러 색을 하나에 담은 다색 볼펜, 글씨를 쓰고 지울 수 있는 볼펜, 우주에서 사용할 수 있는 가압 볼펜 등 선택의 폭이 넓습니다.

볼펜은 신문 기자였던 라즐로 비로가 특허를 낸 이후 상용화되면서 기존 필기구의 단점을 보완하고 사람들의 다양한 요구를 반영하여 꾸준히 사용되고 있습니다. 지금까지, 볼펜이 사람들에게 널리 사용되는 이유를 말씀드렸습니다. 감사합니다.

1~3번은 학생의 발표 관련 문제입니다. 오늘날 볼펜이 사람들에게 널리 사용되는 이유를 발표합니다. 글씨를 쓸 때 종이가 찢어지거나 볼펜 끝 부분이 망가지는 일이 적고, 종류가 다양하여 필요에 따라 고를 수 있다는 점을 강조합니다. 만년필에 적용된 모세관 현상과 신문기자였던 라즐로 비로가 특허를 낸 이후 상용화되었다는 발표 내용이 흥미진진합니다. 실제로, 수능 국어 화법 문제들은 2019학년도 '나에게 말해줘' 라디오방송 사연, 2018학년도 조선의 궁중음식 중 수라상에 대한 발표, 2017학년도 겸재 정선의 '관동팔경'에 대한 발표, 2016학년도 남한산성 문화유산 관련 라디오 대담 등 최근 5년 동안 학생 발표나 라디오 사연이나 대담 등 일상적인 말하기-듣기 관련 지문으로 출제합니다. 또 지문의 내용은 일상 속 도구, 친구와의 관계, 궁중음식, 관동팔경, 남한산성 같이 인문, 사회, 예술과 과학기술 영역을 망라합니다.

『나의 문화유산답사기』와 『크리에이터의 생각법』 같은 책을 추천합니다. 일본편에 이어 중국편까지 이어지는 『나의 문화유산답사기』는 1권부터 10권까지 다 읽지 않더라도, 화법의 기본이 되는 읽기와 듣기에 큰 도움이 됩니다. 요즘 세대 학생들이 접하기 어려운 한자어와 고사성어가 듬뿍 들어간 글들을 읽으며, 곱씹어 읽기의 좋은 연습이 됩니다. 『크리에이터의 생각법』은 예술가, 기업가, 천재, 발명가, 이단아, 선구자, 과학자, 비전가 등 다양한 분야에서 세상을 바꾼 76인의 크리에이터를 선별하여 그들의 삶에 얽힌 흥미로운 이야기들을 3~4페이지씩 압축해 소개합니다. 디즈니, 피카소, 잡스처럼 누구나 한 번쯤 들어본 인물뿐만 아니라 와이파이, 이케아, 아마존, 맥도날드 등 오늘날 우리 삶에서 중요한 변화를 만들어낸 사람들의 잘 알려지지 않은 이야기는 물론, 각 인물들의 크리에이티브한 생각을 엿볼 수 있는 인사이트 노트가 매 이야기 끝에 실려 있어 학생의 눈을 번뜩이게 합니다.

[4~7] (가)는 토론의 일부이고, (나)는 청중으로 참여한 학생이 □토론 후 과제□에 따라 쓴 초고이다. 물음에 답하시오.

(가) 사회자 : 이번 시간에는 □인공 지능을 면접에 활용하는 것이 바람직하다.□라는 논제로 토론을 진행하겠습니다. 찬성 측이 먼저 입론해 주신 후 반대 측에서 반대 신문해 주십시오.

찬성 1 : 저희는 인공 지능을 면접에 활용하는 것이 바람직하다고 생각합니다. 인공 지능을 활용한 면접은 인터넷에 접속하여 인공 지능과 문답하는 방식으로 진행됩니다. 지원자는 시간과 공간에 구애받지 않고 면접에 참여할 수 있는 편리성이 있어 면접 기회가 확대됩니다. 또한 회사는 면접에 소요되는 인력을 줄여, 비용 절감 측면에서 경제성이 큽니다. 실제로 인공 지능을 면접에 활용한 ○○회사는 전년 대비 2억 원 정도의 비용을 절감했습니다. 그리고 기존 방식의 면접에서는 면접관의 주관이 개입될 가능성이 큰 데 반해, 인공 지능을 활용한 면접에서는 빅데이터를 바탕으로 한 일관된 평가 기준을 적용할 수 있습니다. 이러한 평가의 객관성 때문에 많은 회사들이 인공 지능 면접을 도입하는 추세입니다.

반대 2 : 기존 면접에서는 면접관의 주관이 개입될 여지가 있다고 하셨는데요, 회사의 특수성을 고려해 적합한 인재를 선발하려면 오히려 해당 분야의 경험이 축적된 면접관의 생각이나 견해가 면접 상황에서 중요한 판단 기준이 돼야 하지 않을까요?

찬성1 : 면접관의 생각이나 견해로는 지원자의 잠재력을 판단하기 어렵습니다. 오히려 오랜 기간 회사의 인사 정보가 축적된 데이터가 잠재력을 판단하는 데 적합하기 때문에 인공 지능 면접이 신뢰성도 높습니다. 회사 관리자들을 대상으로 한 설문 조사에서도 잠재력 파악에 인공 지능을 활용한 면접을 신뢰한다는 비율이 높게 나왔습니다.

사회자 : 이번에는 반대 측에서 입론해 주신 후 찬성 측에서 반대 신문해 주십시오.

반대 1 : 저희는 인공 지능을 면접에 활용하는 것이 바람직하다고 보지 않습니다. 먼저 인공 지능을 활용한 면접은 기술적 결함이 발생할 수 있습니다. 이로 인해 면접이 원활하지 않거나 중단되어 지원자들에게 불편을 줄 수 있고, 지원자들의 면접 기회가 상실될 수 있습니다. 또한 인공 지능을 활용한 면접은 당장의 비용 절감 효과에 주목해서는 안 되고 장기적인 관점에서 보아야 합니다. 현재의 경제성만 고려하면 미래에 더 큰 경제적 가치를 창출할 인재를 놓치게 돼 결국 경제적이지 않습니다. 마지막으로 인공 지능의 빅데이터는 왜곡될 가능성이 있습니다. 빅데이터는 사회에서 형성된 정보가 축적된 결과물로서 특정 대상과 사안에 치우친 것일 수 있습니다. 이러한 이유로 △△회사는 인공 지능을 활용한 면접을 폐지했습니다.

찬성 1 : △△회사는 인공 지능을 활용한 면접을 폐지했지만, 통계 자료에서 보다시피 인공 지능을 면접에 활용하는 것은 확대되고 있는 추세이지 않습니까?

반대 1 : 경제적인 이유로 인공 지능 면접이 활용되고 있지만, 인공 지능을 활용한 면접의 한계가 드러난다면 이를 폐지하는 기업들이 늘어나게 될 것입니다.

토론 후 과제 : 논제에 대한 자신의 입장을 밝히고, 이를 확장하여 □인간과 인공 지능의 관계□ 에 대해 주장하는 글쓰기

(나) 학생의 초고

인공 지능을 면접에 활용하는 것은 바람직하지 않다. 인공 지능 앞에서 면접을 보느라 진땀을 흘리는 인간의 모습을 생각하면 너무 안타깝다. 미래에 인공 지능이 인간의 고유한 영역까지 대신할 것이라고 사람들은 말하는데, 인공 지능이 인간을 대신할 수 있을까? 인간과 인공 지능의 관계는 어떠해야 할까? 인공 지능은 인간의 삶을 편리하게 돕는 도구일 뿐이다. 인간이 만든 도구인 인공 지능이 인간을 평가할 수 있는지에 대해 생각해 볼 필요가 있다. 도구일 뿐인 기계가 인간을 평가하는 것은 정당하지 않다. 인간이 개발한 인공 지능이 인간을 판단한다면 주체와 객체가 뒤바뀌는 상황이 발생할 것이다.

인공 지능이 발전하더라도 인간과 같은 사고는 불가능하다. 인공 지능은 겉으로 드러난 인간의 말과 행동을 분석하지만 인간은 말과 행동 이면의 의미까지 고려하여 사고한다. 인공 지능은 빅데이터를 바탕으로 결과를 도출해 내는 기계에 불과하므로, 통계적 분석을 할 뿐 타당한 판단을 할 수 없다. 기계가 타당한 판단을 할 것이라는 막연한 기대를 한다면 머지않아 인간이 기계에 예속되는 상황이 벌어질지도 모른다.

인공 지능은 사회적 관계를 맺을 수 없다. 반면 인간은 사회에서 의사소통을 통해 관계를 형성한다. 이 과정에서 축적된 인간의 경험이 바탕이 되어야 타인의 잠재력을 발견할 수 있다.

4~7번은 화법과 작문이 함께 출제된 유형입니다. (가)는 토론의 일부이고, (나)는 청중으로 참여한 학생이 '토론 후 과제'에 따라 쓴 초고입니다. 토론 주제는 '인공 지능을 면접에 활용하는 것이 바람직하다'입니다. 토론 후 과제는 논제에 대한 자신의 입장을 밝히고, 이를 확장하여 '인간과 인공 지능의 관계'에 대해 주장하는 글쓰기입니다. 실제로, 최근 5년간 수능 국어 영역에는 말하기와 글쓰기가 결합된 형태의 문제가 출제되었습니다. 수능 국어 영역에서 화법과 작문을 융합한 문제들은 2019학년도에는 학교 신문에 실을 기사문의 초고와 이를 수정하기 위한 토의, 2018학년도에는 '허생의 처'에 관한 독서 토의와 이를 토대로 학생이 쓴 초고 형식의 작문, 2017학년도에는 동아리 축제 홍보관 운영 동아리 선정방식에 대한 토론, 2016학년도에는 연설 의뢰서와 이에 따라 행한 연설 등이 지문으로 출제되었습니다. 또 지문의 내용은 인공지능, 사제동행 마라톤, 행복의 조건, 동아리 선정, 사이클 대회 유치같이 다양한 주제를 망라합니다. 2019학년도에는 '로봇세', 2020학년도에는 '인공지능' 같은 최신 과학기술 관련 이슈가 지문으로 출제되었는데, 이를 소화하기 위해서는 『트렌드 코리아 2020』김난도 외 저나 『세계미래보고서 2020』박영숙, 제롬 글렌 저처럼 매년 출간되는 도서를 통해 신조어와 트렌드에 대한 개념을 이해해야 합니다.

[8~10] (가)는 학교 신문에 실을 글을 쓰기 위해 학생이 작성한 메모이고, (나)는 이에 따라 쓴 초고이다. 물음에 답하시오.

(가) 학생의 메모

대지동 독서법

[작문 상황]
- 목적 : 지역 방언 보호에 대한 관심 촉구
- 주제 : 지역 방언의 보호가 필요하다.
- 예상 독자 : 우리 학교 학생들

[독자 분석]
- 지역 방언이 사라져 가는 실태를 잘 모름 ···················· ㉠
- 지역 방언의 가치에 대한 인식이 부족함 ···················· ㉡

(나) 학생의 초고

세계에서 언어가 사라져 가는 현상은 우리나라 지역 방언에서도 벌어지고 있다. 특히 지역 방언의 어휘는 젊은 세대 사이에서 빠르게 사라져 가고 있는 실정이다. 일례로 한 조사에 따르면 우리 지역의 방언 어휘 중 특정 단어들을 우리 지역 초등학생의 80% 이상, 중학생의 60% 이상이 □전혀 사용하지 않는다.□라고 답했다. 또한 2010년에 유네스코에서는 제주 방언을 소멸 직전의 단계인 4단계 소멸 위기 언어로 등록하였다.

지역 방언이 사라져 가는 원인은 복합적이다. 서울로 인구가 집중되면서 지역 방언을 사용하는 인구가 감소하였으며, 대중 매체의 영향으로 표준어가 확산되어 가는 것도 한 원인이다.

일부 학생들은 표준어로도 충분히 대화할 수 있다며 지역 방언이 꼭 필요하냐고 말할 수도 있다. 그럼에도 우리는 왜 지역 방언 보호에 관심을 가져야 하는 것일까? 그것은 지역 방언의 가치 때문이다. 지역 방언은 표준어만으로는 표현하기 어려운 감정과 정서의 표현을 가능하게 한다. 그리고 □다슬기□ 외에 □올갱이, 데사리, 민물고둥□과 같이 동일한 대상을 지역마다 다르게 표현하는 지역 방언이 있는 것처럼 지역 방언은 우리말의 어휘를 더욱 풍부하게 만드는 바탕이 된다.

지역 방언은 우리의 소중한 언어문화 자산이다. 지역 방언의 세계문화유산 지정이 시급하다. 사라져 가는 지역 방언의 보호에 관심을 기울이자.

8~10번은 작문 문제입니다. (가)는 학교 신문에 실을 글을 쓰기 위해 학생이 작성한 메모이고, (나)는 이에 따라 쓴 작문의 초고입니다. 작문 주제는 '지역 방언 보호'입니다. 수능 국어 작문 문제들은 2019학년도

'로봇세', 2018학년도 '봉사의 날 운영방식', 2017학년도 '새로운 광고 기법', 2016학년도 '환경 친화 소비'와 같은 다양한 내용을 다룹니다. 형식적 측면에서는 메모+초고, 메모+자료 수집+초고, 메모+초고, 작문 계획+초고, 작문 계획+인터뷰+자료 수집처럼 실제 글쓰기를 실천하는 과정에서 이루어지는 형태로 출제됩니다.

또 1~10번에 해당하는 화법과 작문 문제들은 말하기+듣기, 글쓰기+읽기 등의 형태로 출제되는데, 이 지문을 빠르고 정확하게 이해하기 위해서는 화법과 작문을 연결시켜 공부해야 합니다. 국어 공부의 출발점이라고 할 수 있는 제대로 말하기와 듣기는, 글쓰기와 읽기가 유아기부터 누적된 결과물이라 할 수 있습니다. 따라서 화법과 작문 지문들을 빠르고 정확하게 이해하기 이해서는 다양한 형태의 독서가 필요합니다. 『서중석의 현대사 이야기』서중석, 김덕련 저는 한국 현대사를, 『인문학으로 광고하다』박웅현, 강창래 저는 CF 창작 과정에 대해 인터뷰 형식으로 서술합니다. 『대담』도정일, 최재천 저이나 『다윈의 식탁』장대익 저은 대화나 토론 형식으로 진화론을 이야기합니다. 이런 책들을 읽는 것이 도움됩니다.

[11~12] 다음 글을 읽고 물음에 답하시오.

다의어란 두 가지 이상의 의미를 가진 단어를 말한다. 다의어에서 기본이 되는 핵심 의미를 중심 의미라고 하고, 중심 의미에서 확장된 의미를 주변 의미라고 한다. 중심 의미는 일반적으로 주변 의미보다 언어 습득의 시기가 빠르며 사용 빈도가 높다. 그러면 다의어의 특징에 대해 좀 더 알아보자. 첫째, 주변 의미로 사용되었을 때는 문법적 제약이 나타나기도 한다. 예를 들면 □한 살을 먹다□는 가능하지만 □한 살이 먹히다□나 □한 살을 먹이다□는 어법에 맞지 않는다. 또한 □손□이 □노동력□의 의미로 쓰일 때는 □부족하다, 남다□등 몇 개의 용언과만 함께 쓰여 중심 의미로 쓰일 때보다 결합하는 용언의 수가 적다.

둘째, 주변 의미는 기존의 의미가 확장되어 생긴 것으로서, 새로 생긴 의미는 기존의 의미보다 추상성이 강화되는 경향이 있다. □손□의 중심 의미가 확장되어 □손이 부족하다□, □손에 넣다□처럼 각각 □노동력□, □권한이나 범위□로 쓰이는 것이 그 예이다.

셋째, 다의어의 의미들은 서로 관련성을 갖는다.

줄圐
① 새끼 따위와 같이 무엇을 묶거나 동이는 데에 쓸 수 있는 가늘고 긴 물건.
  예) 줄로 묶었다.
② 길이로 죽 벌이거나 늘여 있는 것. 예) 아이들이 줄을 섰다.
③ 사회생활에서의 관계나 인연. 예) 내 친구는 그쪽 사람들과 줄이 닿는다.

예를 들어 □줄□의 중심 의미는 위의 ①인데 길게 연결되어 있는 모양이 유사하여 ②의 의미를 갖게 되었다. 또한 연결이라는 속성이나 기능이 유사하여 ③③의 뜻도 지니게 되었다. 이때 ②와 ③은 □줄□의 주변 의미이다. 그런데 ㉠다의어의 의미들이 서로 대립적 관계를 맺는 경우가 있다. 예를 들어 □앞□은 □향하고 있는 쪽이나 곳□이 중심 의미인데 □앞 세대의 입장□, □앞으로 다가올 일□에서는 각각 □이미 지나간 시간□과 □장차 올 시간□을 가리킨다. 이것은 시간의 축에서 과거나 미래 중 어느 방향을 바라보는지에 따른 차이로서 이들 사이의 의미적 관련성은 유지된다.

11~15번은 문법 문제입니다. 11~12번은 다의어의 특징을 지문으로 설명하고 질문합니다. 13번은 선생님의 음절 강의, 14번은 관형사형 어미의 형태에 대한 자료와 도표, 15번은 중세 국어의 주격 조사 실현 사례를 〈보기〉로 보여줍니다. 2019학년도 문법 문제들은 선생님의 최소 대립쌍 강의와 국어사적 사실에 대한 긴 지문이 출제되었습니다. 2018학

년도에는 국어의 단어들에 대한 지문, 2017학년도에는 접미사의 문법적 특징에 대한 지문, 2016학년도에는 사전 활용하기에 대한 지문이 출제되었습니다. 이 문제들은 문법 문제치고는 상당한 양의 지문으로 출제되었는데, 이 문제를 풀기 위해서도 독해, 즉 독서가 필요합니다.

[16~20] 다음 글을 읽고 물음에 답하시오.

㉠많은 전통적 인식론자는 임의의 명제에 대해 우리가 세 가지 믿음의 태도 중 하나만을 ⓐ가질 수 있다고 본다. 가령 □내일 눈이 온다.□는 명제를 참이라고 믿거나, 거짓이라고 믿거나, 참이라 믿지도 않고 거짓이라 믿지도 않을 수 있다. 반면 ㉡베이즈주의자는 믿음은 정도의 문제라고 본다. 가령 각 인식 주체는 □내일 눈이 온다.□가 참이라는 것에 대하여 가장 강한 믿음의 정도에서 가장 약한 믿음의 정도까지 가질 수 있다. 이처럼 베이즈주의자는 믿음의 정도를 믿음의 태도에 포함함으로써 많은 전통적 인식론자들과 달리 믿음의 태도를 풍부하게 표현한다.

우리는 종종 임의의 명제가 참인지 거짓인지 새롭게 알게 된다. 이것을 베이즈주의자의 표현으로 바꾸면 그 명제가 참인지 거짓인지에 대해 가장 강한 믿음의 정도를 새롭게 갖는다는 것이다. 베이즈주의는 이런 경우에 믿음의 정도가 어떤 방식으로 변해야 하는지에 대해 정교한 설명을 제공한다. 이에 따르면, 인식 주체가 특정 시점에 임의의 명제 A가 참이라는 것만을 또는 거짓이라는 것만을 새롭게 알게 됐을 때, 다른 임의의 명제 B에 대한 인식 주체의 기존 믿음의 정도의 변화는 조건화 원리의 적용을 받는다. 이는 믿음의 정도의 변화에 관한 원리로서, 만약 인식 주체가 A가 참이라는 것만을 새롭게 알게 된다면, B가 참이라는 것에 대한 그 인식 주체의 믿음의 정도는 애초의 믿음의 정도에서 A가 참이라는 조건하에 B가 참이라는 것에 대한 믿음의 정도로 되어야 함을 의미한다. 예를 들어 갑이 □내일 비가 온다.□가 참이라는 것을 약하게 믿고 있고, □오늘 비가 온다.□가 참이라는 조건하에서는 □내일 비가 온다.□가 참이라는 것을 강하게 믿는다고 해 보자. 조건화 원리에 따르면, 갑이 실제로 □오늘 비가 온다.□가 참이라는 것만을 새롭게

322
대치동 독서법

알게 될 때, □내일 비가 온다.□가 참이라는 것을 그 이전보다 더 강하게 믿는 것이 합리적이다. 조건화 원리는 새롭게 알게 된 명제가 동시에 둘 이상인 경우에도 마찬가지로 적용된다. 다만 이 원리는 믿음의 정도에 관한 것이지 행위에 관한 것은 아니다.

명제들 중에는 위의 예에서처럼 참인지 거짓인지 새롭게 알게 된 명제와 관련된 것도 있지만 그렇지 않은 것도 있다. 조건화 원리에 ⓑ따르면, 어떤 명제가 참인지 거짓인지 새롭게 알게 되더라도 그 명제와 관련 없는 명제에 대한 믿음의 정도는 변하지 않아야 한다. 예를 들어 위에서처럼 갑이 □오늘 비가 온다.□가 참이라는 것만을 새롭게 알게 되더라도 그것과 관련 없는 명제 □다른 은하에는 외계인이 존재한다.□에 대한 그의 믿음의 정도는 변하지 않아야 한다. 이처럼 베이즈주의자는 특별한 이유가 없는 한 우리의 믿음의 정도는 유지되어야 한다고 ⓒ본다.

베이즈주의자는 이렇게 상식적으로 당연하게 여겨지는 생각을 정당화하기 위해 기존의 믿음의 정도를 유지함으로써 ⓓ얻을 수 있는 실용적 효율성에 호소할 수 있다. 특별한 이유 없이 학교를 옮기는 행위는 어떠한 방식으로든 우리의 에너지를 불필요하게 소모한다. 베이즈주의자는 특별한 이유 없이 기존의 믿음의 정도를 ⓔ바꾸는 것도 이와 유사하게 에너지를 불필요하게 소모한다고 볼 수 있다. 이 관점에서는 실용적 효율성을 추구한다면, 특별한 이유가 없는 한 기존의 믿음의 정도를 유지하는 것이 합리적이다.

16~20번 문제는 비문학 독서 영역, 인문 분야의 철학 중에서 인식론에 대한 지문을 다룹니다. 전통적 인식론자들과 베이즈주의자들의 차이를 통해 임의의 명제가 참인지 거짓인지를 새롭게 알게 되는 글입니다. 특별한 이유 없이 학교를 옮기는 행위는 어떠한 방식으로든 우리의 에너지를 불필요하게 소모한다는 지적과 함께 실용적 효율성을 추구한다면, 특별한 이유가 없는 한 기존의 믿음의 정도를 유지하는 것이 합리적이라고 주장합니다.

문제 풀이에 도움되는 기술적인 방법을 모색하기 전에, 이러한 수능 국어 비문학 독서 지문에 대비하는 독서법에 대해 먼저 고민해 보아야 합니다. 수능 수학이나 영어와 다르게, 수능 국어 문제는 기출문제와 수능 문제의 난이도가 현격하게 차이 납니다. 난이도가 높아서 이해하기 힘든 수능 국어 문제를 미리 풀어보는 대신 기출문제부터 푸는 것이 바람직합니다. 16~20번 문제의 지문으로 출제된 베이즈주의 인식론 Bayesian Epistemology 은 인식론의 한 분과로, 확률을 사용해 인식론의 주제를 탐구하는 이론입니다. 확률 이론이 등장한 20세기 초반 이후 생겨난 베이즈주의 인식론은 확률 개념을 중심으로 귀납 논리의 형식화를 가능하게 했습니다. 뿐만 아니라 귀납 논리의 인식적 합리성을 제시하는데 기여하였습니다. 베이즈주의 인식론은 베이즈주의 확증 이론과 통계학 그리고 학습 이론의 과학적 방법론을 분석하였으며, 나아가 베이즈주의 의사결정 이론의 토대가 됩니다.

베이즈주의 인식론에 관한 책은『논리철학논고』루트비히 비트겐슈타인 저인데, 원서든 해설서든 이 책은 전공자가 아닌 경우 읽기 어렵습니다. 고등학교 수준의 책이 아닌 것입니다. 하지만,『논리는 나의 힘』최훈 저,『변호사 논증법』최훈 저,『오류를 알면 논리가 보인다』다식산 저 정도는 예비고1 수준부터 읽어 두길 권합니다. 실제로, 2019학년도에 출제된 '가능세계'의 일관성, 포괄성, 완결성, 독립성을 다룬 비문학 독서 영역 지문도 과거 철학올림피아드나 PSAT Public Service Aptitude Test. 공직적성평가 언어논리 문제로 출제되는 유형과 유사합니다. 2017학년도에 출제된 논리실증주의자와 포퍼, 콰인의 총체주의를 다룬 비문학 독서 영역 지문도 역사적 맥락에서 반복성을 추적하는 것을 요구하는 것이었습니다.『쿤&포퍼』장대익 저를 시작으로『현대과학철학논쟁』칼 포퍼, 토머스 쿤 외 저,『장하석의 과학, 철학을 만나다』장하석 저를 순서대로 읽으면 큰 도움이 됩니다.

비문학 독서 기출 분석(인문)

Part 01. 서양철학
2020학년도 수능 베이즈주의의 조건화 원리
2020학년도 6월 모평 에피쿠로스의 자연학과 윤리학
2019학년도 수능 가능세계의 개념과 성질
2019학년도 9월 모평 근대 도시의 삶의 양식과 영화에 대한 벤야민의 견해
2018학년도 수능 아리스토텔레스의 목적론
2018학년도 9월 모평 상호 배타적인 상태가 공존하는 양자 역학과 비고전 논리
2018학년도 9월 모평 집합 의례
2017학년도 수능 지식의 구분
2017학년도 6월 모평 유비 논증의 개념과 유용성
2016학년도 수능A 귀납에 내재된 논리적 한계
2016학년도 수능B 도덕적 운과 도덕적 평가
2016학년도 수능B 지식 경영론
2016학년도 9월 모평B 과학철학의 설명 이론
2016학년도 9월 모평B 사색적 삶과 활동적 삶
2016학년도 6월 모평A 메타 윤리학에서 도덕 실재론과 정서주의
2016학년도 6월 모평B 현대의 개체화 현상

Part 02. 동양철학
2019학년도 6월 모평 서양 의학의 영향을 받은 이익과 최한기의 인체관
2018학년도 6월 모평 율곡 이이의 법제 개혁론
2016학년도 6월 모평B 장자의 물아일체 사상

비문학 독서 기출 분석(예술)
2020학년도 9월 모평 영화와 역사의 관계

[21~25] 다음 글을 읽고 물음에 답하시오.

(가) 동녁 두던 밧긔 크나큰 너븐 들□
만경(萬頃) 황운(黃雲)이 □ 빗치 되야 잇다
중양이 거의로다 내노리 □쟈스라
블근 게 여믈고 눌은 □기 □져시니
술이 니글션정 버디야 업□소냐
전가(田家) 흥미□ 날로 기퍼 가노매라
살여흘 긴 몰래예 밤블이 □가시니
㉠게 잡□ 아□□이 그□을 훗터 잇고
호두포★엔 구비예 아젹믈이 미러오니
㉡돗□□ 애내성(欸乃聲)★이 고기 □□ 댱□로다
경(景)도 됴커니와 생리(生理)라 괴로오랴
(중략)
어와 이 청경(淸景) 갑시 이실 거시런□
적막히 다든 문애 내 분으로 드려오랴
사조(私照)★ 업다 호미 거즌말 아니로다
㉢모재(茅齋)★예 빗쵠 빗치 옥루(玉樓)라 다□소냐
청준(淸樽)을 밧□열고 큰 잔의 □□ 브어
㉣죽엽(竹葉) □□ 술□ □빗 조차 거후로니
표연□ 일흥(逸興)이 져기면 □리로다
이적선(李謫仙) 이려□야 □을 보고 밋치닷다
춘하추동애 경물이 아름답고
주야조모(晝夜朝暮)애 완상이 새로오니
㉤몸이 한가□나 귀 눈은 겨□ 업다
여생이 언마치리 백발이 날로 기니

대지동 독서법

세상 공명은 계륵이나 다 □ 소냐

ⓐ강호 어조(魚鳥)애 새 □ 셰 깁퍼시니

옥당금마(玉堂金馬)*의 몽혼(夢魂)*이 섯긔엿다

초당연월(草堂煙月)의 시 □ 업시 누워 이셔

촌주강어(村酒江魚)로 장일취(長日醉)□ 원(願)□노라

이 몸이 이러구롬도 역군은(亦君恩)이샷다

     - 신계영, 월선헌십육경가 -

* 호두포 : 예산현의 무한천 하류.
* 애내성 : 어부가 노를 저으면서 부르는 노랫소리.
* 사조 : 사사로이 비춤.
* 모재 : 띠로 지붕을 이어 지은 집.
* 옥당금마 : 관직 생활.
* 몽혼 : 꿈.

(나) 어촌(漁村)은 나의 벗 공백공의 자호(自號)다. 백공은 나와 태어난 해는 같으나 생일이 뒤이기 때문에 내가 아우라고 한다. 풍채와 인품이 소탈하고 명랑하여 사랑할 만하다. 대과에 급제하고 좋은 벼슬에 올라, 갓끈을 나부끼고 인끈을 두르고 필기를 위한 붓을 귀에 꽂고 나라의 옥새를 주관하니, 사람들은 진실로 그에게 원대한 기대를 하였으나, 담담하게 강호의 취미를 지니고 있다. 가끔 흥이 무르익으면, 어부사를 노래한다. 그 음성이 맑고 밝아서 천지에 가득 찰 것 같다. 증자가 상송(商頌)을 노래하는 것을 듣는 듯하여, 사람의 가슴으로 하여금 멀리 강호에 있는 것 같게 만든다. 이것은 그의 마음에 사욕이 없어 사물에 초탈하였기 때문에 소리의 나타남이 이와 같은 것이다.

하루는 나에게 말하기를,

"나의 뜻은 어부(漁父)에 있다. 그대는 어부의 즐거움을 아는가. 강태공은 성인이니 내가 감히 그가 주 문왕을 만난 것과 같은 그런 만남을 기약할 수 없다. 엄자릉은 현인이니 내가 감히 그의 깨끗함을 바랄 수는 없다. ⓗ아이와 어른들을 데리고 갈매기와 백로를 벗하며 어떤 때는 낚싯대를 잡고, ⓢ외로운 배를 노 저어 조류를 따라 오르고 내리면서 가는 대로 맡겨 두고, 모래가 깨끗하면 뱃줄을 매어 두고 산이 좋으면 그 가운데를 흘러간다. ⓞ구

운 고기와 신선한 생선회로 술잔을 들어 주고받다가 해가 지고 달이 떠오
르며 바람은 잔잔하고 물결이 고요한 때에는 배에 기대어 길게 휘파람을 불
며, 돛대를 치고 큰 소리로 노래를 부른다. ㉠흰 물결을 일으키고 맑은 빛을
헤치면, 멀고 멀어서 마치 성사*를 타고 하늘에 오르는 것 같다. 강의 연기
가 자욱하고 짙은 안개가 내리면, 도롱이와 삿갓을 걸치고 그물을 걷어 올
리면 금빛 같은 비늘과 옥같이 흰 꼬리의 물고기가 제멋대로 펄떡거리며 뛰
는 모습은 ㉡넉넉히 눈을 즐겁게 하고 마음을 기쁘게 한다. 밤이 깊어 구름
은 어둡고 하늘이 캄캄하면 사방은 아득하기만 하다. 어촌의 등불은 가물
거리는데 배의 지붕에 빗소리는 울어 느리다가 빠르다가 우수수하는 소리
가 차갑고도 슬프다. … (중략) … 여름날 뜨거운 햇빛에 더위가 쏟아질 적
엔 버드나무 늘어진 낚시터에 미풍이 불고, 겨울 하늘에 눈이 날릴 때면 차
가운 강물에서 홀로 낚시를 드리운다. 사계절이 차례로 바뀌건만 어부의 즐
거움은 없는 때가 없다.

저 영달에 얽매여 벼슬하는 자는 구차하게 영화에 매달리지만 나는 만나는
대로 편안하다. 빈궁하여 고기잡이를 하는 자는 구차하게 이익을 계산하지
만 나는 스스로 유유자적을 즐긴다. 성공과 실패는 운명에 맡기고, 진퇴도
오직 때를 따를 뿐이다. 부귀 보기를 뜬구름과 같이 하고 공명을 헌신짝 벗
어 버리듯 하여, 스스로 세상의 물욕 밖에서 방랑하는 것이니, 어찌 시세에
영합하여 이름을 낚시질하고, 벼슬길에 빠져들어 생명을 가볍게 여기며 이
익만 취하다가 스스로 함정에 빠지는 자와 같겠는가. ⓑ이것이 내가 몸은
벼슬을 하면서도 뜻은 강호에 두어 매양 노래에 의탁하는 것이니, 그대는
어떻게 생각하는가?"

하니 내가 듣고 즐거워하며 그대로 기록하여 백공에게 보내고, 또한 나 자
신도 살피고자 한다. 을축년 7월 어느 날.

- 권근, 어촌기 -

＊ 성사 : 옛날 장건이 타고 하늘에 다녀왔다고 하는 배.

21~25번 문제는 고전문학 운문과 산문의 복합 지문을 다룹니다. 17
세기 가사 『월선헌십육경가』신계영 저와 『어촌기』권근 저가 출제되었습니다.
『월선헌십육경가』는 1655년효종 6 2월에 작자가 벼슬을 내놓고 고향인

예산(禮山)에 내려와 그해 10월에 지은 노래로서, 시골의 풍경과 유유자적하는 자신의 생활을 순탄하게 나타냅니다. 『어촌기』의 경우 다음과 같은 〈보기〉가 문제에 주어집니다. "작가는 벗의 말을 인용하여 자신의 생각을 드러내고 있다. 작가는 벗에 대한 이야기가 기록할 만한 가치가 있다는 근거를 벗과의 관계와 그의 성품에 대한 평을 통해 마련하고 있다. 이를 통해 작가는 자신이 추구하는 삶의 방향성과 가치관을 드러내며 벗의 생각에 공감하고 있다."

수능 국어 고전문학의 경우 『홀수 국어 고전문학』(마경일 저) 같은 수능 국어 기출 분석서를 통해 전체 흐름을 파악하는 것이 중요합니다. 그리고 예비고1 단계에서는 고전문학 작품과 해설서를 독서해 기본 토대를 쌓아야 합니다. 『매콤달콤 맛있는 우리 고전 시가』(한기호 저)와 『청소년을 위한 한국고전문학사』(류대곤, 김은철 저)로 시작해 전체 흐름을 연대기적으로 파악하고, 『살아 있는 고전문학 교과서』(권순긍, 신동흔 외 저) 시리즈를 읽으며 주제별 독서로 확장시키면 좋습니다.

문학 고전시가 기출 분석

Part 01. 시조
2017학년도 9월 모평 신흠, 『방옹시여』
2016학년도 9월 모평B 신계영, 『전원사시가』
2015학년도 6월 모평B 이황, 『도산십이곡』

Part 02. 가사
2019학년도 수능 김인겸, 『일동장유가』

2017학년도 수능 홍순학, 『연행가』
2016학년도 9월 모평A 정훈, 『탄궁가』
2015학년도 수능A 박인로, 『상사곡』
2015학년도 9월 모평B 조위, 『만분가』

Part 03. 기타·복합
2020학년도 수능 신계영, 『월선헌십육경가』 / 권근, 『어촌기』
2020학년도 9월 모평 정극인, 『상춘곡』 / 이이, 『고산구곡가』
2020학년도 6월 모평 안서우, 『유원십이곡』 / 성현, 『조용』
2019학년도 9월 모평 권호문, 『한거십팔곡』 / 박재삼, 『추억에서』 / 『시의 리듬』
2019학년도 6월 모평 작자 미상, 『서경별곡』 / 조위, 『만분가』
2018학년도 수능 이정환, 『비가』 / 이병기, 『풍란』
2018학년도 6월 모평 주세붕, 『오륜가』 / 이곡, 『차마설』
2017학년도 6월 모평 『고려 속요의 기원과 형성 과정』 / 작자 미상, 『동동』 / 작자 미상, 『가시리』
2016학년도 수능A 정인지 외, 『용비어천가』 / 맹사성, 『강호사시가』
2016학년도 수능B 정철, 『어와 동량재ㄹ·ㄹ~』 / 이원익, 『고공답주인가』
2016학년도 6월 모평A 남구만, 『동창이 밝았느냐~』 / 위백규, 『농가』 / 정학유, 『농가월령가』
2016학년도 6월 모평B 작자 미상, 『어이 못 오던다~』 / 작자 미상, 『청천에 떠서 울고 가는 외기러기~』 / 작자 미상, 『정선 아리랑』
2015학년도 수능B 정철, 『관동별곡』 / 최익현, 『유한라산기』
2015학년도 9월 모평A 작자 미상, 『정석가』 / 작자 미상, 『임이 오마 하거늘~』
2015학년도 6월 모평A 이정보, 『국화야 너는 어이~』 / 이조년, 『이화에 월백하고~』 / 최치원, 『촉규화』

[26~29] 다음 글을 읽고 물음에 답하시오.

신체의 세포, 조직, 장기가 손상되어 더 이상 제 기능을 하지 못할 때에 이를 대체하기 위해 이식을 실시한다. 이때 이식으로 옮겨 붙이는 세포, 조직, 장기를 이식편이라 한다. 자신이나 일란성 쌍둥이의 이식편을 이용할 수 없다면 다른 사람의 이식편으로 '동종 이식'을 실시한다. 그런데 우리의 몸은 자신의 것이 아닌 물질이 체내로 유입될 경우 면역 반응을 일으키므로, 유전적으로 동일하지 않은 이식편에 대해 항상 거부 반응을 일으킨다. 면역적 거부 반응은 면역 세포가 표면에 발현하는 주조직적합 복합체(MHC) 분자의 차이에 의해 유발된다. 개체마다 MHC에 차이가 있는데 서로 간의 유전적 거리가 멀수록 MHC에 차이가 커져 거부 반응이 강해진다. 이를 막기 위해 면역 억제제를 사용하는데, 이는 면역 반응을 억제하여 질병 감염의 위험성을 높인다.

이식에는 많은 비용이 소요될 뿐만 아니라 이식이 가능한 동종 이식편의 수가 매우 부족하기 때문에 이를 대체하는 방법이 개발되고 있다. 우선 인공 심장과 같은 '전자 기기 인공 장기'를 이용하는 방법이 있다. 하지만 이는 장기의 기능을 일시적으로 대체하는 데 사용되며, 추가 전력 공급 및 정기적 부품 교체 등이 요구되는 단점이 있고, 아직 인간의 장기를 완전히 대체할 만큼 정교한 단계에 이르지는 못했다.

다음으로는 사람의 조직 및 장기와 유사한 다른 동물의 이식편을 인간에게 이식하는 '이종 이식'이 있다. 그런데 이종 이식은 동종 이식보다 거부 반응이 훨씬 심하게 일어난다. 특히 사람이 가진 자연항체는 다른 종의 세포에서 발현되는 항원에 반응하는데, 이로 인해 이종 이식편에 대해서 초급성 거부 반응 및 급성 혈관성 거부 반응이 일어난다. 이런 거부 반응을 일으키는 유전자를 제거한 형질 전환 미니돼지에서 얻은 이식편을 이식하는 실험이 성공한 바 있다. 미니돼지는 장기의 크기가 사람의 것과 유사하고 번식력이 높아 단시간에 많은 개체를 생산할 수 있다는 장점이 있어, 이를 이용한 이종 이식편을 개발하기 위한 연구가 진행되고 있다.

이종 이식의 또 다른 문제는 ㉠내인성 레트로바이러스이다. 내인성 레트로바이러스는 생명체의 DNA의 일부분으로, 레트로바이러스로부터 유래된 것으로 여겨지는 부위들이다. 이는 바이러스의 활성을 가지지 않으며 사람을 포함한 모든 포유류에 존재한다. ㉡레트로바이러스는 자신의 유전 정보를 RNA에 담고 있고 역전사 효소를 갖고 있는 바이러스로서, 특정한 종류의 세포를 감염시킨다. 유전 정보가 담긴 DNA로부터 RNA가 생성되는 전사 과정만 일어날 수 있는 다른 생명체와는 달리, 레트로바이러스는 다른 생명체의 세포에 들어간 후 역전사 과정을 통해 자신의 RNA를 DNA로 바꾸고 그 세포의 DNA에 끼어들어 감염시킨다. 이후에는 다른 바이러스와 마찬가지로 자신이 속해 있는 생명체를 숙주로 삼아 숙주 세포의 시스템을 이용하여 복제, 증식하고 일정한 조건이 되면 숙주 세포를 파괴한다. 그런데 정자, 난자와 같은 생식 세포가 레트로바이러스에 감염되고도 살아남는 경우가 있었다. 이런 세포로부터 유래된 자손의 모든 세포가 갖게 된 것이 내인성 레트로바이러스이다. 내인성 레트로바이러스는 세대가 지나면서 돌연변이로 인해 염기 서열의 변화가 일어나며 해당 세포 안에서는 바이러스로 활동하지 않는다. 그러나 내인성 레트로바이러스를 떼어 내어 다른 종의 세포 속에 주입하면 이는 레트로바이러스로 변환되어 그 세포를 감염시키기도 한다. 따라서 미니돼지의 DNA에 포함된 내인성 레트로바이러스를 효과적으로 제거하는 기술이 개발 중에 있다.

그동안의 대체 기술과 관련된 연구 성과를 토대로 ⓐ이상적인 이식편을 개발하기 위해 많은 연구가 수행되고 있다.

26~29번 문제는 비문학 독서 영역 문제이고, 과학기술 분야 중에서 동종 이식과 이종 이식에 대한 지문을 다룹니다. 주조직적합복합체_{MHC}나 내인성 레트로바이러스같이 새로운 개념과 용어에 주목해 읽어나가야 합니다. 이상적인 이식편을 개발하기 위한 많은 연구가 수행되고 있다는 주장을 최근 줄기 세포 연구와 3D 프린팅 기술을 적용한 미니 폐, 미니 심장 등의 개발 성공 사례를 소개한 신문기사와 연결합니다.

이 문제 역시 문제 풀이에 도움되는 기술적인 방법을 모색하기 전에, 이러한 수능 국어 비문학 독서 지문에 대비하는 독서법에 대해 먼저 고민해 보아야 합니다. 2019학년도에는 악명 높은 동서양의 '우주론' 재해석 지문과 2018학년도에는 아리스토텔레스의 '목적론' 지문과 '디지털

대지동 독서법

통신 시스템' 지문, 2017학년도에는 반추 동물의 '반추위' 지문, 2016학년도에는 중력, 부력, 항력과 '종단 속도' 지문들이 출제되었습니다. 이러한 지문들을 이해하기 위해서는 다양한 과학기술적 용어와 개념을 알아야 합니다. 이를 기반으로 지문에 담긴 정보와 주장을 정확하게 독해해야 합니다.

물론 고등학생 수준에서 생명과학이나 세부 과학 전공 분야의 전문서는 읽기도 어렵고, 독서의 기회도 적습니다. 하지만, 『친절한 과학사전 생명과학편』상미영 저, 『과학용어도감』미즈타니 준 저, 『뻔하지만 뻔하지 않은 과학지식 101』조엘레비 저, 『미래를 위한 과학이슈11』홍희빈 외 저 시리즈 정도는 예비고1 수준부터 읽어 두길 권합니다.

비문학 독서 기출 분석(과학)

2020학년도 수능 장기 이식과 내인성 레트로바이러스
2020학년도 6월 모평 개체성의 조건과 공생발생설에 따른 진핵생물의 발생
2019학년도 수능 서양과 동양의 천문 이론
2018학년도 9월 모평 상호 배타적인 상태가 공존하는 양자 역학과 비고전 논리
2017학년도 수능 반추 동물의 탄수화물 분해
2017학년도 9월 모평 열역학에 대한 과학자들의 탐구 과정
2016학년도 수능A 지레의 원리에 담긴 돌림힘
2016학년도 수능B 빗방울의 종단 속도
2016학년도 9월 모평A 산화 작용에 의한 지방질의 산패
2016학년도 9월 모평B 암 치료에 사용되는 항암제
2016학년도 6월 모평A 원자 모형에 대한 탐구
2016학년도 6월 모평B 암흑 물질

2015학년도 수능A 단백질의 분해와 합성
2015학년도 수능B 달과 지구의 공전 궤도
2015학년도 9월 모평A 인간의 후각
2015학년도 9월 모평B 점탄성체
2015학년도 6월 모평A 원유의 열처리
2015학년도 6월 모평B 별의 겉보기 등급과 절대 등급

비문학 독서 기출 분석(기술)
2020학년도 9월 모평 스마트폰의 위치 측정 기술
2019학년도 9월 모평 주사 터널링 현미경(STM)
2019학년도 6월 모평 검사용 키트의 구조와 측정 원리
2018학년도 수능 디지털 데이터의 부호화 과정
2018학년도 6월 모평 DNS 스푸핑이 이루어지는 과정
2017학년도 9월 모평 콘크리트를 통해 본 건축 재료와 건축 미학의 관계
2017학년도 6월 모평 인공 신경망의 학습과 판정
2016학년도 수능A 애벌랜치 광다이오드
2016학년도 9월 모평A 해시 함수의 특성과 이용
2016학년도 6월 모평A 지문 인식 시스템
2015학년도 수능A 디지털 영상의 원리
2015학년도 9월 모평A CPU 스케줄링
2015학년도 6월 모평A 조명 기구의 발광 효율과 수명

[30~32] 다음 글을 읽고 물음에 답하시오.
한 평도 채 안 되는 구멍가게는 중풍으로 쓰러져 정상적 건강 상태가 아니었던 아버지의 유일한 수입원이자 생존 이유였다. 때문에 ㉠그 구멍가게에 대한 아버지의 몰두와 자존심은 각별했다.
한번은 내가 아버지가 가게를 잠깐 비운 사이에 곁에 허연 인공 설탕 가루를 묻힌 '미키대장군'이라는 캐러멜을 하나 아무 생각 없이 널름 집어먹은 적이 있었다. 하나에 이 원, 다섯 개에 십 원이었다. 잠시 뒤에 돌아온 아버지는 단박에 그 사실을 알아채고는 불같이 화를 내며 내 목덜미에 당수를 한 대

대지동 독서법

세게 내리꽂는 것이었다. 그 캐러멜 갑 안에 미키대장군이 몇 개 들어 있는 지조차 훤히 꿰차고 있는 아버지였다.

─이런 민한 종간나래! 얌생이처럼 기러케 쏠라닥질을 허자면 이 가게 안에 뭐이가 하나 제대로 남아나겠니, 응?

그러고 나서는 좀 머쓱했는지 입이 한 발쯤 튀어나와 뾰로통해서 서 있는 내게 미키대장군 네 개를 집어 내미는 거였다. 어차피 짝이 맞아야 파니까니, 하면서 억지로 내 손아귀에 쥐어 주었다. ⓛ나는 그 무허가 불량 식품인 캐러멜 네 개가 끈끈하게 녹아내릴 때까지 먹지 않고 쥔 채 서 있었다.

─닐큼 털어 넣지 못하겠니, 으잉?

목덜미에 아버지의 가벼운 당수를 한 대 더 얹은 다음에야 한입에 털어 넣고 돌아서 나왔다. 아버지도 가게 일을 수월하게 보려면 잔심부름꾼인 나를 무시하고는 아쉬울 때가 많을 터였다. 워낙 짧은 밑천으로 가게를 꾸려 가자니 아버지는 물건 구색을 맞추느라 하루에도 많을 때는 세 번까지 시장통 도매상으로 정부미 포대를 거머쥐고 종종걸음을 쳐야 했고, 막내인 나는 번번이 아버지의 뒤로 팔을 늘어뜨린 채 졸졸 따를 수밖에 없었다.

그땐 그게 죽도록 싫었다. 하마 시장통에서 야구 글러브를 끼거나 조립용 신형 무기 장난감 상자를 든 반 친구를 만나거나, 심지어 과외나 주산 학원을 가는 여자 아이들을 만나는 날에는 정말 그 자리에서 혀를 빼물고 죽고 싶은 생각뿐이었다.

(중략)

어느 날이었다. 아버지와 나는 앞서거니 뒤서거니 하면서 그 정부미 자루를 날라 왔다. 그런데 집에 도착해 한숨을 돌린 뒤 자루를 풀고 물건을 정리해 보니 스무 병이 와야 할 소주가 두 병이 모자란 채 열여덟 병만 온 것이었다. ⓒ아버지의 얼굴은 맞보기가 민망할 정도로 금세 하얗게 질렸다. 왜냐하면 그 덜 온 두 병을 빼고 나면 나머지 것들을 몽땅 팔아 봤자 결국 본전치기일 뿐이었기 때문이다. 아버지는 내 등을 떼밀어 물건을 받아 온 수도상회의 혹부리 영감한테 내려 보냈다. 아버지는 말주변도 말주변이었지만 중풍 후유증 때문에 약간의 언어 장애가 있어 일부러 나를 보냈던 것이다.

─뭐 하러 왔네?

가게 안에 북적거리는 손님들에게 셈을 치러 주느라 몇 번이고 주판알을 고르는 데 바쁜 혹부리 영감의 눈길을 잡아 두는 데 성공한 나는 더듬더듬 자초지종을 말했다. 그러나 귓등에 연필을 꽂은 채 심술이 덕지덕지 모여 이뤄진 듯한 왼쪽 이마빡의 눈깔사탕만 한 혹을 어루만지며 듣던 ㉣혹부리 영감은 풍기 때문에 왼쪽으로 힐끗 돌아간 두터운 입술을 떠들쳐 굵은 침방울을 내 얼굴에 마구 튀겼다. 애초 자기 눈앞에서 까 보이지 않은 것은 인정할 수 없다며 막무가내였다. 나중엔 아버지까지 함께 내려가서 하소연을 해 봤지만 돌아온 대답은 정 그렇게 우기면 거래를 끊겠다는 협박성 경고뿐이었다. 거래가 끊긴다면 아버지한테는 큰 타격이 아닐 수 없었다.

혹부리 영감은 아버지한테 무슨 큰 특혜를 내려 주듯이 거래를 터 준다고 허락을 놓았었다. 같은 함경도 동향이기 때문이라는 말을 덧붙이면서. 하긴 혹부리 영감한테는 매번 소주 열 병 안짝에다 새우깡 열 봉지, 껌 대여섯 개, 빵 예닐곱 개 등 일반 소매 가격 구매자보다 더 많은 물건을 떼어 가지도 않으면서 부득부득 도맷값으로 해 달라고 통사정을 해 쌓는 아버지 같은 사람 하나쯤 거래를 끊어도 장부상 거의 표가 나지 않을 것이었다.

결국 아버지는 자신의 과오를 인정하지 않을 수 없었다. ㉤당신의 자그마한 구멍가게로 돌아와 나머지 열여덟 병의 소주를 넋 나간 사람처럼 쓰다듬던 아버지는 기어코 아들인 내 앞에서 눈물을 보이고 말았다. 아! 아버지…….

– 김소진, 자전거 도둑 –

30~32번 문제는 현대문학 소설 『자전거 도둑』김소진 저이 출제되었습니다. 1996년 도서출판 강에서 간행한 김소진의 소설집 『자전거 도둑』에 수록된 동명의 단편소설입니다. 신문 기자인 주인공 김승호와 그의 자전거를 몰래 훔쳐 타는 동네 에어로빅 강사 서미혜의 이야기를 이탈리아 영화감독인 비토리오 데 시카의 영화 〈자전거 도둑〉과 연관시켜 그려냅니다. 영화는 이차대전이 끝나고 폐허로 변한 로마를 배경으로 주인공 안토니오와 그의 아들 브루노의 이야기를 담아낸 작품입니다. 어렵게 포스터 붙이는 일을 구하게 된 안토니오는 그 일을 위해 아내의 헌 옷가지를 담보로 구한 자전거를 도둑맞습니다. 결국 자전거를 되찾지 못한 안토니오는 남의 자전거를 훔치다 붙잡히고, 온갖 멸시와 모욕을 받다가 풀

려납니다.

아들 브루노는 이 모든 과정을 지켜보는데, 김승호는 아버지의 이러한 모습을 지켜봄으로 인해 상처를 끌어안고 살아가야 하는 브루노와 자신을 동일시합니다. 지문에서처럼 과거 김승호의 아버지는 수도상회의 '혹부리 영감'에게 물건을 받아 오는 과정에서 소주 스무 병 값을 치르고서 열여덟 병만 들고 오는 실수를 저지릅니다. 김승호는 그런 아버지 대신 혹부리 영감에게 사정을 얘기하러 가지만 혹부리 영감은 그런 사정을 감안해 주지 않았고, 결국 닷새쯤 지나 다시 수도상회에 물건을 떼러 간 아버지는 몰래 소주 두 병을 더 담았다가 발각당합니다.

어린 김승호는 혹부리 영감에게 자신의 짓이라 거짓말하고, 용서해 주는 대신 아들을 호되게 가르치는 모습을 보이라는 혹부리 영감의 말을 들은 아버지에게 따귀를 얻어맞습니다. 그로 인해 주인공은 어린 나이에 "애비라는 존재는 되지 말자"고 결심합니다. 이런 김승호와 서미혜는 영화 〈자전거 도둑〉을 함께 보며 서로의 과거를 공유하게 됩니다.

어린 김승호는 어두운 밤 수도상회에 몰래 들어가 난장판을 만드는 것으로 '복수'를 행합니다. 그로 인한 충격으로 혹부리 영감은 시름시름 앓다가 죽습니다. 서미혜도 어린 시절 간질로 인해 성장이 멈춘 오빠가 자신에게 성적 수치심을 준 일을 계기로 엄마가 고향에 내려간 사이 오빠를 방치해 두어 굶어 죽게 만들었습니다. 이런 얘기를 주고받고 김승호는 서미혜를 멀리 하게 되고, 서미혜가 다른 자전거를 훔치는 것을 우연히 목격하고는 자리를 피해버립니다. 작중에서 김승호가 무능한 아버지의 역할을 대신해 자신이 '복수'를 감행한 반면, 서미혜의 경우에는 무능한 오빠를 죽음으로 몰아넣은 일에 대한 자기 위안으로 남의 자전거를 몰래 타게 됩니다. 작가는 이러한 대비를 통해 유년기의 상처와 그것을 극복하는 문제에 대해 이야기합니다.

현대문학 기출 분석

Part 01. 현대소설
2020학년도 수능 김소진, 『자전거 도둑』
2020학년도 9월 모평 이청준, 『자서전들 쓰십시다』
2020학년도 6월 모평 박경리, 『토지』
2019학년도 수능 박태원, 『천변풍경』 / 이범선 원작, 이종기 각색, 『오발탄』
2019학년도 9월 모평 최명익, 『비 오는 길』
2019학년도 6월 모평 양귀자, 『한계령』
2018학년도 수능 이문구, 『관촌수필』
2018학년도 9월 모평 임철우, 『눈이 오면』
2018학년도 6월 모평 이호철, 『큰 산』
2017학년도 수능 『전쟁 소설의 성격』 / 작자 미상, 『박씨전』 / 박경리, 『시장과 전장』
2017학년도 9월 모평 황순원 원작, 여수중 각색, 『독 짓는 늙은이』 / 황순원, 『독 짓는 늙은이』
2017학년도 6월 모평 염상섭, 『삼대』
2016학년도 수능A 박완서, 『나목』
2016학년도 수능B 윤흥길, 『아홉 켤레의 구두로 남은 사내』
2016학년도 9월 모평A 허준, 『잔등』
2016학년도 9월 모평B 오정희, 『옛우물』
2016학년도 6월 모평 김유정, 『봄·봄』
2016학년도 6월 모평B 최일남, 『흐르는 북』
2015학년도 수능AB 현진건, 『무영탑』
2015학년도 9월 모평A 김승옥, 『무진기행』 / 김승옥, 『안개』
2015학년도 9월 모평B 김원일, 『도요새에 관한 명상』
2015학년도 6월 모평AB 김정한, 『모래톱 이야기』

대치동 독서법

[33~36] 다음 글을 읽고 물음에 답하시오.

[앞부분의 줄거리] 아들 유세기가 부모의 허락 없이 백공과 혼사를 결정했다고 여긴 선생은 유세기를 집에서 내쫓는다.

백공이 왈,

"혼인은 좋은 일이라 서로 헤아려 잘 생각할 것이니 어찌 이같이 좋지 않은 일이 일어나는가? 내가 한림의 재모를 아껴 이같이 기별해 사위를 삼고자 하였더니 선생 형제는 도학 군자라 예가 아닌 것을 문책하시는도다. 내가 마땅히 곡절을 말하리라."

이에 백공이 유씨 집안에 이르러 선생 형제를 보고 인사를 하고 나서 흔쾌히 웃으며 가로되,

"제가 두 형과 더불어 죽마고우로 절친하고 또 아드님의 특출을 아껴 제 딸의 배필로 삼고자 하여, 어제 세기를 보고 여차여차하니 아드님이 단호하게 말하고 돌아가더이다. 제가 더욱 흠모하여 염치를 잊고 거짓말로 일을 꾸며 구혼하면서 '정약'이라는 글자 둘을 더했으니 이는 진실로 저의 희롱함이외

다. 두 형께서 과도히 곧이듣고 아드님을 엄히 꾸짖으셨다 하니, 혼사에 도리어 훼방이 되었으므로 어찌 우습지 않으리까? 원컨대 두 형은 아드님을 용서하여 아드님이 저를 원망하게 하지 마오."

선생과 승상이 바야흐로 아들의 죄가 없는 줄을 알고 기뻐하면서 사례하여 왈,

"저희 자식이 분에 넘치게 공의 극진한 대우를 받으니 마땅히 그 후의를 받들 만하되, 이는 선조로부터 대대로 내려오는 가법이 아니기에 감히 재취를 허락하지 못하였소이다. 저희 자식이 방자함이 있나 통탄하였더니 그간 곡절이 이렇듯 있었소이다."

백공이 화답하고 이윽고 돌아가서 다시 혼삿말을 이르지 못하고 딸을 다른 데로 시집보냈다. 선생이 백공을 돌려보낸 후에 한림을 불러 앞으로 더욱 행실을 닦을 것을 훈계하자 한림이 절을 하면서 명령을 받들었다. 차후 더욱 예를 삼가고 배우기를 힘써 학문과 도덕이 날로 숙연하고, 소 소저와 더불어 백수해로하면서 여덟 아들, 두 딸을 두고, 집안에 한 명의 첩도 없이 부부 인생 희로를 요동함이 없더라.

승상의 둘째 아들 세형의 자는 문희니, 형제 중 가장 빼어났으니 산천의 정기와 일월의 조화를 타고 태어나 아름다운 얼굴은 윤택한 옥과 빛나는 봄꽃 같고, 호탕하고 깨끗한 풍채는 용과 호랑이의 기상이 있으며, 성품이 호기롭고 의협심이 강하여 맑고 더러움의 분별을 조금도 잃지 않으니, 부모가 매우 사랑하여 며느리를 널리 구하더라.

(중략)

화설, 장 씨 ㉠이화정에 돌아와 긴 단장을 벗고 난간에 기대어 하늘가를 바라보며 평생 살아갈 계책을 골똘히 헤아리자, 한이 눈썹에 맺히고 슬픔이 마음속에 가득하여 생각하되,

'내가 재상가의 귀한 몸으로 유생과 백년가약을 맺었으니 마음이 흡족하고 뜻이 즐거울 것이거늘, 천자의 귀함으로 한 부마를 뽑는데 어찌 구태여 나의 아름다운 낭군을 빼앗아가 위세로써 나로 하여금 공주 저 사람의 아래가 되게 하셨는가? 도리어 저 사람의 덕을 찬송하고 은혜를 읊어 한없는 영광은 남에게 돌려보내고 구차한 자취는 내 일신에 모이게 되었도다. 우주 사이는 우러러 바라보기나 하려니와 나와 공주의 현격함은 하늘과 땅 같도다. 나의 재주와 용모가 저 사람보다 떨어지는 것이 없고 먼저 혼인 예물까

지 받았는데 이처럼 남의 천대를 감심할 줄 어찌 알리오? 공주가 덕을 베풀수록 나의 몸엔 빛이 나지 않으리니 제 짐짓 능활하여 아버님, 어머님이나 시누이를 제 편으로 끌어들인다면 낭군의 마음은 이를 좇아 완전히 달라질지라. 슬프다, 나의 앞날은 어이 될고?'

생각이 이에 미치자 북받쳐 오르는 한이 마음속에 가득 쌓이기 시작하니 어찌 좋은 뜻이 나리오? 정히 눈물을 머금고 마음을 붙일 곳 없어하더니, 문득 세형이 보라색 두건과 녹색 도포를 가볍게 나부끼며 이르러 장 씨의 참담한 안색을 보고 옥수를 잡고 어깨를 비스듬히 기대게 하며 물어 왈,

"그대 무슨 일로 슬픈 빛이 있나뇨? 나를 좇음을 원망하는가?"

장 씨가 잠시 동안 탄식 왈,

"낭군은 부질없는 말씀 마옵소서. 제가 낭군을 좇는 것을 원망했다면 어찌 깊은 규방에서 홀로 늙는 것을 감심하였사오리까? 다만 제가 귀댁에 들어온 지 오륙일이 지났으나 좌우에 친한 사람이 없고 오직 우러르는 바는 아버님, 어머님과 낭군뿐이라 어린 여자의 마음이 편안하지 못한 바이옵니다. 공주가 위에 계셔 온 집의 권세를 오로지 하시니 그 위의와 덕택이 저로 하여금 변변찮은 재주 가진 하졸이 머릿수나 채워 우물 속에서 하늘을 바라보는 것 같게 만드옵니다. 제가 감히 항거할 뜻이 있는 것이 아니나 평생의 신세가 구차하여 슬프고, 진양궁에 나아가면 궁비와 시녀들이 다 저를 손가락질하며 비웃어 한 가지 일도 자유롭게 하지 못하게 하옵고, 제 입에서 말이 나면 일천여 시녀가 다 제 입을 가리니, 공주의 은덕에 의지하여 겨우 실례를 면하고 돌아왔사옵니다."

부마가 바야흐로 장 씨의 외로움을 가련하게 여기고 공주의 위세가 장 씨를 억누르는 것을 좋지 않게 여기고 있다가 장 씨의 이렇듯 애원한 모습을 보자 크게 불쾌하여 장 씨를 위한 애정이 샘솟는 듯하였다. 은근하고 간곡하게 장 씨를 위로하고 그 절개와 외로움에 감동하여 이날부터 발자취가 ⓒ이화정을 떠나지 않았다. 연리지와 같은 신혼의 정은 양왕의 꿈에 빠진 듯 어지럽고, 낙천의 마음이 취한 듯 기쁘고 즐거워 바라던 바를 다 얻은 듯한 마음은 세상에 비할 데가 없더라.

- 작자 미상, 유씨삼대록 -

33~36번 문제는 고전문학 소설『유씨삼대록』작자 미상이 출제되었습니다. 18세기 창작으로 추정되며, 상당히 많은 이본을 지니고 있는 작품입니다. 국립도서관에 소장된 20권 20책을 대표적 이본이라 할 수 있으며, 『유효공선행록』의 후편에 해당됩니다. 특히 이 작품에 등장하는 주인공들을 내세워 완전히 다른 작품으로 창작한『여와록』이라는 단편이 존재하는 것을 감안한다면 당시에 많은 인기를 누린 작품임을 알 수 있습니다.『소현성록』과 더불어 삼대록계 소설의 대표적인 작품입니다.

고전문학은『살아 있는 고전문학 교과서』권순긍, 신동흔 외 저 시리즈를 읽고 주제별 독서로 확장시키면 좋습니다. 이 책은 우리 삶에서 중요하고 절실하게 생각하는 주제를 중심으로 고전문학 작품을 만날 수 있도록 돕습니다. 시대와 문화의 간극, 언어와 사유의 장벽으로 다가설 수 없었던 고전문학의 진풍경을 소개하고 있으며, '꿈과 환상, 삶과 죽음, 이상향, 나라 밖 다른 세계와의 만남, 소수자, 갈등과 투쟁, 노동, 풍류와 놀이, 나, 가족, 사랑, 사회적 관계' 등 12가지 주제를 다루고 있습니다. 12가지 주제들을 천지인, 즉 하늘과 땅과 사람의 이야기로 나누어 세 권으로 담았습니다.

1권은 하늘의 이야기입니다. 문학이 펼치는 상상이란 인간의 삶에 더 없는 활력소이자 즐거움이고 더 나은 세계를 향한 열망입니다. 문학적 상상의 출발이라 할 수 있는 꿈의 세계, 인간사에서 빠질 수 없는 주제인 죽음의 세계, 유한하고 부조리한 세계에 맞선 인간의 영원한 로망인 이상 세계, 현실 너머의 가상 세계는 아니지만 낯선 공간과 낯선 삶이 불러일으키는 호기심 가득한 하늘의 이야기를 통해 고전문학이 간직한 상상력의 힘을 볼 수 있습니다.

대치동 독서법

2권은 땅의 이야기입니다. 문학은 언제나 시대의 산물이고 시대의 숨결을 담지 않을 수 없습니다. 시대를 가로지른 삶의 자취를 찾아 떠난 이 책에서는 소수자의 세계와 인생사의 전부라 해도 지나치지 않을 갈등과 투쟁의 시간들, 삶의 기본 조건인 노동, 노동과 함께 삶을 지탱하는 풍류와 놀이의 세계에 대해 다룹니다. 지금의 우리와 별반 다르지 않은 현실과의 고투에 깊은 공감을 얻는 계기를 마련합니다.

3권은 인간의 이야기입니다. 나와 나를 둘러싼 가족, 타자와의 가장 극적인 만남인 사랑, 그 밖에 사회에서 살아가면서 맺어가는 여러 가지 사회적 관계들을 둘러보는 일은 존재의 가장 근원적인 물음과 맞닿아 있습니다.

고전문학 기출 분석(고전산문)

Part 01. 영웅·군담
2020학년도 6월 모평 작자 미상, 『조웅전』
2019학년도 수능 작자 미상, 『임장군전』
2019학년도 9월 모평 『홍길동전』
2018학년도 6월 모평 작자 미상, 『적성의전』
2017학년도 수능 『전쟁 소설의 성격』 / 작자 미상, 『박씨전』 / 박경리, 『시장과 전장』
2017학년도 6월 모평 조위한, 『최척전』
2016학년도 6월 모평A 작자 미상, 『홍계월전』
2016학년도 6월 모평B 작자 미상, 『전우치전』
2015학년도 수능A 작자 미상, 『소대성전』
2015학년도 9월 모평AB 작자 미상, 『유충렬전』
2015학년도 6월 모평B 작자 미상, 『임경업전』

[37~42] 다음 글을 읽고 물음에 답하시오.

국제법에서 일반적으로 조약은 국가나 국제기구들이 그들 사이에 지켜야
할 구체적인 권리와 의무를 명시적으로 합의하여 창출하는 규범이며, 국제
관습법은 조약 체결과 관계없이 국제 사회 일반이 받아들여 지키고 있는 보
편적인 규범이다. 반면에 경제 관련 국제기구에서 어떤 결정을 하였을 경우,
이 결정 사항 자체는 권고적 효력만 있을 뿐 법적 구속력은 없는 것이 일반
적이다. 그런데 국제결제은행 산하의 바젤위원회가 결정한 BIS 비율 규제
와 같은 것들이 비회원의 국가에서도 엄격히 준수되는 모습을 종종 보게 된
다. 이처럼 일종의 규범적 성격이 나타나는 현실을 어떻게 이해할지에 대한
논의가 있다. 이는 위반에 대한 제재를 통해 국제법의 효력을 확보하는 데
주안점을 두는 일반적 경향을 되돌아보게 한다. 곧 신뢰가 형성하는 구속
력에 주목하는 것이다.
BIS 비율은 은행의 재무 건전성을 유지하는 데 필요한 최소한의 자기자본

비율을 설정하여 궁극적으로 예금자와 금융 시스템을 보호하기 위해 바젤위원회에서 도입한 것이다. 바젤위원회에서는 BIS 비율이 적어도 규제 비율인 8%는 되어야 한다는 기준을 제시하였다. 이에 대한 식은 다음과 같다.

$$\text{BIS 비율}(\%) = \frac{\text{자기자본}}{\text{위험가중자산}} \times 100 \geq 8(\%)$$

여기서 자기자본은 은행의 기본자본, 보완자본 및 단기후순위 채무의 합으로, 위험가중자산은 보유 자산에 각 자산의 신용 위험에 대한 위험 가중치를 곱한 값들의 합으로 구하였다. 위험 가중치는 자산 유형별 신용 위험을 반영하는 것인데, OECD 국가의 국채는 0%, 회사채는 100%가 획일적으로 부여되었다. 이후 금융 자산의 가격 변동에 따른 시장 위험도 반영해야 한다는 요구가 커지자, 바젤위원회는 위험가중자산을 신용 위험에 따른 부분과 시장 위험에 따른 부분의 합으로 새로 정의하여 BIS 비율을 산출하도록 하였다. 신용 위험의 경우와 달리 시장 위험의 측정 방식은 감독 기관의 승인하에 은행의 선택에 따라 사용할 수 있게 하여 '바젤 I' 협약이 1996년에 완성되었다.

금융 혁신의 진전으로 '바젤I' 협약의 한계가 드러나자 2004년에 '바젤II' 협약이 도입되었다. 여기에서 BIS 비율의 위험가중자산은 신용 위험에 대한 위험 가중치에 자산의 유형과 신용도를 모두 ⓐ고려하도록 수정되었다. 신용 위험의 측정 방식은 표준 모형이나 내부 모형 가운데 하나를 은행이 이용할 수 있게 되었다. 표준 모형에서는 OECD 국가의 국채는 0%에서 150%까지, 회사채는 20%에서 150%까지 위험 가중치를 구분하여 신용도가 높을수록 낮게 부과한다. 예를 들어 실제 보유한 회사채가 100억 원인데 신용 위험 가중치가 20%라면 위험가중자산에서 그 회사채는 20억 원으로 계산된다. 내부 모형은 은행이 선택한 위험 측정 방식을 감독 기관의 승인하에 그 은행이 사용할 수 있도록 하는 것이다. 또한 감독 기관은 필요시 위험가중자산에 대한 자기자본의 최저 비율이 ⓑ규제 비율을 초과하도록 자국 은행에 요구할 수 있게 함으로써 자기자본의 경직된 기준을 보완하고자 했다.

최근에는 '바젤III' 협약이 발표되면서 자기자본에서 단기후순위 채무가 제외되었다. 또한 위험가중자산에 대한 기본자본의 비율이 최소 6%가 되게 보완하여 자기자본의 손실 복원력을 강화하였다. 이처럼 새롭게 발표되는 바젤 협약은 이전 협약에 들어 있는 관련 기준을 개정하는 효과가 있다. 바젤 협약은 우리나라를 비롯한 수많은 국가에서 채택하여 제도화하고 있다. 현재 바젤위원회에는 28개국의 금융 당국들이 회원으로 가입되어 있으며, 우리 금융 당국은 2009년에 가입하였다. 하지만 우리나라는 가입하기 훨씬 전부터 BIS 비율을 도입하여 시행하였으며, 현행 법제에도 이것이 반영되어 있다. 바젤 기준을 따름으로써 은행이 믿을 만하다는 징표를 국제 금융 시장에 보여 주어야 했던 것이다. 재무 건전성을 의심받는 은행은 국제 금융 시장에 자리를 잡지 못하거나, 심하면 아예 ⓒ발을 들이지 못할 수도 있다.

바젤위원회에서는 은행 감독 기준을 협의하여 제정한다. 그 헌장에서는 회원들에게 바젤 기준을 자국에 도입할 의무를 부과한다. 하지만 바젤위원회가 초국가적 감독 권한이 없으며 그의 결정도 ⓓ법적 구속력이 없다는 것 또한 밝히고 있다. 바젤 기준은 100개가 넘는 국가가 채택하여 따른다. 이는 국제기구의 결정에 형식적으로 구속을 받지 않는 국가에서까지 자발적으로 받아들여 시행하고 있다는 것인데, 이런 현실을 ㉠말랑말랑한 법 (softlaw)의 모습이라 설명하기도 한다. 이때 조약이나 국제 관습법은 그에 대비하여 딱딱한 법(hard law)이라 부르게 된다. 바젤 기준도 장래에 ⓔ딱딱하게 응고될지 모른다.

37~42번 문제는 비문학 독서 영역, 사회 분야 법과 경제 중에서 BIS 비율에 대한 지문을 다룹니다. 국제법과 국제 관습법, 국제결제은행 산하 바젤위원회가 결정한 BIS 비율 규제 및 위반에 대한 제재를 통해 국제법의 효력에 주목합니다. 바젤 협약의 변화 과정을 말랑말랑한 법soft law와 딱딱한 법hard law 로 비유합니다. 2019학년도의 '우주론' 지문처럼 2020학년도의 'BIS 비율' 지문도 〈보기〉를 통해 추가적인 추론을 요구합니다. 무엇보다, 간단한 수식을 통해 계산 을 해야 한다는 점에서

대치동 독서집

학생들의 부담이 컸습니다. 국어 시험에서 수학 문제까지 풀어야 했기 때문에 뒷말 또한 많았습니다.

이 문제 역시 문제 풀이에 도움되는 기술적인 방법을 모색하기 전에, 독서력이 뒷받침되어야 풀 수 있습니다. BIS 비율은 BIS가 정한 은행의 위험자산 대비 자기자본비율을 의미합니다. BIS Bank for International Settlement, 국제결제은행가 정한 은행의 위험자산부실채권 대비 자기자본비율은 1988년 7월 각국 은행의 건전성과 안정성을 확보하기 위한 최소 자기자본비율에 대한 국제적 기준입니다. 이 기준에 따라 적용대상은행은 위험자산에 대하여 최소 8% 이상의 자기자본을 유지하도록 하였습니다. 즉, 은행이 거래기업의 도산으로 부실채권이 갑자기 늘어나 경영위험에 빠져들게 될 경우 최소 8% 정도의 자기자본을 가지고 있어야 위기상황에 대처할 수 있다는 제도입니다.

고등학생 수준에서 『맨큐의 경제학』 N.그레고리 맨큐 저 같은 경제학원론서는 쉽게 읽기 어렵습니다. 하지만, 『경제상식사전』 김민구 저, 『식탁 위의 경제학자들』조원경 저은 예비고1 수준부터 읽어 두길 권합니다. 일례로 『경제상식사전』에서는 BIS 비율뿐만 아니라 트리클다운 이론, 베블런효과, 골디락스, 시맨틱 웹, 지니계수, ROA, VIX지수, 어닝쇼크, 젠트리피케이션, 디커플링, 통화스와프, 구글세 등을 다루고 있습니다.

TESAT 같은 경제 경영의 이해력을 평가하는 시험에 도전할 필요까지는 없지만, 수능 사회탐구 영역에서도 경제와 법과 정치 과목은 생활과 윤리나 사회문화 과목에 비해 선택하는 학생이 월등히 적기 때문에 별도의 내신 공부나 독서를 통해 배경지식 쌓기가 필요합니다.

비문학 독서 기출 분석(사회)

Part 01. 경제
2020학년도 수능 BIS 비율 규제로 살펴보는 국제적 기준의 규범성
2020학년도 6월 모평 경제 안정을 위한 정책
2019학년도 9월 모평 채권과 CDS프리미엄
2018학년도 수능 정부의 정책 수단
2018학년도 6월 모평 통화 정책

Part 02. 법
2020학년도 9월 모평 소유권의 공시 방법
2019학년도 수능 계약의 개념과 법률 효과
2019학년도 6월 모평 사법의 계약과 그 효력
2017학년도 수능 보험
2017학년도 9월 모평 사단 법인의 법인격과 법인격 부인론
2016학년도 수능AB 부관의 법률적 효력
2016학년도 9월 모평A 소비자 권익을 위한 경쟁 정책과 소비자 정책
2016학년도 6월 모평AB 징벌적 손해 배상 제도

[43~45] 다음 글을 읽고 물음에 답하시오.

(가) 바람이 어디로부터 불어와
어디로 불려 가는 것일까,

㉠바람이 부는데
내 괴로움에는 이유가 없다.

내 괴로움에는 이유가 없을까,

단 한 여자를 사랑한 일도 없다.

대지동 독서법

시대를 슬퍼한 일도 없다.

ⓛ바람이 자꾸 부는데
내 발이 반석 위에 섰다.

강물이 자꾸 흐르는데
내 발이 언덕 위에 섰다.
— 윤동주, 바람이 불어 —

(나) 새는 새장 밖으로 나가지 못한다.
매번 머리를 부딪치고 날개를 상하고 나야 보이는,
창살 사이의 간격보다 큰, 몸뚱어리.
하늘과 산이 보이고 ⓒ울음 실은 공기가 자유로이 드나드는
그러나 살랑거리며 날개를 굳게 다리에 매달아 놓는,
그 적당한 간격은 슬프다.
그 창살의 간격보다 넓은 몸은 슬프다.
넓게, 힘차게 뻗을 날개가 있고
ⓔ날개를 힘껏 떠받쳐 줄 공기가 있지만
새는 다만 네 발 달린 짐승처럼 걷는다.
부지런히 걸어 다리가 굵어지고 튼튼해져서
닭처럼 날개가 귀찮아질 때까지 걷는다.
새장 문을 활짝 열어 놓아도 날지 않고
닭처럼 모이를 향해 달려갈 수 있을 때까지 걷는다.
ⓜ걸으면서, 가끔, 창살 사이를 채우고 있는 바람을
부리로 쪼아 본다, 아직도 벽이 아니고
공기라는 걸 증명하려는 듯.
유리보다도 더 환하고 선명하게 전망이 보이고
울음 소리 숨내음 자유롭게 움직이도록 고안된 공기,
그 최첨단 신소재의 부드러운 질감을 음미하려는 듯.

— 김기택, 새 —

43~45번 문제는 현대문학 시 〈바람이 불어〉윤동주와 〈새〉김기택 두 편이 출제되었습니다. 〈바람이 불어〉는 윤동주의 유작을 모아 출간한 유고시집 『하늘과 바람과 별과 시』정음사, 1948 초판본에 수록된 시입니다. 전체가 6연 11행으로 이루어져 있으며 시적 화자가 자신이 처한 괴로움의 이유를 찾으려고 고뇌하는 과정을 상징적으로 표현합니다. 일제 강점기라는 시대적 상황에서 민족의 아픔을 노래한 시인의 성향을 고려할 때 나라를 잃은 식민지 백성이라는 슬픈 현실을 인식한 내용으로 볼 수 있습니다.

전체적인 내용은 시적 화자의 자아 성찰과 정체된 삶에 대한 번민과 고뇌입니다. 1, 2연에서 화자는 바람을 맞으며 까닭 모를 괴로움에 사로잡혀 괴로움의 이유를 찾고자 내면으로 향합니다. 4연에서 화자는 괴로움의 근거가 실연도, 시대적 상황에 대한 슬픔 때문도 아니라고 합니다. 5, 6연에서 바람이 불고 강물은 자꾸 흐르는데 화자는 그 자리에서 변하지 않고 머물러 있습니다. 이를 통해 괴로움의 근거가 정체되어 있는 자아에 대한 고뇌임을 알 수 있습니다. 화자는 자기 응시를 통해 자신의 무력감과 괴로움을 자책하고 있는 것입니다.

이 시에는 일제 강점기의 부당한 시대 현실 앞에서 방관자로 남은 자신의 처지를 슬퍼하는 시인의 마음이 드러납니다. 때문에 '시대를 슬퍼한 일도 없다'는 강한 부정이 오히려 역설적으로 시대에 아파하고 슬퍼했다는 의미로 다가옵니다. 5, 6연에도 동일한 구조를 취하여 같은 의미를 내포하고 있는데, 바람과 강물이 방향성을 가지고 움직이는 대상으로 제시되는 것과 대조적으로 반석과 언덕은 목표 없이 정체된 삶을 나타냅니다.

윤동주의 시에서 보통 부정적 이미지로 등장하는 '바람'은 이 시에서는 화자가 괴로움의 이유를 찾는 계기로 등장합니다. 윤동주의 시에는 조국을 잃은 민족의 설움과 현실을 이겨내고자 하는 염원이 담겨져 있습니다. 그의 시 전체에 담겨져 있는 가장 중요한 정신은 자아 성찰과 부끄러움인데, 이 작품에서도 역사 앞에 방관자로 서 있는 자신을 자책하고 반성하는 '부끄러움의 미학'이 잘 드러납니다.

김기택의 〈새〉에 대한 문제는 보기를 통해 '새장에 갇힌 새'는 일상의 안온함에 길들어 자유를 억압하는 일상을 벗어나지 못하는 현대인의 알레고리라고 설명합니다. '새'의 행동에 대한 묘사는 일상에 충실할수록 잠재된 힘과 본질을 잃어가는 아이러니와, 일상에 만족하며 자유로운 삶의 가능성을 외면하는 현대인의 모습을 보여줍니다.

현대시를 공부하기 위한 추천도서로는 다음과 같은 책을 권합니다. 『신경림의 시인을 찾아서』는 신경림이 만난 스물두 명의 시인들을 다룹니다. 시인이자 시 비평가인 신경림이 우리 현대시의 대표시인 22인의 고향과 유적을 답사하며 그들의 시세계와 삶에 대한 이해를 꾀한 산문 모음집입니다. 정지용에서 윤동주, 유치환, 박목월을 거쳐 신동엽, 김수영, 천상병에 이르기까지, 우리 시문학사의 고전이 된 작품을 남긴 작고 시인들을 다룬 기행이자 평전 모음집입니다. 저자는 시를 가장 잘 이해하려면 그 시인이 어떤 환경에서 자랐고, 어떤 조건 아래서 살았으며, 그 시를 쓸 당시에 무슨 생각을 하고 있었는가를 알아야 한다고 조언합니다. 한국 대표 시인들의 고향과 유적을 직접 찾아다니며 기록한 시인들의 시세계와 삶에 대한 이야기를 생생하게 들려줍니다.

현대시 기출 분석

2020학년도 수능 윤동주, 『바람이 불어』 / 김기택, 『새』
2020학년도 9월 모평 김영랑, 『청명』 / 고재종, 『초록 바람의 전언』
2020학년도 6월 모평 김광균, 『추일서정』 / 오규원, 『하늘과 돌멩이』
2019학년도 수능 유치환, 『출생기』 / 김춘수, 『샤갈의 마을에 내리는 눈』
2019학년도 9월 모평 권호문, 『한거십팔곡』 / 박재삼, 『추억에서』 / 『시의 리듬』
2019학년도 6월 모평 박봉우, 『휴전선』 / 배한봉, 『우포늪 왁새』 / 김기림,
『주을온천행』
2018학년도 수능 이육사, 『강 건너간 노래』 / 김광규, 『묘비명』 / 『시에 반영
된 현실과 시 자체』
2018학년도 9월 모평 김현승, 『플라타너스』 / 정지용, 『달』
2018학년도 6월 모평 『문학적 시간의 표현』 / 조지훈, 『고풍 의상』 / 이수익,
『결빙의 아버지』
2017학년도 수능 김수영, 『구름의 파수병』 / 이강백, 『느낌, 극락같은』
2017학년도 9월 모평 윤동주, 『병원』 / 박목월, 『나무』
2017학년도 6월 모평 박두진, 『향현』 / 강은교, 『우리가 물이 되어』 / 박이
문, 『눈』
2016학년도 수능AB 박남수, 『아침 이미지 1』 / 김기택, 『풀벌레들의 작은
귀를 생각함』
2016학년도 9월 모평AB 신석정, 『꽃덤불』 / 전봉건, 『사랑』 / 한흑구, 『보리』
2016학년도 6월 모평AB 고은, 『성묘』 / 서정주, 『외할머니의 뒤안 툇마루』
2015학년도 수능A 정지용, 『조찬』 / 이태준, 『파초』
2015학년도 수능B 오장환, 『고향 앞에서』 / 최두석, 『낡은 집』
2015학년도 9월 모평A 황지우, 『겨울-나무로부터 봄-나무에로』
2015학년도 9월 모평B 김영랑, 『모란이 피기까지는』 / 김종길, 『고고』
2015학년도 6월 모평A 나희덕, 『그 복숭아나무 곁으로』
2015학년도 6월 모평B 김광균, 『와사등』 / 박용래, 『울타리 밖』
2014학년도 수능A 이형기, 『낙화』
2014학년도 수능B 조지훈, 『파초우』 / 곽재구, 『사평역에서』
2014학년도 9월 모평A 고정희, 『상한 영혼을 위하여』

대치동 독서법

2014학년도 9월 모평B 유치환, 『생명의 서·일장』 / 신경림, 『농무』

2014학년도 6월 모평A 김소월, 『접동새』

2014학년도 6월 모평B 백석, 『팔원-서행시초 3』 / 하종오, 『동승』

2013학년도 수능 김수영, 『폭포』 / 오규원, 『살아 있는 것은 흔들리면서-순례 11』 / 이시영, 『마음의 고향 6-초설』

2013학년도 9월 모평 윤동주, 『또 다른 고향』 / 오세영, 『자화상·2』 / 김기택, 『멸치』

2013학년도 6월 모평 한용운, 『알 수 없어요』 / 장석남, 『배를 매며』 / 정철, 『사미인곡』

15.
수능 지문이 만만해지는 추천도서 읽기

　요즘 학생들은 학교와 학원 때문에 스스로 공부할 수 있는 시간을 확보하는 것이 매우 어렵습니다. 하지만 불가능한 것도 아닙니다. 어렵게 확보한 시간을 텔레비전 시청이나 SNS 이용이 아니라 독서에 투자한다면 얼마나 좋을까요? 남는 시간에 독서를 하면 시험장에서 남들이 지문을 이해하느라 쩔쩔매는 동안 여유 있게 문제를 풀 수 있습니다. 이번 장에서는 몇 가지 도서를 엄선하여 소개할 것입니다. 여기에서 권하는 추천도서는 우리 저자들이 '시리즈'로 엮어봤습니다. '시리즈' 독서를 통해 지속가능한 자기주도적 독서법의 단초를 마련하기 바랍니다.

　우선, '서가명강 시리즈'를 추천합니다. 마치 균형 잡힌 식단처럼, 서울대 교수님들의 엄선된 강의를 법의학, 융합과학, 수학, 사회학, 철학, 산업공학, 스페인문학, 정치학, 물리천문학 등 다양한 분야별로 소개하고 있습니다. 다음으로, '책 속의 책 시리즈'입니다. 독서 고수들이 엄선한 컬렉션들을 만나면서 책의 고갱이를 만나고, 해당 책에 대해 꼬리에 꼬

대치동 독서법

리를 물고 관심을 이어갈 수 있습니다. '과학도 책으로 시리즈'도 그렇습니다. 한 개인의 성찰에서 나아가 집단지성의 장점을 살린 추천도서들을 통해 개별 책이라는 나무와 시리즈 전체의 숲을 둘 다 볼 수 있게 됩니다.

'시리즈 시리즈'는 장편문학의 정수를 보여줍니다. 한 시대를 풍미한 조정래 작가의 대하소설들, 서양 사고의 원천인 로마인 이야기, 일제시대 35년을 담은 대하 역사 만화 시리즈는 모두 긴 호흡으로 인간과 사회를 바라보는 시각을 넓혀 줍니다. 뚱뚱이 시리즈라고 이름붙인 이른바 '벽돌책'들도 읽고 나면 수능 지문이 만만해지는 보석들입니다. 이동진부터 유발 하라리, 재레드 다이아몬드, 제레미 리프킨까지 영화 예술부터 과학기술까지 망라하는 동시대 지식인들과의 광범위한 지적 여행을 통해 수능 지문이 만만해질 것입니다.

1. 서가명강 시리즈

'서가명강 시리즈'는 현직 서울대 교수들의 강의를 엄선한 시리즈입니다. 역사, 철학, 과학, 의학, 예술 등 각 분야 최고의 서울대 교수진들의 명강의를 책으로 옮긴 서가명강 시리즈는 중2~3부터 고1까지 수월하게 읽을 수 있고, 학생부 독서에 올리기에도 무난합니다.

『우리는 모두 별에서 왔다』는 서울대학교 물리천문학부 윤성철 교수가 서울대의 인기 교양과목 〈인간과 우주〉에서 진행한 수업 내용을 바탕으로 쓴 책입니다. 윤성철 교수는 JTBC 〈차이나는 클라스〉에도 출연해 천문학을 대중의 눈높이에 맞춰 소개하면서 주목받은 바 있습니다. 이

대치동 독서법

책은 우주의 탄생과 생명의 기원에 대한 현대 천문학의 눈부신 성과들을 소개함으로써 우리를 우주라는 낯선 공간으로 데려갑니다. 빅뱅 이후 일어난 별의 형성과 진화를 통해 지금 우리가 지구라는 행성에서 태어나 살아가고 있다는 사실은, 독자들에게 신선한 충격과 감동을 선사합니다.

『한국 정치의 결정적 순간들』은 서울대 정치외교학부 강원택 교수가 한국 정치의 흐름과 특성을 특유의 예리한 시선으로 짚은 대중교양서입니다. 한국 정치가 어떠한 과정을 통해 전개되어왔고, 어떠한 특성이 있으며, 어떠한 문제점을 내포하고 있는지를 '대통령, 선거, 정당, 민주화'라는 4가지 키워드를 통해 살펴봅니다. 나아가 현 정치 구조의 근본적인 개혁을 위해서는 우리 정치가 걸어온 길을 모색하고, 우리 정치제도가 갖는 특성을 이해해야 한다고 역설합니다.

『어둠을 뚫고 시가 내게로 왔다』는 서울대 서어서문학과 김현균 교수가 라틴아메리카를 대표하는 시인 4명의 삶과 시에 대해 쓴 대중교양서입니다. 라틴아메리카를 대표하는 시인인 파블로 네루다, 루벤 다리오, 세사르 바예호, 니카노르 파라의 시는 삶의 비애와 고통으로 가득합니다. 라틴아메리카의 독창적인 문학은 우리에게도 많은 시사점을 던집니다. 나는 누구인가? 우리는 누구인가? 자신들의 정체성을 찾기 위해 분투해 온 라틴아메리카 문학을 통해 미래를 향해 무한한 가능성으로 열려 있는 젊은 문학을 만날 수 있습니다.

『세상을 읽는 새로운 언어, 빅데이터』는 대한민국 최고의 빅데이터 전문가인 서울대 산업공학과 조성준 교수가 인공지능 시대의 새로운 자원이자 화폐라 불리는 빅데이터에 대해 쓴 대중교양서입니다. 빅데이터의 정확한 실체와 위상은 모를지라도 누구나 '데이터'의 힘을 느끼고 있습니다. 그야말로 일상의 모든 것이 데이터가 되는 세상에서 우리는 빅데이터를 어떻게 바라보아야 할까? 빅데이터란 무엇이며, 어떻게 생성되고 저장되고 활용될까? 데이터의 소비자이자 생산자이기도 한 우리는 빅데이터의 주인이라 할 수 있을까? 우리의 권리를 확보하고 확장하기 위해서 어떻게 대응해야 할까? 빅데이터를 이해해야 다가올 미래에 어떻게 원하는 것을 얻을 수 있을지 알 수 있다고 주장합니다.

『왜 칸트인가』는 서울대 철학과 김상환 교수가 칸트의 위대한 업적을 통해 인간에게 생각한다는 것이 무엇인지, 철학이 시대의 고민을 어떻게 다룰 수 있는지를 알려주는 대중교양서입니다. 서양 사상사의 가장 높은 봉우리에 속하는 칸트는 근대인에게 제기되는 궁극의 물음들과 씨름하면서 사고의 대전환을 이루어낸 서양철학의 아이콘입니다. 이 책을 통해 칸트 철학이 현재의 우리에게 시사하는 바는 무엇인지, 앞으로 다가올 미래에는 어떻게 적용할 수 있는지를 알 수 있습니다.

2. 책 속의 책 시리즈

대치동 독서법

　'책 속의 책 시리즈'는 여러 필독서들의 정수를 뽑아놓은 세 권의 책으로 구성되었습니다.

　『다시, 책은 도끼다』는 『책은 도끼다』의 후속작입니다. 쇼펜하우어의 『문장론』, 마르셀 프루스트의 『독서에 관하여』처럼 '책을 대하는 태도'에 대해 이야기하는 책부터 『천상의 두 나라』, 『영국 기행』 등 니코스 카잔차키스의 기행문, 소설의 역사를 꿰뚫어주는 밀란 쿤데라의 『커튼』, 남녀 간의 사랑과 욕망의 연대기를 다룬 가르시아 마르케스의 『콜레라 시대의 사랑』, 독일 문학의 거장 괴테가 60여 년에 걸쳐 완성한 대작 『파우스트』 등 시, 소설, 에세이뿐만 아니라 예술과 역사를 다룬 인문서도 소개하고 있습니다.

　『철학 카페에서 문학읽기』는 세계문학의 고전을 철학과 연계시킨 책입니다. 『오셀로』에서는 '사랑과 질투'의 함수관계를, 『구토』에서는 '진정한 삶'의 의미를, 『파우스트』에서는 '신과 구원'의 문제를 철학적으로 탐구합니다. '2015년 개정교육과정' 이후 창의융합교육이 중요해지면서 수능에도 문학과 철학을 연결시키는 지문이 자주 출제되므로, 이 책을 권합니다.

『사회과학 명저 재발견』은 4권으로 이루어져 있습니다. 이 책은 서울대 강의에서 가장 많이 소개되고, 사회과학 전공자들이 가장 많이 참고하고 있는 사회과학 도서들을 소개하고 있습니다. 일례로 1권에서는『성장의 한계』,『감시와 처벌』,『정치적 자유주의』등을 소개합니다.

3. 과학도 책으로 시리즈

'과학도 책으로 시리즈'는 다양한 과학 책을 소개합니다.

『다윈의 서재』는 56권의 책을 통해 현대과학 이론을 소개합니다. 이 책에서 다루는 책은『만들어진 신』,『통섭』,『과학혁명의 구조』,『코스모스』,『이기적 유전자』,『총, 균, 쇠』등입니다.

『과학은 그 책을 고전이라 한다』는 과학의 대중화를 위해 힘쓰는 35명의 추천위원과 6명의 선정위원이 논의를 거쳐 선정한 '과학 고전 50'의 서평을 한데 엮었습니다.『다윈의 식탁』,『정재승의 과학 콘서트』,『인간 본성에 대하여』,『기억을 찾아서』,『침묵의 봄』,『풀하우스』,『빅뱅』,

『종의 기원』등을 소개합니다.

4. 시리즈 시리즈

'시리즈 시리즈'는 한 권짜리가 아니라 여러 권으로 된 장편 시리즈들
입니다.

『아리랑』은 조정래의 12권짜리 장편소설입니다. 『태백산맥』10권이나
『한강』10권도 좋지만, 그래도 고르라면 이 책을 권합니다.

『로마인 이야기』는 15권으로 되어 있습니다. 모두 읽기 힘들다면 5권까지만 읽어도 큰 도움이 됩니다.

『에거서 크리스티 에디터스 초이스 세트』는 10권으로 되어 있습니다. 그리고 아무도 없었다, ABC 살인 사건, 오리엔트 특급 살인 등 에거서 크리스티의 장편소설을 수록했습니다.

『35년 1~5권 세트』는 1910년부터 1945년까지 일제 강점기의 우리 역사를 다룬 박시백의 대하역사만화입니다. 이 책을 위해 저자는 독립운동의 현장을 찾아 중국을 비롯한 전국을 답사했고, 각종 자료 수집과 공부를 5년이나 했다고 합니다.

5. 뚱뚱이 시리즈

'뚱뚱이 시리즈'는 500페이지 이상의 두꺼운 책들만 분류해 선정한 시리즈입니다.

『영화는 두 번 시작된다』는 영화평론가 이동진이 지난 20년간의 평론을 모은 책입니다. 1999년 개봉한 『벨벳 골드마인』부터 2019년 개봉한 『기생충』까지 저자의 영화 평론 208편을 모아 엮은 책입니다.

『사피엔스』는 인간, 즉 사피엔스가 만들어낸 과학기술의 위험성을 경고하고 있습니다. 과학기술을 발전시킨 사피엔스는 지구의 권력을 얻는 데는 능숙하지만 권력을 행복으로 전환하는 데는 서투르기 때문입니다. 그들이 이룩한 기술 권력으로 무엇을 할 것인지에 따라, 세상은 유토피아가 될 수도 있고 디스토피아가 될 수도 있습니다.

『총, 균, 쇠』는 현대 세계의 불평등에 대한 의문에서 시작하는 흥미진

진한 책입니다. 인종차별주의는 그릇된 생각이라고 주장하는 저자는 철저하게 인간평등을 강조합니다. 불평등의 원인도 찾아내지요. 원인은 바로 가축화와 동식물 재배, 인간의 거주시기 등의 환경적인 요인들입니다. 단순히 어떤 전투에서 어쩌다 누가 이기게 되었다든가 수천 년 전에 어떤 발명품 하나가 태어났다는 식으로 설명하지 않고, 역사적 사건들이 일어나게 된 근본적이고 불가피한 요인들을 깊이 있게 다루고 있습니다.

　『유러피안 드림』은 오래된 아메리칸 드림과 새로 부상하는 유러피언 드림에 관한 비교 분석을 통해 아메리칸 드림은 더 이상 세계화 시대에 부응하지 못한다고 주장합니다. 역사적, 문화적 맥락에서 부를 중시하는 아메리칸 드림의 핵심이 어떻게 형성되었는지를 밝히고, 반대로 공동체 의식과 삶의 질을 중시하는 유러피언 드림이 어떻게 유럽에 뿌리를 내리게 되었는지를 추적합니다. '일하기 위해 사는 미국인'과 '살기 위해 일하는 유럽인'의 삶을 함께 비교 분석하며 새로운 국제 환경에 맞추어 변하고 있는 세계적인 패러다임을 고민하게 도와줍니다.

6. 그리고 엄마 아빠 서재 털기

지금까지 우리 학생들을 위해 매력적인 책들을 소개했습니다. 그러나 책을 권한다고 독서광이 되는 것은 아닙니다. 미국의 대표적인 작가 존 스타인벡John Ernst Steinbeck, Jr.의 집에는 어린 시절에 꽤 많은 책이 있었습니다. 그의 아버지는 어린 존의 손이 닿는 게 싫어 서재 책장의 유리문을 꼭꼭 걸어 잠갔습니다. "아버지의 책장은 항상 잠겨 있었습니다. 읽지 못하게 하니 어린 마음에 더 열어보고 싶었죠. 부모님이 안 계실 때마다 몰래 열어서 읽곤 했습니다. 만약 그때 아버지가 서재의 책을 권했다면 저는 절대 읽지 않았을 겁니다."

독서가로 유명한 중국의 마오쩌둥은 어린 시절에 책을 읽지 말고 일이나 하라는 아버지의 매질이 싫어 집을 나왔습니다. 원 없이 책을 읽기 위해 베이징대학교 도서관에서 사서로 일하기도 했죠.

아무리 친절하게 물가로 안내해도 목이 마르지 않으면 마시지 않습니다. 우리는 아이들이 목마르도록 만들어야 합니다. 『장미의 이름』을 쓴 움베르토 에코는 서재의 절반을 읽지 않은 책으로 채웠습니다. 읽은 책만 있으면 무슨 재미로 서재에 가겠냐는 것이죠. 여러분의 서재에는 앞에서 소개한 추천도서는 물론 여러 책이 있을 겁니다. 추천도서만 읽으라고 강요한다면 아이들은 처음부터 독서에 거부감이 들 것입니다. 추천도서가 아니더라도 아이 스스로 책을 읽기 시작하면 청신호가 커진 셈입니다. 아이들이 집에 있는 서재의 책들부터 읽어보도록 합시다. 롸잇 나우!

대치동
15년을 돌아보며

무지개논술에서
씨앤에이논술로

2005년 대치동 무지개논술학원에서 처음 수업을 시작했습니다. 고등부 강사에서 실장, 부원장을 거쳐 원장이 된 지도 10년이 되었습니다. 1998년 은마아파트 후문에서 개원한 무지개논술은 설립자인 대표이사님이 2005년 지금의 대치본원으로 확장하고, 현재는 씨앤에이논술 이름을 바꾸고 7개 직영 배움터와 40여 곳의 전국 가맹 배움터에서 독서토론논술 수업을 진행하고 있습니다. 매주 1권씩 책을 읽고, 읽은 책에 대한 워크북을 풀고, 수업에서는 친구들과 함께 이야기하며, 글도 쓰는, 이른바 독서·토론·논술·첨삭 4위일체 수업의 정도正道를 걷기 위해 노력합니다. 검색하기 어려운 C&A논술대신 씨앤에이논술로 명칭을 변경한 지도 벌써 10년이 넘었지만, 아직도 '무지개논술'로 불러주시는 학부모님이 속으로는 반갑고, 고맙습니다.

2006년에 발표된 2008학년도 서울대 정시 논술 예시문항이 지금도 기억납니다. 당시 서울대는 "암기 위주의 교육에서 벗어나 스스로 탐구하는 학습능력과 독서토론을 통한 사고능력을 기를 수 있는 문제를 출제해 중등교육 정상화에 도움이 되는 데 역점을 두었다"고 보도자료에서 밝혔습니다. 실제 2008학년도 논술에서 아리스토텔레스의 정치학을 출제한 연세대 수시 논술과 감정노동을 출제한 고려대 수시 논술 문제도 좋았지만, 호주제 폐지를 소재로 바람직한 성표시 방법을 물은 서울대 정시 문항 1번 문제는 동료 강사들과 즐겁게 토론하며 학생들을 위해 좋은 수업을 준비하도록 했습니다. 2014학년도를 끝으로 정시 논술이 폐지되고, 지금은 연세대 등 소수의 대학에서만 수시 논술전형이 남아 있는 상황이지만, 고등학교에서 출제하는 내신 문제나 평가원에서 만드는 수능 문제는 물론 대학별고사로 출제되는 구술 면접고사 문제들을 유심히 살펴봅니다. 논술전형이 줄어들기는 했지만 독서와 토론, 글쓰기는 여전히 대학수학능력을 평가하는 주요한 잣대이기 때문입니다.

대입논술에서
초중고 독서토론 수업까지

사실 처음 대치동에 입성하면서, 전공인 한국사를 강의할지, 아니면 대입논술을 강의할지 고민했던 적도 있었습니다. 한국사를 선택했다면 더 잘할 수 있었을 것 같아서, 살짝 후회될 때도 있지만 그래도 매년 대학에서 출제하는 논구술 문제에서 좋은 결과를 얻어낸 학생들을 보며 크나큰 희열을 느꼈습니다. 2009학년도 연세대 수시 논술에서는 공유지 비극 문제가 출제되었습니다. 평소에 제 수업을 잘 따라와 준 덕분에 연세대 경영학과에만 3명이 합격했습니다. 2012학년도 서울대 정시 3번 문항에는 나폴레옹 손금 문제가 출제되었습니다. 씨앤에이논술은 서울대 사회과학대 수석 합격생을 배출할 수 있었습니다. 이러한 성과를 거둔 것은 대학의 출제 방향에 대해 함께 고민하고, 학생들을 위해 열정을 불태운 동료 강사들 덕분입니다.

2020년인 지금에도 대입논술에서 자주 출제되는 주제는 세계화와 불평등, 소수자와 다문화, 시장경제와 국가 등입니다. 이러한 주제는 대학에서 출제하는 논구술 문제뿐만 아니라 수능 국어나 사회탐구 영역에도 자주 출제됩니다. 이러한 주제에 접근하기 위해서는 적절한 독서와 토론이 필요합니다. 대치동 학원가에 있다 보니 저는 개정 교육과정 및 입시 정책의 변화에 항상 주목합니다. 새롭게 달라지는 입시 트렌드에 맞춰 매주 진행되는 초중등 독서토론 수업을 준비합니다. 특히, 고등부 독서 수업을 준비하면서 학생들에게 어떤 고전 및 신간 도서를 읽혀야 할지 고민합니다. '세계는 넓고 할 일은 많다'지만, '읽을 책은 많고 읽을 시간은 없는' 학생들을 위해서는 출제 가능성이 큰 책을 선정해 주어야만 합니다. 또 효율적인 독서법도 필요합니다. 그러기 위해 지금도 대치동 연구실에서 밤을 꼬박 지새우곤 합니다.

대치동 독서법

소년중앙, 어깨동무, 새소년, 보물섬에서
태백산맥, 껍데기를 벗고서
그리고 부의 미래까지

저는 신림'국민'학교 시절 소년중앙과 어깨동무, 새소년에 이어 보물섬까지 동네에 있는 신림서점에 책을 사러 갈 때가 가장 행복한 어린이였습니다. 작은 서점 구석에서 소년소녀 명작들도 읽으면서, "네가 벌써 이 책을 읽어?"라는 말을 듣고 싶어 고른 책들은 마음을 키워주었습니다. 중 1부터 고1 때까지 크리스마스 선물로 아버지께서 머리맡에 산타 할아버지처럼 놓아주신 『태백산맥』은 역사와 사회에 대한 문제의식을 갖게 해주었습니다. 『삼국지』와 『초한지』, 『열국지』 그리고 김용의 무협지 시리즈들과 81권까지로 기억하는 해문출판사의 아가사 크리스티 전집은 삶과 죽음, 사랑과 배신 등 다양한 인간관계를 고민하게 했습니다. 대학 입학 후 『껍데기를 벗고서』를 비롯한 여러 책들을 만난 덕분에 세상을 바라보는 눈을 뜨게 되었습니다. 물론, 책을 함께 읽고 이야기를 나눈 선생님들, 선후배와 친구들 덕분에 독서의 깊이가 더해졌습니다.

사춘기부터 책을 많이 읽던 저는 이십대부터 십여 년은 '데모'하느라 독서를 등한시하기도 했습니다. 하지만 다시 책을 펼칠 수밖에 없었습니다. 지난 15년간 대치동에서 일하면서 독서를 할 수밖에 없었으니까요. '1만 시간의 법칙'처럼 매주 여러 권의 책을 읽고 학생들을 위한 선정도서를 선정하기 위해 많은 시간을 보내다 보니, 이제는 어떤 책을 학생에게 어떻게 읽히면 좋은지를 조금은 알게 되었습니다. 세상은 달라지고 학생들이 읽어야 할 책도 달라지고 있습니다. 과거에는 앨빈 토플러의 『제

3의 물결』이 필독서였지만 지금은 2006년에 출간된『앨빈 토플러의 부의 미래』를 꼭 읽어야 합니다. 학생들을 가르치기 위해서뿐만 아니라 제자신을 위해서도 세상을 바라보는 눈을 키우고 싶었습니다. 이 책에서 저자는 과거와 현재 그리고 미래 사회에 대한 새로운 고민을 품게 해주었습니다. 무엇보다, "앞으로는 지식이 부족한 시대가 아니라 '무용지식'이 넘치는 시대가 될 것"이라고 말하며 패러다임의 전환을 예측한 통찰력에 크게 감동받았습니다.

사스, 신종플루, 메르스에서 코로나19까지

이번에 신종 코로나19 바이러스가 전 세계로 확산되자 우리는 2003년 확산되었던 사스SARS·중증급성호흡기증후군, 2009년 신종플루신종 인플루엔자 A(H1N1 그리고 2015년 메르스MERS·중동호흡기증후군를 떠올립니다. 역사를 잊은 민족에게 미래는 없으니, 위기를 극복하기 위해서는 역사에서 배워야 합니다. E. H. 카와 신채호 선생 등 동서양을 막론하고 앞서 살았던 인간에게 지혜를 얻을 수 있습니다. 과거를 돌아보며 현재와 미래를 바라보는 책들이 있습니다. 유발 하라리의『사피엔스』와『호모 데우스』, 제레미 리프킨의『엔트로피』와『유러피안 드림』, 재레드 다이아몬드의『총, 균, 쇠』와『대변동』은 모두 핵 위험과 환경 파괴 그리고 신종 전염병을 전 지구적인 인류 절멸의 문제로 제기합니다. 이 책들은 대입 필독서이기도 한데, 입시뿐만 아니라 살아가기 위해서라도 우리는 책을 읽어야만 합니다.

제1부 '입시의 향방을 가르는 독서, 대책은 무엇인가?'부터 제4부 '수능 지문이 만만해지는 첨삭지도'까지 학생들과 학부모님들을 위해 좋은 책을 기획하고 출판한 김종필 대표님에게 감사드립니다. 아울러 한우리 열린교육 등에서 독서 교육과 강의를 오랫동안 해온 경험을 바탕으로, 이번에 저와 함께 공저자로 참여하신 박노성 대표님, 고생 많으셨습니다. 그리고 혹시나, 이 책을 처음부터 다 읽고 여기 맺음말까지 도착한 독자분들, 더욱이 이 책을 덮으며 본문에서 소개한 책들을 자녀에게 읽히고 싶다고 생각하신다면, 아주 고맙습니다. "일일부독서 구중생형극 一日不讀書 口中生荊棘, 하루라도 책을 읽지 않으면 입에 가시가 돋는다"는 안중근 의사의 말씀처럼, 살아 있는 그대여, 책책책 책을 읽읍시다.

지은이 여성오

〈주석〉

1) 〈입소스 리포트 29호 "비정규직 등 노동시장 이원화 문제점과 시사점"〉 (2019년 1월 22일자)

2) Sullivan, Margaret W. and Michael Lewis. "Contextual determinations of anger and other negative expressions in young infants." Development Psychology 39.4(2003) : 693

3) Leotti, Lauren A. Sheena S. Iyenger and Kevin N. Ochsner. "Born to choose : The origin and value of the need for control." Trends in Cognitive Sciences 14.10(2010) : 457~463

4) Cordova, Diana I. and Mark R. Lepper. "Intrinsic motivation and the process of learning : Beneficial effects of contextualization, personalization, and choice." Journal of Educational Psychology 88.4(1996) : 715 ; Rodin, Judith, and Ellen J. Langer. "Long-term effects of a control-relevant intervention with the institutionalized aged." Journal of Personality and Social Psychology 35.12(1977) : 897

5) Langer, EJ and J. Rodin. "The effects of choice and enhanced personal responsibility for the aged : a field experiment in an institutional setting." Journal of Personality and Social Psychology 34.2(1976) : 191~198

6) 『마인드셋』, 캐럴 드웩, 스몰빅라이프, p.252

7) 『구글의 아침은 자유가 시작된다』, 라즐로 복, 알에이치코리아

8) 그의 제자들은 중학교 3년 내내 국어 시간에 일본 소설 『은수저(銀の匙)』 한 권만 파고드는 방식의 수업으로 일본의 주요 명문대에 진학했습니다. 그들이 읽은 『은수저』는 나카 간스케(1885~1965)가 자신에게 무한한 사랑을

대직동 독서법

베풀어준 이모에 대한 애틋한 기억을 중심으로 자신의 소년기를 그려낸 자전적 소설입니다. 하시모토 다케시는 "노는 게 곧 배우는 것"이라는 원칙 아래 학습자의 지식 폭을 넓히고 독서에 대한 관심을 불러일으키는 것이 슬로리딩의 목표라고 말합니다. 그가 말하는 슬로리딩은 책 속의 본문에 나오는 게임을 실제로 해보거나 문장 속의 어구 하나를 자세히 알아보는 등 한 권의 책을 '느리고 깊게' 읽는 방식입니다.

9) https://www.ebs.co.kr/tv/show?prodId=348&lectId=10255041

10) 〈학급별 NRI독서종합검사 결과 요약〉

구분	평가월		성과	구분	평가월		성과	구분	평가월		성과
1반	4월	8월	증감	2반	4월	8월	증감	3반	4월	8월	증감
평균 점수	74	76.4	2.4점	평균 점수	65.6	70.6	5.1점	평균 점수	66	70.3	4.3점
우수	13	16	3명	우수	9	14	5명	우수	11	14	3명
보통	3	1	-2명	보통	8	4	-4명	보통	6	3	-3명
노력 요함	1	0	-1명	노력 요함	2	1	-1명	노력 요함	3	3	0명
학생 수	17	17		학생 수	19	19		학생 수	20	20	

11) 『EBS 다큐프라임 슬로리딩, 생각을 키우는 힘』, 정영미, 경향미디어

12) 한자의 음과 훈만을 차용해서 일본어를 표기한 것을 말합니다.

13) 『슬로 리딩(생각을 키우는 힘)』, 하시모토 다케시, 조선북스

14) 『뇌를 변화시키면 공부가 즐겁다』, 제임스 E. 줄, 돋을새김, p.395

15) 『브랜드 미』, 박노성, 이가서, p.72

16) 3D는 진정한 자신만의 꿈을 찾고(Dream), 문제를 찾아 창의적으로 해결하며(Design), 이를 세상과 함께 나누고자 할 때(Donate) 더 큰 성장과 행복의 기회가 주어진다는 뜻입니다. https://nosung.blog.me/220368533477

17) 비네가 학습 부진을 겪는 수백 명의 아이들을 다루면서 느낀 바를, 자신의 주요 저작 중 하나인 『아이들에 관한 근대적 생각들(Modern Ideas about Children)』에 기록한 내용입니다. 아쉽게도 우리나라에는 번역본이 없어서 번역하여 수록합니다.

18) 〈韓여성 평균키 162.3㎝…100년새 20㎝ 커져 세계1위 '폭풍성장'〉 연합뉴

스 https://www.yna.co.kr/view/AKR20160726054000009

19) 인사이더의 줄임말로 인기 있는 학생을 지칭합니다.

20) Amy C. Edmondson, "Learning Mistakes Is Easier Said than Done : Group and Organizational Influences on the Detection and Correction of Human Error." The Journal of Applied Behavioral Science 32, no. 1 1996 : 5~28 , Druskat and Wolff, "Group Emotional Intelligence." 132~155 : David W. Bates et al., "Incidence of Adverse Drug Events and Potential Adverse Drug Events : Implications for Prevention." Journal of the American Medical Association 274, no. 1 1995 : 29~34 : Lucian L. Leape et al., "Systems Analysis of Adverse Drug Events." Journal of the American Medical Association 274, no. 1 1995 : 35~43.

21) Amy C. Edmondson, "Psychological Safety and Learning Behavior in Work Teams." Administrative Science Quarterly 44, no. 2 1999 : 350~383

22) 〈과학동아〉 2013년 11월 호 '눈으로 마음 읽기 실험(RMET)'를 활용하여 진행했습니다. 테스트의 정확한 답은 윗줄 좌측부터 '장난스러운', '속상한', '추파를 던지는', 아랫줄 좌측부터 '걱정하는', '환상을 품은', '불편한'입니다.

23) Anita Williams Woolley et al., "Evidence for a Collective Intelligence Factor in the Performance of Human Groups." Science 330, no. 6004 (2010) : 686~688

24) 발달단계별 독서법은 찰(Chall)과 우드(Wood)의 단계 구분을 기초로 광주교육대학교 국어교육과 천경록 교수님이 우리나라의 실정에 맞게 조정한 단계를 가장 많이 사용합니다.

25) 〈국어와 교육과정 2015 개정 교과 교육과정 시안 개발 연구〉(연구보고 CRC 2015-25-3)

26) 문학동네 출판사의 『위대한 개츠비』를 번역한 김영하 작가는 역자후기에서 개츠비가 재미없다고 얘기하는 학생들의 하소연을 듣고 번역하기로 마음먹

대치동 독서법

었다고 밝힙니다. "어째서 이런 차이가 생겼을까. 곰곰이 생각해 본 결과, 그 것은 그 이전의 번역자들이 번역을 잘못해서가 아니라, 한국말에 내재된 말의 위계 때문인 것 같았다. 그날 집으로 돌아오면서 나는 이 죄 없는 확신범 F. 스콧 피츠제럴드의 변호를 기꺼이 맡겠다고 결심했다."

27) 『시나리오 어떻게 쓸 것인가?』, 로버트 맥키, 민음인, p.290~291

28) 『인간의 마음을 사로잡는 스무 가지 플롯』, 로널드 B. 토비아스, 풀빛, p.34

29) 『소설의 이해』, E. M. 포스터, 문예출판사

30) 조너선 아이브는 2019년 애플을 떠나 러브프롬(LoveFrom)이라는 디자인 회사를 창업했습니다.

일상과 이상을 이어주는 책

일상이상

초중고로 이어지는
입시독서의 모든 것

대치동
독서법

ⓒ 2020, 박노성 · 여성오

초판 1쇄 펴낸날 · 2020년 5월 8일
초판 6쇄 펴낸날 · 2022년 7월 5일
펴낸이 · 김종필 | 펴낸곳 · 일상과 이상 | 출판등록 · 제300-2009-112호
주소 · 경기도 고양시 일산서구 일현로 140 125-406
전화 · 070-7787-7931 | 팩스 · 031-911-7931
이메일 · fkafka98@gmail.com

ISBN 978-89-98453-69-5 03370

- 책값은 표지 뒤쪽에 있습니다.
- 파본은 구입하신 서점에서 교환해 드립니다.